アニマルスピリット

人間の心理がマクロ経済を動かす

ジョージ・A・アカロフ／ロバート・J・シラー 著
George A. Akerlof　Robert J. Shiller
山形浩生 訳

Animal Spirits

How Human Psychology Drives the Economy, and Why It Matters for Global Capitalism

東洋経済新報社

Original Title:
ANIMAL SPIRITS: How Human Psychology Drives the Economy, and Why It Matters for Global Capitalism
by George A. Akerlof and Robert J. Shiller

Japanese translation published by arrangement with
Princeton University Press through
The English Agency (Japan) Ltd.

序文

人生にはときに、問わず語りの瞬間がある。ヘンリー・ジェイムズ『黄金の杯』では、それはただの一瞥《いちべつ》だった——それだけでアメリカ人の女当主は、自分の疑念の正しさを悟り、夫と義母が不貞関係にあるのを知る。(1) 世界経済にとっては、二〇〇八年九月二九日がその決定的な一瞬だった。アメリカ議会は財務長官ヘンリー・ポールソンの提案した七〇〇〇億ドルの救済《ベイルアウト》プランを否決(その後気を変えたが)。ダウジョーンズ平均株価は七七八ポイント下落した。世界中の株価が暴落し、それまでかなり見込みの低い可能性でしかなかった事態——大恐慌の再現——が突如として、現実的な見通しとなったのだった。(2)

大恐慌は前世紀の悲劇だった。一九三〇年代には世界中で失業を生み出した。そして大恐慌がもたらした苦労だけでは不十分だとでもいうように、大恐慌が作りだした権力の空白が第二次世界大戦につながった。このため五〇〇〇万人以上が夭逝《ようせい》することとなった。(3)

大恐慌の再現が現実的なものになってしまったのは、経済学者や政府、そして世間一般が独善的になってしまったからだ。かれらは一九三〇年代の教訓を忘れてしまった。あのつらい時期、人々は経済が本当はどう機能しているかを学んだ。また堅牢な資本主義経済における政府の適切な役割についても学んだ。本書はその教訓を復活させるとともに、そこに現代的な色合いも加えようとする。世界経済がどうしていまのような身動きのとれない状態に陥ったかを理解するには、その教訓を理解する必要がある。そしてもっと重要なことだが、この事態にどう対処すべきかを知るためにも、その教訓を知らなくてはならない。

大恐慌のさなかに、ジョン・メイナード・ケインズは『雇用・利子および貨幣の一般理論』を発表した。この一九三六年の名著でケインズは、アメリカやイギリスのような借入能力のある政府が借金をして消費すれば、失業者に仕事を取り戻せることを示した。この処方箋は、大恐慌そのものでは系統的に導入されることがなかった。大恐慌が終わってからようやく、経済学者たちは、政治家たちにはっきりした道筋を示せるようになった。たとえばアメリカでは、ハーバート・フーヴァー大統領とフランクリン・ルーズベルト大統領はどちらも多少は赤字支出を行った。かれらの直感は、おっかなびっくりで混乱はしていてもおおむね正しく、政策もほぼ正しい方向を向いていた。だがガイドラインがなかったので、その政策を十分に推し進めるほどの自信が持てなかったのだった。

ケインズ流の借入支出がついに——戦争によって——実現すると、失業は消えた。一九四〇年代には、ケインズの処方箋は世界中の国々で採用されて法制化されるほど標準的なものとなった。アメリカでは一九四六年雇用法が、完全雇用の実現を連邦政府の責任として定めている。

不景気に対する武器としての財政政策と金融政策の役割をめぐるケインズ主義の原理は、経済学者や政治家、学者や一部の世間の思考に完全に組み込まれている。故ミルトン・フリードマンですら「われわれはいまや全員がケインジアンだ」と述べたとか――とはいえ後にかれはこの発言を否定したが。(4) そしてケインズ主義的なマクロ経済政策は、おおむね機能してきた。はいはい、確かに効き目はいろいろだった。大きなへまもあった。たとえば一九九〇年代の日本や一九九八年以降のインドネシア、二〇〇一年以後のアルゼンチンなどだ。とはいえ世界経済を鳥瞰すれば、戦後期はずっと、現在に到るまで成功だったといえるだろう。どの国も、おおむね完全雇用らしきものを維持している。そして中国とインドが社会主義的な志向を和らげてくれたので、かれらもその莫大な人口をもって、経済的繁栄と成長を経験しはじめている。

『一般理論』には、赤字支出で不景気から抜け出すという以外にもっと根本的なメッセージがあったのだが、それは無視されてきた。それは経済の仕組みと経済における政府の役割をめぐる、ケインズのもっと深い分析である。一九三六年に『一般理論』が発表されたとき、政治経済の流派の一方の極には、ケインズ以前の古い経済学は正しかったとする一派がいた。この古典派経済学によれば、民間市場は政府の介入なしに自分の力で「見えざる手によるかのように」完全雇用を保証してくれる。古典派の論理をいちばん単純に言えば、労働者が自分の生産高に比べて少ない賃金で働く気があれば、雇用主はその人に職を与えれば儲かる、ということになる。この見方を持つ人々は、財政均衡を奨励して政府規制を最低限に抑えろと述べた。一方、一九三六年のもう片方の極にいたのは社会主義者だった。かれらは一九三〇年代の失業からの回復には、政府が事業を握るしかないと考えた。そして政府は、自ら人を雇うことで失業を解消するというのだ。

でもケインズのアプローチはもっと穏健だった。かれの見方では、経済を左右するのは、古典派が信じていたような、「見えざる手によるかのように」相互の利益になる取引ならなんでも応じる合理的なプレーヤーだけではなかった。ケインズは、ほとんどの経済活動が合理的な経済動機から生じることは認めた。だがまた、多くの経済活動がアニマルスピリットによって動かされていることも指摘した。人々には経済以外の動機もあるのだ。そして人々は、自分の経済的利益を常に合理的に追求しているわけでもない。ケインズの見方だと、こうしたアニマルスピリットこそ、現実世界で経済が上下動する大きな原因だった。そして非自発的な失業の主な原因でもある。

つまり経済を理解することは、それがアニマルスピリットにどう左右されているかを理解することだ。ちょうどアダム・スミスの見えざる手が古典派経済学の基調なのと同じく、ケインズのアニマルスピリットは、経済の別の見方にとって基調となっている――それは資本主義の根底にある不安定さを説明するものだ。(5)

アニマルスピリットがどんなふうに経済を動かすかというケインズの主張は、政府の役割の話につながる。経済における政府の役割についてのケインズの見方は、育児書で見かけるアドバイスとかなり似たものだ。(6) 育児書は一方では、あまり厳しくするなと警告する。厳しくすると子どもは萎縮してその時は言うことをきくが、ティーンエージになったら反抗するようになるというわけだ。育児書は一方で、あまり甘やかすなとも述べる。甘やかすときちんとした自制を学べなくなってしまうからだ。そして育児書は、適切な育児とはこの両極端の中道を保つことなのだと述べる。両親の適切な役割は、子どもがそのアニマルスピリットを暴走させないよう制限をつけることだ。でもその制限は、学習して創造的になる自由を子どもに与える程度にすべきだ。親の役割は幸せな家庭を築くことであり、それが子どもに自由を与えつつ、子ども自身のアニマルスピリットから子どもを守ってくれる。

この幸せな家庭というのが、まさに政府の適切な役割をめぐるケインズの立場（そしてわれわれの立場）だ。資本主義社会は、古い経済学が正しく見て取ったように、すさまじい創造性を発揮できる。政府はなるべくその創造性を邪魔してはならない。一方で、現在の状況が示すように、なすがままにしておくと資本主義経済は過剰に走りすぎる。そして狂乱状態となる。狂乱にはパニックが続く[7]。失業が起こる。人々は消費しすぎて貯蓄を怠る。少数民族《マイノリティ》は不適切な扱いを受けて苦しむ。住宅価格、株式価格、そして石油価格すら高騰しては暴落する。政府の適切な役割は、育児書に書かれた親の適切な役割と同じく、舞台を整えることだ。その舞台は資本主義の創造性を大いに発揮させるものであるべきだ。でも、アニマルスピリットのせいで生じる過剰（行き過ぎ）には対抗すべきだ。

過剰といえば、現状の経済危機はジョージ・W・ブッシュ大統領が見事に説明したとおり。「ウォール街は飲んだくれてしまったのだ」。でもなぜウォール街が飲んだくれてしまったのか、なぜ政府がかれらの暴飲を許す前提条件を作ってしまったのか、そしてなぜ暴飲中にそれを黙認していたのかに関する説明は、経済とその仕組みに関する理論から導かなくてはならない。それはケインズ『一般理論』の着実な去勢から生じたのだ――それが始まったのはその刊行直後で、一九六〇年代から七〇年代にかけて次第に強まっていった。

『一般理論』刊行に続き、ケインズ支持者たちは、かれの大恐慌の説明の根底にあったアニマルスピリット――非経済的な動機や不合理な行動――をほとんど根だやしにしてしまった。そして『一般理論』と標準的な古典派経済学の知的距離を最小限にできる最大公約数的な理論を構築するのに必要な部分だけを残した。この標準的経済理論にはアニマルスピリットは登場しない。人々は経済的な動機だけで動き、合理的にしか行動しない。

ケインズの支持者がこの「退屈さ」（というのはハイマン・ミンスキーの表現）を受け入れた理由は二つあって、どちらも決して否定すべきものではない[8]。第一の理由は、大恐慌がまだ荒れ狂っていたので、なるべく転向者を増やして財政政策の役割に関するケインズのメッセージを急いで広めたかったということだ。既存理論になるべく近くしたほうが、転向者の数も最大化できる。そして逸脱を最低限にすると、別の点でも便利だった。当時の経済学者たちは、新理論を古い理論に基づいて理解できたのだった。

だがこの短期的な解決策は後々に禍根を残した。お手軽版『一般理論』は一九五〇年代と六〇年代にはほぼ全面的に受け入れられた。だがこのお手軽版は攻撃されやすい部分もあった。一九七〇年代には、新世代の経済学者たちが台頭してきた。ニュークラシカル（新しい古典派）経済学と呼ばれるこの一派は、ケインズ思想に残るわずかなアニマルスピリットがあまりに些末で、もはや経済にとっては何ら重要性を持たないと言って批判した。もとのケインズ経済学の薄め方ですら不十分だというわけだ。この見方は現代経済学の中核となっていて、もはや経済学者はアニマルスピリットのことなど考えるべきでないと言う。そこで、いささか皮肉じみたことだが、非自発的失業のないケインズ以前の古い古典派経済学が復活することになった。アニマルスピリットは、思想史のゴミ箱に追いやられてしまった。

このニュークラシカル的な経済の見方は、経済学者たちからシンクタンク屋や政策エリートや通俗評論家に伝わり、最後にマスメディアにも流れた。それは政治的な呪文である「わたしは自由市場信者だ」にまで発展した。政府は、自分の利益を追求する人々の邪魔をしてはならないという信念は、世界中の国家政策に影響した。イギリスではサッチャリズムとなった。アメリカではレーガニズムとなった。そしてこの二つのアングロサクソン国から、この考えが広まった。

ケインズ流の幸せな家庭のかわりに、甘やかす両親というのが政府の役割についての主流の見方となった。いまやマーガレット・サッチャーとロナルド・レーガン選出後三〇年が経って、それがもたらす問題をわれわれは目の当たりにしている。ウォール街の過剰には何ら制約が設けられなかった。そしてウォール街はとんでもなく飲み過ぎた。そしていまや世界がそのツケに直面させられる。

資本主義経済に生じる合理的なショックや非合理なショックを、政府がどうすれば緩和できるかについて、われわれはとっくの昔に理解できていた。だがケインズの遺産と政府の役割が疑問視されるようになると、大恐慌の経験によって作られた安全弁も縮小されていった。したがって、いまのわれわれは資本主義経済――そこでは、人々が合理的な経済動機だけでなく、各種のアニマルスピリットを持っている――が本当はどういう仕組みなのか、改めて理解しなおさなくてはならない。

本書は、行動経済学という新興分野を活用して、経済の本当の仕組みを記述する。人々が本当に人間であるとき、つまりあまりに人間的なアニマルスピリットに囚われているとき、経済がどう機能するかを説明している。そして経済の本当の仕組みについての無知によって、資本市場の崩壊からいまや実体経済崩壊まで視野に入ってきた世界経済の現状がもたらされたことも説明する。

社会科学における七〇年以上にわたる研究を活用することで、マクロ経済におけるアニマルスピリットの役割を、初期のケインズ主義者にはできなかったような形で展開することができる。そしてアニマルスピリットの重要性を認識しているからこそ、われわれはそれを無視するのではなく、理論の中心に据える。これにより、本理論は攻撃にさらされてもびくともしない。

本理論は目下の不景気においては特に必要となる。何よりも政策立案者たちはどうすべきか理解しなくてはならない。この理論はまた、すでに正しい直感を持っている人々、たとえば連邦準備理事会（ＦＲＢ）議長ベン・バーナンキなどにとっても必要なものだ。この理論がもたらす明晰な理解なくしては、かれらもその直感を、現在の経済危機への対処に必要な真に積極的な手段にまで推し進めるほどの自信も持てないだろうし、そのための知的裏づけも持てないのだから。

謝辞

まず感謝すべきはプリンストン大学出版局の主任ピーター・ドハティで、本書の作業にかけた年月を通じて叡智と一貫した指導を提供してくれた。また経済学の文献やそれが持つ広い意味合いについての、かれの個人的な視点からも恩恵を被った。

また著者二人が全米経済研究所（NBER）で一九九四年から組織してきた行動マクロ経済学ワークショップ（後にマクロ経済と個人意思決定ワークショップと改名）に参加してくれた経済学者たちにも特に感謝したい。このワークショップは二〇〇四年まではラッセル・セージ財団の行動経済学プログラムの支援を受け、その後はボストン連邦準備銀行の支援を受けてきた。

本書は、われわれが多くの共著者とそれぞれに発表してきた各種の雑誌論文に初出したアイデアをいろいろ採り入れている。そうした共著者として、資産価格変動についてはジョン・キャンベル、住宅についてはカール・ケースとアラン・ワイス、インフレと失業のトレードオフについてはウィリアム・ディケンズとジョージ・ペリー、少数民族の貧困についてはレイチェル・クラントン、破産と略奪の関係についてはポール・ローマー、賃金と失業における公平さについてはジャネット・イェレンがいる。また、二〇〇三年の本書の草稿に対する査読者三人の報告からも大きな恩恵を受けている。それらの報告は、われわれがもともと計画したよりずっと野心的な範囲にまでこのプロジェクトを推し進めるよう示唆してくれた。また、二〇〇八年にほぼ完成した草稿を読んでくれた四人の査読者にも感謝する。

またリサーチアシスタントのサントシュ・アナゴル、ポール・チェン、ステファニー・フィネル、ディエゴ・ガレイコチェア、ジョシュア・ハウスマン、ジェシカ・ジェファース、マーク・シュナイダー、ハサン・セイハン、ロニット・ウォルニー、アンディ・ディ・ウーにも感謝するとともに、きわめて忠実な事務助手を務めてくれたキャロル・コープランドにも感謝する。

またイェール大学のマクロ経済学講座の一環として行われたロバート・シラーの講義、経済学527／法律20083／マネジメント565の学生たちが提供してくれたコメントにも感謝する。これらは五年続いたが、その間に本書の草稿が次第に改訂されつつ教科書として使われた。

ロバートの妻、ヴァージニア・シラーは臨床心理学者だが、人間心理に関する各種原理が経済学にとってどんな意義を持つか夫に教え続けた点で影響力が大きく、技法に走りがちな夫が経済の現実との接触を失わないようにしてくれた。著者二人はともに学者の卵である息子たちを持っており、かれらも本書にコメントを寄せてくれた。

ジョージ・アカロフは、カナダ高等研究所と全米科学財団（grant SES 04-17871）の鷹揚な資金援助に感謝する。また本書のスピリットを無言かつ雄弁にとらえたイラストを描いてくれたエドワード・コレンにも感謝する。

アニマルスピリット　目次

はじめに

経済の仕組みと、それを管理して繁栄する方法を理解するには、人々の考え方や感情を律する思考パターン、つまりアニマルスピリットに注目しなくてはならない。重要な経済的出来事を本当に理解するには、その原因がもっぱら心理的な性質のものだという事実を直視するしかない。

残念なことにほとんどの経済学者やビジネス書の著者たちは、どうもこれを認識しておらず、おかげで経済的な事件について、最も使い古された嘘くさい解釈に頼りがちとなっている。個人の感情や印象や情熱の変動は、総計されれば平均化されて問題ではなくなり、経済的な事象は不可解な要因やまちがった政府の行動からのみ生じるのだ、というのがその解釈だ。本書で見るように、経済的な事象の起源は実はかなりおなじみのものだし、われわれの日常的な考え方の中にもよく見られる。本書を書きはじめたのは二〇〇三年春だった。それ以来、世界経済はアニマルスピリットでしか理解できないような方向に動いていった。それはまるでジェットコースターのようだった。まずは上昇。そして一年ほど前に下降が始まった。だが不思議なことに、普通の遊園地のそれとはちがって、ジェットコースターに乗っているのをみんなが認識したのは、経済が下降しはじめてからのことだった。そしてこの遊園地の経営陣は、その盲目ぶりのせいもあって、ジェットコースターの乗客がどのくらい高くまで上昇していいか、何ら制限を設けていなかった。またその後の下降の速度や程度についても、何一つ安全装備を設置していなかったのだ。

みんな、いったい何を考えていたのだろうか？　なぜ本当の出来事——銀行の崩壊、失業、ローンの差し押さえ——が起こるまでみんな気がつかなかったのだろうか？　答えは簡単。世間も政府も、そしてほとんどの経済学者も、わたしたちは安全だという経済理論のために安心していたのだ。すべてオッケー、危険なことは起こりようがない、とその理論は語る。でもその理論には欠陥があった。それは経済の実施におけるアイデアの重要性を無視していた。アニマルスピリットの役割を無視していたのだ。そしてまた、人々は自分がジェットコースターに乗ったことに気がつかないかもしれないという事実も無視していたのだった。

これまではどう考えられてきたか

伝統的な経済学は、自由市場のよさを教える。この信念はアメリカやイギリスといった資本主義の本拠地のみならず、世界中で、社会主義的伝統がより確立した中国やインド、ロシアですらしっかり根づいている。伝統的な経済学によると、自由市場資本主義は基本的には完璧で安定している。政府が介入する必要はほとんど、いやまったくない。それどころか、今日や未来の大不況の危険性は、政府が介入することで起きると思われている。

この種の議論はアダム・スミスにまでさかのぼる。経済は基本的には安定しているという発想の根底にあるのは、こんな思考実験だ。問い：自由で完璧な市場とは何を意味するのだろうか？　答え：そういう市場で人々が自分の経済的利益を合理的に追求すれば、かれらは相互に有益な財の生産機会や交換機会をすべて使い尽くすことになる。相互に有益な交換機会が使い尽くされれば、結果は完全雇用になる。合理的な賃金要求をする労働者――自分が生産に付け加えるよりも低い賃金を受け入れる労働者――は雇用される。なぜか？　もしそんな労働者が失業していたら、相互に有益な交換が生じるからだ。雇用主はその労働者を希望どおりの賃金で雇って生産量を増やせば利益を増やせる。もちろん、一部の労働者にはそれでも職がないだろう。でもそれは、一時的に職探し中だとか、自分が生産に貢献する分よりも無法に高い賃金を要求するとかいうことで職がないだけだ。こういう失業は自発的な失業と言われる。

経済の安定性についてのこの理論がずいぶん成功しているという感覚はある。たとえばこの理論によって、ほとんどの期間では職を探すほとんどの人が雇用される理由が説明できる――これはかなり厳しい不景気という苦境下ですらそうだ。もちろん、大恐慌のピークでなぜアメリカの労働力の二五パーセントが失業していたかは説明できないけれど、でもその当時ですらなぜ七五パーセントの労働者は雇われていたのかという説明はできる。かれらは、アダム・スミスが予想したとおり、相互に有益な生産と交換を行っていたからだ。

だから最悪の場合ですら、この理論にはかなりのよい成績をあげていい――少なくとも、あるレストランでわれわれが耳にした小学生の基準からすれば。その子は、スペリング（つづり）の試験で七割正解したのに成績がCしかもらえなかったと文句を言っていた。さらにこの理論は、二〇〇年で最悪の予想をしたときですら、かなり優秀なのだ。ほとんどの場合――たとえば現在、アメリカの失業率がまだ六・七％（ただし上昇中）のときでも――その予測はかなり正確だ。

またもや大恐慌を考えてほしい。なぜ一九三三年に職のある人が七五％もいたのか、と尋ねる人はほとんどいない。むしろ普通の質問は、なぜ労働力の二五％が失業していたのか、ということだ。われわれの頭の中では、マクロ経済学は完全雇用が実現していないときに問題となるものだ。そうした完全雇用が実現できないというのは、まちがいなくアダム・スミスの古典モデルからの逸脱なのだ。

われわれは、同業者たちのほとんどと同じく、なぜこれほどの人に職があったのかという点でアダム・スミスは基本的に正しかったと信じている。またいくつか条件はつけるが、資本主義の経済的な優位性についてかれは基本的に正しかったとも喜んで認めよう。でもわれわれは、かれの理論ではなぜ経済にこれほど変動があるか説明できないと思う。なぜ経済がジェットコースターのような振る舞いをするか説明できない。そしてアダム・スミスから出てくるメッセージ――政府介入の必要性はほとんど、いやまったくない――というのもまた無根拠なのだ(1)。

アニマルスピリット

アダム・スミスの思考実験は、人々が合理的に自分の経済利益を追求するという事実をきちんと考慮している。もちろん人々はちゃんと考える。でもこの思考実験は、人々は経済以外の動機でもかなり動くという事実を考慮していない。そして、かれらが不合理だったりまちがった方向に導かれたりするということも考えない。つまりアニマルスピリットを無視しているのだ。

一方、ジョン・メイナード・ケインズは完全雇用からの逸脱を説明しようとして、アニマルスピリットの重要性を強調した。かれはそれがビジネスマンの計算において根本的な役割を果たすのだと強調した。「鉄道、銅山、繊維工場、特許医薬品の成果、大西洋横断客船、ロンドン市の建設が一〇年後にもたらす収益を推計するためのわれわれの知識基盤は、ほとんどないか、ときにはゼロだ」とケインズは書いた。もし人々がそんなに不確実だとしたら、決断はどうやって下されるのだろう? それは「アニマルスピリットの結果としか考えられない」。それは「行動への突発的な衝動」の結果なのだ。それは合理的な経済理論が言うような「定量的な便益に定量的な確率をかけた加重平均の結果」などではない。[2]

Spiritus animalis という古代・中世ラテン語の元の用法では、アニマルということばは「心の」とか「活気をもたらす」といった意味だ。それは基本的な心的エネルギーや生命力を指す。[3]だが近代経済学では、アニマルスピリットはちょっとちがった意味を持つ。それはいまや経済学用語として、経済の中の不穏で首尾一貫しない要素を指している。それは人々が曖昧さや不確実性に対峙するときの独特の関係を指す。それはわれわれを麻痺させることもある。だがわれわれをリフレッシュして新たな活力を与えてくれ、恐怖や優柔不断を乗り越えさせてくれることもある。

家族がときには仲良くときには口論し、ときに幸せでときに陰鬱になり、ときに成功しときにはばらばらなのとちょうど同じように、経済も全体として、よい時期と悪い時期がある。社会的な構造が変わる。お互いへの信念も変わる。そして努力して自己犠牲を払う意思も、決して一定ではない。

いまの金融危機や住宅危機もそうだが、経済危機は主に思考パターンの変化によって生じるという発想は、標準的な経済学の発想には反するものだ。だが現在の危機は、まさにこうした思考の変化の役割を実証している。それはまさに、安心（信頼）や誘惑、妬み、遺恨、錯覚（幻想）の変化によって生じた——そして何よりも、経済の性質に関する物語の変化によって生じたのだ。こうした形のないものが原因で、人々はトウモロコシ畑の真ん中の家のために大枚をはたいた。その購入に銀行が融資したのもそれが原因だし、ダウジョーンズ平均株価が一万四〇〇〇ドルのピークを迎え、その後一年ちょっとで七五〇〇ドル以下に落ちたのもそのせいだ。アメリカの失業率が過去二四カ月で二・五パーセントポイントも上がり、まだ落ち着く様子がないのも。世界最大の投資銀行の一つベアー・スターンズが連邦準備理事会（ＦＲＢ）の救済措置で辛くも（そしてギリギリのところで）生き延び、そして一年後にリーマン・ブラザーズがあっさりつぶれたのも。世界中の銀行の相当部分が過小資本となっているのも。そしていままさにこれを書いている時点で、それらの銀行の一部が救済措置の後ですら生死の境をさまよい、いまにもつぶれかねないのもそのせいだ。そしてわれわれは、次に何がくるのか見当もつかない。

マクロ経済学――アニマルスピリットがある場合とない場合

もちろん、経済に変動が起こる理由を説明したマクロ経済理論は豊かに存在する。というか、マクロ経済学の教科書にはそれしか書いていないと言っていい。二つだけ例を挙げよう。第二次世界大戦後の時期、経済学者たちは完全雇用からの逸脱を、一種類のアニマルスピリットで説明できると考えた。それは労働者たちが額面上の賃金カットを嫌い、したがって雇用者も賃金を引き下げたがらないということだ。(4) この伝承は、次になぜ賃金はなかなか変わらないのかという少し高度な説明となった。これは雇用の変動が、賃金と価格が同時に決まらないことからくる需要のシフトによって生じるという説明だ。この概念はマクロ経済学で「非同時的契約(staggered contracts)」と呼ばれる。(5) マクロ経済学の教科書は、アダム・スミスの単純な思考実験からの逸脱を示す各種の例がたくさん載っているが、それはどれも経済利益だけを動機に交渉する合理的な人々による合意や契約の結果だ。(6)

そしてこれが、本書と標準的な経済学教科書との思想的なちがいとなる。本書は経済をどう記述すべきかについて、別の発想から導かれている。教科書経済学は、純粋な経済動機や合理性からできるだけ逸脱しないですませようとする。これにはちゃんとした理由がある――そして著者は二人とも、人生の相当部分をこの伝統に従って著述することで過ごしてきた。アダム・スミスの経済学はよく理解されている。アダム・スミスの理想的な体系からのちょっとした逸脱というかたちで説明をつければ、すでによく理解されている枠組みの中にあるので明確になる。でも、スミスの体系からちょっと逸脱するだけで経済の本当の仕組みが説明できることにはならない。

本書はこの伝統と一線を画す。われわれの見るところ、経済理論はアダム・スミスの体系から最低限の逸脱しかしないように導かれるのではなく、実際に起こっていて観察もできる逸脱をもとに構築されるべきだ。アニマルスピリットは日々の経済の中に存在しているのだから、経済の本当の仕組みに関する記述はそうしたアニマルスピリットを考慮すべきだ。これが本書の狙いとなる。

そうした記述を組み立てる中で、経済の仕組みを説明できると思う。これは長期的な関心事項ではある。だが本書では、目下これを書いている二〇〇八〜〇九年にかけての冬の時点で、どうして経済がこんな惨状に陥ってしまったのか——そしてどうやってそこから脱出すべきかも説明している。

経済の本当の仕組みとアニマルスピリットの役割

本書の第I部は、アニマルスピリットの五つの側面について、またそれが経済的意思決定にどう影響するかを記述する——その五つとは、安心、公平さ、腐敗と背信、貨幣錯覚、物語だ。

- われわれの理論の礎石となるのは安心であり、また安心と経済のフィードバック機構である。この機構は不穏さを拡大する。
- 賃金や価格の決定は、公平さに大きく左右される。

- われわれは、腐敗と背信行動への誘惑も認識するし、それが経済でどんな役割を果たすかも考慮する。
- 貨幣錯覚もわれわれの理論のもう一つの礎石だ。世間はインフレーションやデフレーションで混乱してしまい、その影響についてきちんと理詰めで考えない。
- 最後に、自分が何者で何をやっているかというわれわれの現実感覚は、自分や他人の人生のストーリーとからみあっている。そうした物語の総和が国の物語や国際的な物語となって、経済で重要な役割を果たすようになる。

本書の第Ⅱ部は、こうした五つのアニマルスピリットが経済的な判断にどう影響するかを記述して、それが以下の八つの質問に答えるうえでいかに重要な役割を果たすかを明らかにする。

1　なぜ経済は不況に陥るのか？
2　なぜ中央銀行は経済に対して（持つ場合には）力を持つのか？
3　なぜ仕事を見つけられない人がいるのか？
4　なぜ長期的にはインフレと失業はトレードオフの関係にあるのか？
5　なぜ未来のための貯蓄はこれほどいい加減なのか？
6　なぜ金融価格と企業投資はこんなに変動が激しいのか？
7　なぜ不動産価格には周期性があるのか？

8　なぜ貧困は条件の悪い黒人の間で何世代も続いてしまうのか？

アニマルスピリットがこれらの問題それぞれについて、簡単な答えを提供してくれることを示そう。また同じことだが、人々が経済的動機しか持たずにそれを合理的に追求すると想定したら——つまり、経済がアダム・スミスの見えざる手に従って機能すると考えたら——これらのどの質問にも答えられないことも示す。これら八つの質問はどれも根源的なものだ。経済について自然な好奇心を持っている人なら、だれでも疑問に思うことだ。そのすべてに自然で満足のいく答えを提供することで、アニマルスピリットの理論は経済の仕組みを記述する。

これらの質問に答え、経済の本当の仕組みを語ることで、われわれは既存の経済理論ができなかったことを実現する。われわれはアメリカ経済、いや世界経済がどうして現在の危機に陥ったかを、完全かつ自然に説明するのだ。そして——それ以上に皆さんに興味あることかもしれないが——その理論はまた、この危機から抜け出すにはどうしたらいいかを理解する手助けをしてくれる（その分析や提言は、中央銀行の力を扱った第7章の付記として示す）。

第I部

アニマルスピリット

第1章
安心とその乗数

著者の一人（アカロフ）は、数年前の夕食時の会話が忘れられない。住宅ブームのときに、ノルウェーからの遠い親戚――義理の義理の義理の親戚で、家族の結婚式でちょっと顔をあわせたことがあるだけ――が一〇〇万ドル以上でトロンハイムに家を買ったと聞かされたのだ。ずいぶん大金のように思えた――ニューヨーク、東京、ロンドン、サンフランシスコ、ベルリンなら、あるいはオスロでさえ、あまり高いとは思われないかもしれないが、ノルウェー沿岸で人間の住む北限にあり、世界最北の都市の座を争っている地方都市でこの値段とは。それにその住宅は豪邸でもなんでもなかった。この考えは静かにアカロフの脳内にとどまり、スカンジナビアの不動産価格はずいぶん高いんだな、という観察と併せて保存されたのだった。

最近アカロフは、共著者のシラーに対し、トロンハイムの話をもっとよく考えてみたほうがよかったかもしれないと語った。二人でこの件を話し合ってみたが、物件価格高騰のこの話をどうでもいい、ただの奇妙な出来事でしかないと考えたのは、あまりにうかつだった。むしろアカロフはこれを、もっと積極的に考えるべき不協和音だと見なすべきだった。そして、市場についてのもっと広い文脈でこれを解決することを考えるべきだった。

この小話にはもっと突っ込んで考えるだけの価値がある、というのがわれわれの結論だ――この話はビジネスサイクル（景気循環）について、また特に、現在世界の大部分を覆っている安心と信用の二重の危機を特徴づける暴騰と暴落について、洞察を与えてくれると考えるからだ。

安心

新聞や評論家は、経済が不景気に陥ったら「安心／信頼感の回復」が必要だと語る。これは一九〇二年に市場が暴落したとき、J・P・モルガンが銀行家を集めて彼らに株式市場に投資させたときの意図でもあった。一九〇七年にもかれは同じ戦略を使っている。[1] フランクリン・ルーズベルト大統領は、大恐慌を似たような表現で分析した。一九三三年の初の就任演説でかれはこう宣言した。「恐れるべきなのは、恐れそのものだけである」。その同じ演説でかれはその後こう述べている。「われわれは蝗《いなご》の災厄に遭ったわけではない」（訳注・旧約聖書「出エジプト記」への言及。神の怒りに触れたわけではないということ）。アメリカ共和国の建国以来、経済の下降は安心が失われた結果だと宣言されてきたのだ。

経済学者は安心という意味について独特の解釈をしている。多くの現象は、二つ（あるいはもっと多く）の均衡を持つのが特徴だ。たとえば、ハリケーン・カトリーナの後でだれもニューオーリンズの家を再建しようとしないなら、それ以外のみんなだって再建しようとはしないだろう。ご近所もいないし店もないというのに、だれがそんな無人の荒れ地に住みたいだろうか？　でももし多くの人がニューオーリンズの家を再建しようとしたら、それ以外の人たちも再建をしたがるだろう。ということで、ここには二つの均衡がある。一つは再建が行われる良い均衡だ。われわれはこれを安心がある状態だという。もう一つは、再建が行われない悪い均衡だ。これは安心がない状態だ。この見方だと、安心というのは予測でしかない。この場合は、他の人が家を建てるかどうかという予測となる。安心のある予測は、未来がバラ色だという予測だ。安心のない予測は、未来が暗いというものとなる。

　でも辞書で安心（confidence）を引いてみると、予測にとどまらない意味があるのがわかる。辞書によれば、信頼とか完全に信じることとある。Confidence はもともと、ラテン語の *fido* からきている。これは、わたしは信頼する（I trust.）という意味だ。本書執筆時点で起きている安心感の危機は、信用危機（credit crisis）とも呼ばれる。credit はラテン語の *credo* からきている。これも、わたしは信頼する（I believe.）という意味だ。

　こうした意味合いを重ねて考えてみると、経済学者の観点――二種類の均衡またはバラ色の予測対陰気な予測という発想に基づく安心の見方――は何か見落としているように見える[2]。経済学者は信頼とか信念といった意味を部分的にしかとらえていない。かれらの見方は、安心というのが合理的だと示唆している。人々は手元の情報を使って合理的な予測をする。そしてその合理的な予測に基づいた合理的な意思決定をする。もちろん、人々がこのようなかたちで安心して意思決定をすることも多い。でも安心／信頼という用語にはそれ以上の意味がある。信頼というのはまさに、合理的な範囲を超えて信じるという意味なのだから。実際、本当にだれかを信頼している人は、相手に関するある種の情報を無視したり割り引いて考えたりすることも辞さないだろう。その人は、手元の情報の一部を合理的に処理することさえしないかもしれない。合理的に処理したとしても、それに基づいて合理的な行動をとることをしないかもしれない。自分が正しいと信じているものに従って行動するわけだ。

安心というのがこういうことなら、それが変動すればビジネスサイクルに大きな役割を果たす理由もすぐにわかるだろう。なぜか？　よい時期には、人々は信用する。思いつきで意思決定をする。人々は、自分が成功すると直感的に思ってしまう。疑念を抱いてもそれは押さえつける。資産価格は高いし、まだ上昇中かもしれない。人々が信用し続ける限り、それが衝動的な行動なのかどうかははっきりしない。だが、安心が消えたら潮も引く。人々の意思決定の無根拠ぶりがあらわになってしまうのだ。

安心という用語そのもの――合理的な意思決定以上の行動を指す――がまさに、なぜそれがマクロ経済学で大きな役割を果たすのかを示している。(3)人々は安心していれば出かけて買い物をする。不安だと買い物を控えて売る。経済史は、こうした安心の拡大とそれに続く撤退のサイクルであふれている。ハイキングに出かけて、はるか昔に放棄された鉄道線路に出くわしたことはないだろうか――これはだれかがかつて、富貴をめざして描いた夢の跡だ。一七世紀オランダの大チューリップバブルをみなさんご存じだろう――ちなみにオランダは信念の固いレンブラント商人で有名で、世界で最も慎重な国民の故郷として冗談の種にすらなるところだ。そしてアイザック・ニュートン――現代物理と微積分の父――ですら一八世紀の南海バブルで財産をすったのも、周知のことだ。

これで話はトロンハイムに戻る。アカロフは親戚が買った一〇〇万ドルの家から生じた観察を、脳のまちがったところにしまってしまった。トロンハイムの一件は、スカンジナビアの不動産価格が妙に高いという示唆にとどまるものではなかった。それは世界的な不動産バブルの一部だった。アカロフは信頼しすぎていたのだ。

それで話はさらに戻って、ケインズによるアニマルスピリットについての件《くだり》になる。人々は大きな投資判断をするとき、安心や信頼に基づいて判断する。標準的な経済理論はそれとは別のことを言う。経済理論は、合理的な意思決定をする定式化されたプロセスを記述する。人々は手元のあらゆる選択肢を検討する。そしてそれぞれの選択肢がもたらす結果を検討して、それぞれがどれほどの利益になるかを考える。それぞれの選択肢の確率を考える。それから決断を下すというわけだ。

でも、本当にそんなことができるだろうか？　そんな確率だの結果だのを明確にする手段をみんな持っているだろうか？　むしろ、ビジネス上の決断――そしてどの資産を買って保有するかといった個人的な決断の多くもまた――は、安心できるかどうかを基準にすることがずっと多くないだろうか？　そういう意思決定のプロセスは、ホットケーキをひっくり返したりゴルフボールを打ったりするときの決断のほうに近くはないだろうか？　われわれの決断の多く――人生で最も重要なものも含む――は、それが「安心できてその乗数が適正に思えるから」下されるのではないだろうか。長年ＧＥのＣＥＯを務め、世界で最も成功した企業重役の一人であるジョン・Ｆ・「ジャック」ウェルチは、そうした決断は「ずばり直感で行う」と述べている（この人のことはまた後で取り上げる）。

だがマクロ経済のレベルでは、総計してみれば、安心は増えたり減ったりする。ときにはそれなりの根拠を持って。またときにはまったく無根拠に。それは単なる合理的な予測ではない。これぞアニマルスピリットの筆頭であり、いちばん重要なものなのだ。

安心乗数

ケインズ経済学における最も基本的な要素は、乗数の概念だ。この概念はリチャード・カーンがある種のフィードバックシステムとして提案したもので、ケインズに採用されてかれの経済理論の中核となった[4]。ケインズ『一般理論』刊行から一年と経たないうちに、ジョン・R・ヒックスはケインズ理論の定量的解釈を刊行し、がっちりした乗数と、乗数効果と金利（利子率）の相互作用について述べた。ヒックスの解釈はケインズのオリジナルな説を超えて、ケインズ理論を文句なしに体現するものだとされるに至った[5]。

ケインズは話が行ったり来たりするし、饒舌で、急に議論が飛んで、わかりにくいが、それでも挑発的でおもしろかった。ヒックスは秩序だっていて手際がよく、論理的な整合性があった。ヒックス版が結局は栄えた。かれはケインズほどには有名ではなく、ケインズの天才の単なる解説屋だと見られることが多い。だが思想史的にいえば、「ケインズ革命」は同じくらい「ヒックス革命」でもあった。

　でもわれわれはヒックス版のケインズ概念の表現は狭すぎると考える。ヒックスが注目した単純な乗数ではなく、むしろそれと組になった概念を考えるべきだ。それをここでは安心乗数と呼ぼう。何百万人の学部生に何世代にもわたって教えられてきたケインズの乗数は、次のように機能する。何か政府の刺激策があったとする。たとえば政府支出を増やすプログラムを考えよう。すると人々の手にお金が渡り、もらった人々はそのお金を使う。この最初の政府刺激策が一巡目だ。政府が支出するお金はすべて、最終的にはだれかの収入になる。そしてそれを受け取る側の人々は、その一部を消費する。受け取ったお金のどのくらいを使うかという比率は、限界消費性向（ＭＰＣ）と呼ばれる。一巡目の政府支出増加は、今度はそれを受け取った、政府以外の人々による支出増をもたらす。これが二巡目だ。それがさらに多くの人の収入となるが、その額は政府の支出一ドル当たりＭＰＣドルとなる。それらの人々がさらにＭＰＣドルの一部を支出する。その額はＭＰＣの二乗ドルとなる。これが三巡目だ。でもこれでおしまいではない。このプロセスが何度も何度も繰り返される。というわけで、政府が最初に一ドル支出すると、その影響の累計は$1 + MPC + MPC^2 + MPC^3 + MPC^4 \cdots\cdots$となる。これは無限大にはならず、$1/(1-MPC)$となる。これがケインズ乗数と呼ばれるものだ。この大きさは、最初の政府刺激策よりもずっと大きなものになる。たとえばＭＰＣが〇・五なら、ケインズ乗数は二になる。ＭＰＣが〇・八なら、ケインズ乗数は五だ。

　ケインズが一九三六年の著書でこの発想を説明し、それを一九三七年にヒックスが定式化すると、それは多くの人の目に実に魅力的に映った。これは大恐慌の謎を説明するものだと解釈された。大恐慌が実に不思議だったのは、これほど重要な出来事なのに、これといってすぐにわかるような原因が見あたらなかったことだ。乗数理論は、支出がちょっと下がっただけでもその影響が大いに拡大する理由を説明してくれた。人々が、たとえば一九二九年に起きたような株式市場の崩壊におびえて過剰に反応し、消費支出がわずかとはいえ実質的な低下を見せれば、それはまさにマイナスの政府刺激策のように機能する。人々が消費を一ドル減らすと、それはさらなる消費支出の低下を生み出し、それがさらに消費を減らし、結果的に最初のショックよりずっと大きな経済活動の低下をもたらす。何巡もする消費の減少は企業をじわじわと痛めつけて赤字に陥れ、それにつれて数年がかりで不景気がやってくる。この理論は、すぐに政策対応を引き出すことこそなかったものの、広く受け入れられた。というのも、これはまさに一九二九〜三三年にかけて大恐慌が深まるにつれて起こっていることのように聞こえたからだ。

ケインズの乗数理論はまた、計量経済学者たちにも人気が出た。というのもこれは定量化してモデル化できるからだ。国民支出や国民所得に関する正式な統計は、ケインズの『一般理論』とそれに関するヒックスの解釈が発表された頃に入手可能となり、かれらの分析のためのデータセットが提供されることになった。ブルッキングス研究所が国民消費に関する最初の推計を発表したのは一九三四年だ[6]。アメリカの国民所得・生産物計算は、一九四〇年代初期にミルトン・ギルバートがケインズやヒックスの理論に応用しやすい枠組みで開発したものだ[7]。今日に至るまで、アメリカ政府も他の主要国も、国民所得や国民消費のデータをこの理論の要求に従って集計している。その後経済学の文献が大量に出現したことを考えると驚くべきことに聞こえるだろうが、ヒックス以降、国民データの収集にこれほど大規模な変更を指示できるほどの権威を持ったマクロ経済モデルは存在していない。ある意味で、それは定式化されたモデルの根拠となる理論を創り上げたデータだとすらいえる——というのも今日われわれの手元にあるデータは、まさにこのモデルだけを念頭に作られたものだからだ。

データセットができたことで、世界諸国の経済について大規模なコンピュータシミュレーションモデルの開発が起こった。このモデル化は、一九三六年にヤン・ティンバーゲンがオランダ経済について計量経済学モデルを開発し、アメリカ経済について一九三八年に四八の方程式から成る計量経済学モデルを発表したときに始まった。一九五〇年にはローレンス・クラインがアメリカ経済についての別のモデルを開発し、それが何十年がかりで発達して巨大なプロジェクト・リンクとなった。これは世界のあらゆる主要国の計量経済モデルをリンクさせた、何千もの方程式で構成されたモデルだ。こうしたモデルではアニマルスピリットの登場する余地はほとんどないが、当のケインズもこれらについては疑問視していた(8)。

でも、こうしたモデルの中でも安心の役割を見いだすことは可能だ。通常は乗数というと、計りやすい伝統的な変数についてのみ考える。でもこの概念は、伝統的ではない計測しにくい概念にも適用できる。消費乗数、投資乗数、政府支出乗数は、それぞれ消費、投資、政府支出が一ドル変化したときの所得への影響を表すものだが、他にも考えればいい。安心乗数だってある。これは安心が一単位変化したときの所得の変化を示す——安心というものの定義や、それをどう計るかという問題はあるが。

また、安心乗数は消費乗数と同じく、支出が何巡もすることで生まれると思えばいい。ここでのフィードバックは、消費支出が何巡もするのに比べてもっとおもしろいものとなる。安心の変化は、次の一巡では収入だけでなく安心の変化も引き起こし、それぞれの変化が今度はさらに収入と安心に影響を与えることになる。

さてもう長きにわたり、「安心」を調査した調査はある。いちばん有名なのはミシガン大学消費者信頼感指数だが、他にもあるのだ。一部の統計家は安心が国内総生産（GDP）に与えるフィードバックを調べるテストを開発している。こうした計測された安心が、将来支出を予測する変数になるのはまちがいない。数カ国での因果関係試験（コーザリティ・テスト）を見ると、現在計測されている「安心」が確かに将来のGDPに影響することが示唆されており、この結果は安心乗数で想定されているフィードバックを確認するようだ。[9] 別の統計家たちは、信用品質のスプレッドを使って似たような分析をしている。信用品質のスプレッドとは、高リスク負債と低リスク負債との金利の開きのことだ。それを安心の指標とみなし、それがGDPに与える影響やそれをGDPの予測に使えるかを調べるわけだ。[10] でもこうしたテストは、実は価値が限られるとわれわれは考えている。こうしたテストで強い結果が出たからといって、アニマルスピリットが何らかの役割を果たしているとは必ずしもいえない。なぜか？　だって安心の指標は実は安心を計っていないかもしれないからだ。それはむしろ消費者の現在と将来の収入をめぐる期待を反映しているだけかもしれない。[11]

もしそうなら、それが未来の支出や収入の予測指標として有効なのは当たり前だ。また、安心が収入に与える影響を計るのも難しい。というのもこの経路がときには他の経路よりずっと重要になると思うからだ。安心の変化と収入の変化との結びつきは、経済の下降期にはきわめて重要だが、それ以外のときにはあまり重要でないとわれわれは考える。アメリカの一九九〇〜九一年の不景気(これはサダム・フセインによるクウェート侵攻が引き金だったのでクウェート不況とも呼ばれる)をオリヴィエ・ブランシャールが説明するときに使ったのは、こうした説明だった。ブランシャールは、安心指標を見るとまさにこれが起きているのだと考えている。不況に先だって、ミシガン大学消費者信頼感指数にはきわめて大きな、他に予想のつかないショックが生じていることをかれは指摘する。かれの解釈は、クウェート侵攻に続く悲観論の波のせいでそれが生じたというものだ。この安心の喪失が、今度は消費の大幅な減少をもたらしたというわけだ。[12]

安心の存在は、乗数にとってはさらなる意味合いを持つ。他の乗数は、安心の水準に大きく依存している。二〇〇八年一一月時点の経済を見ると、その理由がわかる。安心が下がったので信用市場(金融市場)が麻痺してしまっている。貸し手は、貸したお金が返ってくると信じられない。この状況だと、支出したい人たちは必要とする資金を得られない。財を供給する人々は、必要な運転資金がなかなか得られない。結果として通常の政府支出増加や減税などによる財政乗数は下がる——おそらくはものすごく。

第7章の付記で、現在の危機に対処するにあたり政府には二つの目標があると提言している。第一の目標——そして通常の不況でならこれだけですむのだが——は経済を完全雇用に戻すための十分な金融政策と財政政策だ。だが安心の低下による極度の信用収縮(クレジットクランチ)のために、そのような刺激策だけでは不十分かもしれない。信用収縮に直面しているので、完全雇用実現にはものすごい政府支出や減税が必要かもしれないのだ。そこで政府のマクロ経済政策は、第二の中期目標を持つべきだとわれわれは論じている。つまり信用の流れについても、完全雇用で通常見られる水準になるよう目標を設定すべきなのだ。第7章の付記でわれわれは、連邦準備理事会がこの危機的な時期にあってもそうした目標を実現できるような、巧妙な手口を開発したことを述べよう。この目標が達成されれば、安心がいきなり下がったことで消失した信用の流れを置き換えることができる。

第2章 公平さ

アルバート・リースは判断力と叡智に満ちた人だった。またその経歴も完璧だった。一九二一年に生まれ、オーバーリン大学を卒業、シカゴ大学で博士課程に進み、そしてきわめて珍しいことだが、そのまま大学に残るよう要請された。それから助手、助教授、正教授と進み、学部長にさえなった。専門は労働経済学だ。非常に影響力の大きかった『労働組合の経済学』(1)という本を書いた。一九六六年にはシカゴ大を辞めてプリンストン大学に移り、その後まもなくだんだん管理業務のほうで多忙となっていった。やがてジェラルド・フォード大統領に抜擢されて、賃金と物価安定評議会の長官となるよう要請された。後にプリンストン大学に戻って学長となり、最後にアルフレッド・P・スローン財団の理事長となった。

死の直前、リースは旧友ジェイコブ・ミンサー（これまたシカゴ学派の著名な労働経済学者）を記念する会議のためにペーパーを書いた（リース自身も同じような会議で三年前に栄誉を讃えられていた）。かれはその機会を使って経済学者としての人生を振り返った。そして驚くべき告白を行った。マネジメント担当者として過ごした後半の人生において、かれは前半生に行った分析にひどい欠落を見つけたというのだ。マネジメント担当者としてかれは、絶えず何が公平で何が不公平かを決めなくてはならなかった。だが経済学者としてのかれの分析には、公平さという概念がすっぽり抜け落ちていたのだ。

当人のことばを引用しよう：

賃金決定の新古典派理論は、わたしが三〇年にわたり教えてきて教科書でも説明しようとしたものだが（中略）、公平さについては何一つ語っていない。（中略）一九七〇年代半ばから、わたしは賃金や給料を決めたり管理したりする役割に参加するようになった。たとえばニクソン政権やフォード政権で、三つの賃金安定化委員会に名を連ね、企業二社の社長を務め、私立大学の学長を務め、財団の理事長となり、リベラルアート系大学の理事を務めたりといった具合だ。その企業の一つでわたしは賃金福利厚生委員会の議長を務めている。

これらの職務のどれ一つにおいてすら、自分がこれまで長きにわたり教えてきた理論はいささかなりとも役にたっていない。現実世界で賃金や給料の設定に関する要因は、新古典派理論が述べるものとはまるでちがっているようだった。これらすべてにおいて圧倒的に重要だと思えたのは、公平さなのだった。(2)

公平さの重要性

このリースからの引用は、ある意味で経済学者たちが公平性を無視してきた程度を誇張しすぎている。経済学者は他のみんなと同じく、人々が公平さをどれほど深刻に考えるか知っている。経済学者も人の親なので、車の後部シートで起こる公平だ公平じゃないのといったひどいケンカを目の当たりにしている。経済学者も、他のみんなと同じく、食べ物をめぐるケンカの聖書版はよく知っている。ヨセフの父がかれを兄たちよりひいきして「多彩な」上着を与え、それに嫉妬した兄たちがどう反応したかというお話だ。(3) 兄たちはヨセフを穴に投げ込んで、死ぬまで放っておこうとした。それから考え直して、エジプトに向かう奴隷商人に売り飛ばして利益を得た。

経済学者たちは、多くの論文──たぶん数千になるだろう──で公平さを論じてきた。実は公平《フェア》であることに関する論文を山ほど書いた、エルンスト・フェア(フェール)なる経済学者がいるほどだ。

だが、もっと大きく一般的な意味では、リースのひらめきはかれ自身にとっても経済学全体にとってても正しい。公平さを扱った論文がいくつあっても、そして経済学者がそれを重要だと考えていても、それは絶えず経済学の思考の裏部屋に追いやられてきた。教科書を見るといい。人々の行動の動機として公平さを挙げる教科書もあるが、その場合でも公平さは章末や巻末の位置に押し込められている。試験勉強のとき飛ばしてもかまわないと生徒たちの知っている部分だ。だが教科書を指定する教授たちは、その本は確かにすべてをカバーしていて公平さも言及されているんだ、と自分を安心させることができるわけだ。

だが公平さは、表舞台に出る他の経済的な動機と同じくらい重要かもしれない。公平さに対する配慮は、他の厳密に経済的な配慮事項と同じくらい、いやそれ以上に重要だろうか？　公平さへの配慮や社会的な期待は、厳密に経済的な動機の結果を蹴倒すくらい強いものだろうか？　こういう質問をするのは、公平さをいまのように教科書の後ろの章に押し込めておいていいのかという問題提起となる。

教科書がこうした問題を提起しないのには、もちろんもっと理由がある。経済学の教科書は経済学を扱うことになっていて、心理学や人類学、社会学、哲学、その他公平さについて教える知識分野などは範囲外なのだ。経済学の教科書を指定する教授は、自分の専門領域を教えたい。純粋経済理論が広範にわたり応用できるのはまちがいないし、そのすばらしい理論に専念したいのは自然なことだ――それが一部のとても重要な応用分野にあてはまらないにしても。合理的理論にだけ専念すると、説明もエレガントになる。そして経済学の定式化された領域の外側に、一部の主要な経済現象の根本にかかわる要因があると述べるのは、教科書のマナー違反になる。気取った晩餐会でゲップをするようなもので、とにかくそういうことはしないものなのだ。

アンケート

だが公平さの研究は、公平さに対する配慮の影響が合理的な経済動機の影響よりも大きいという可能性を強く示唆している。われわれのお気に入りの研究の一つは、心理学者ダニエル・カーネマンと二人の経済学者、ジャック・クネッチュとリチャード・セイラーによるものだ。[4] この研究は、被験者たちに各種の場面を見せて、それについての反応を記録する。そこで見た行動は容認できるか不公平か？　最初の質問は、雪嵐の後で雪かきシャベルの値段を扱ったものだ。その場面では、雪嵐があった後で近所の工具店が雪かきシャベルの値段を上げた。これは容認できるか不公平か？

経済学の基本によれば、そんな区別は無意味だ。需要の増加（人々はいまや車庫の入り口や歩道の雪かきをしなくてはならない）は価格の上昇をもたらす。でも被験者の八二パーセントは、雪かきシャベルの値段を雪嵐の後で一五ドルから二〇ドルに上げたのは不公平だと思った。工具店は、雪かきシャベルの仕入れ値が上がったわけでもないのに、顧客の不運に便乗しているからだ。実際、一九九二年のハリケーン・アンドリューの後で、日曜大工店ホームデポもそうした感情に配慮したらしい。ベニヤ価格が上がったのに、その上昇分の相当部分を店が負担することで、客の苦境につけこんだという非難をかわしたのだった。[5]

カーネマン、クネッチュ、セイラーの研究が示す、別の場面に対する反応は、公平さへの配慮が経済的な動機を蹴倒す様子をさらに浮き彫りにしてくれる。

ある暑い日に、あなたはビーチで横になっています。手元の飲み物は氷水だけ。一時間前から、大好きなブランドの冷えたビールが飲みたいな、と思い続けてきました。相棒が電話をかけに立ち上がって、近くでビールを売っている唯一の場所（豪華なリゾートホテルか場末のスーパーマーケット）からビールを買ってきてやろうと申し出ました。ビールは高いかもしれないよ、といって、相棒はいくらなら支払うかとあなたに尋ねます。あなたの言う価格以下だったらビールは買ってくるけれど、それを上回っていたら買ってこないとのこと。友人のことを信頼しているし、（バーテンや店主と）価格交渉をすることはできません。さて、あなたはいくらまで出しますか？[6]

ビールを買ってくる場所が豪華なホテルである場合、回答者は平均すると、場末のスーパーの場合よりも高い金額を提示した。平均で七五パーセントも高い金額を申し出たのだ。状況はまったくつまらないものだけれど、結果はかなり重要な意味合いを持っている。これは、公平さへの配慮が合理的な経済動機を上回っていることを実証しているのだ。もし回答者たちが、ビーチで横になる心地よさにビールがどれだけ貢献するかということだけを考えているならば、買う場所がホテルだろうとスーパーだろうと、支払おうとする値段は同じはずだ。でもかれらは、スーパーでの値段が「高すぎ」だったら、その追加の楽しみをあきらめていいと思っている。ビールにそれだけのお金をかけるのはもったいないと思うからではない。相手が豪華ホテルのバーテンならば、喜んで高い値段を払う気があるからだ。これはつまり、自分の上限額以上の金額をスーパーが課すのは不公平だと思っているからにちがいないのだ。

実験

経済学実験は、公平さの役割について別の点を実証してくれる。この実験にもいろいろあるが、われわれのいちばんのお気に入りは、エルンスト・フェールとサイモン・ゲヒテルによるものだ(7)。かれらは実験室で通常行われる、被験者たちの協力や相互信頼を試すゲームに、ひねりを加えた。通常版のゲームだと、被験者たちは「鍋」にお金を拠出する機会を与えられる。集まった金額は増額されたうえで、他の被験者たちと山分けにされる。みんなが協力すると、グループ全体にとっての見返りは最大になる。だがここには利己的に振る舞う動機がある。他のみんながお金を出して、それが増額されて山分けされる一方で、自分は利己的に振る舞ってお金を出さなければ、自分にとっては見返りがいちばん大きい。

こうしたゲームの結果については、標準的な知恵が存在する。被験者たちは、最初はある程度協力してゲームをやるが、ゲームが反復されると、まず他のプレーヤーには裏切り者がいると知り、そして自分自身もだんだん裏切るようになる。何度も繰り返すと、あらゆるプレーヤーが利己的になる。この行動パターンはとても基本的で、ヒトだけでなくサルでも記録されている(8)。

でもフェールとゲヒテルは一つ思いついたのだ。二人はこのゲームにちょっと変更を加え、協力しなかったプレーヤーを他のプレーヤーが罰せるようにしたらどうなるかを調べた。罰を与えるためにお金を支払う必要がある場合ですら、みんな罰を与えようとするだろうというのがかれらの予想だった。そしてまさにそのとおりの結果となった。被験者は利己的に振る舞った連中を、自分の懐が痛んでもいいから罰しようとした。おもしろいことに、罰を受ける可能性があると利己的な振る舞いは大幅に減ることもわかった。何度繰り返しゲームをやっても、多くのプレーヤーはまだ鍋にお金を入れ続けた。

罰を与える機会のためにお金を支払うということは、もちろん、被験者たちが公平性を重視していることを示す。他の被験者が利己的なときには腹をたてるわけだ。フェールは別の共著者とともに、被験者に似たようなゲームをやってもらいながら、その被験者の脳をＰＥＴスキャンにかけた(9)。そうした罰を下すと被験者は幸せを感じるらしい。それは脳の中で、各種の報酬を期待するときに活性化される背側線条体のスイッチを入れるのだった(10)。

公平さの理論

経済のいちばんの基本は交換の理論だ。だれが何をだれとどの市場で交換するかを記述する。でも交換の社会学的な理論もある。この理論と経済学理論の大きなちがいは、公平さに中心的な役割を与えるという点だ。それは何が公平で何が不公平かという考え方に依存する。

社会学が異なる交換理論を必要とするのは、社会学者たちの交換概念は経済学者のものより広いからだ。だれが何をどの市場で交換するかを説明するだけでなく、企業内、友人や知り合い同士、家族内などの非市場的な交換も説明したがる。社会学者たちによれば、取引が公平でないと、損をした側の人物は怒るという。その怒りが解き放つ衝動のせいで、取引は公平なものにならざるをえない。

交換の社会心理学理論は、衡平理論と呼ばれる。これは、取引のどちら側でも、投入した分と得られる分とは等しくなるべきだと主張する。[11] これはもちろん、市場で起こることのようにも聞こえる。たとえばスーパーは商品を渡し、あなたはその商品の値段分のお金を渡す。だから社会学者は、かれらの理論が経済学者に動機づけられていると言う（そしてたぶんそのせいで、かれらにしてみればちょっと不純な理論に思えるのかもしれない）。

でも、この二つの理論の間には大きなちがいがある。経済学者が交換の両方の側で投入として計算するもの――これは交換の金銭価値だけだ――は、社会学者が投入や産出として計算するものとは大きくちがっているからだ。社会学者が計算するものには、主観的な評価、たとえば取引に関わる人の地位が高いか低いか、といったことも含まれるのだ。

社会的交換理論の初期のバージョンは、ピーター・ブラウが、ややこしい訴訟に巻き込まれた政府の役人について観察したことで生まれた。[12] 公式の規則では、役人が助けを求めていい相手は上司だけということになっていた。もちろん役人たちは、しょっちゅう上司に助けを求めたりはしたがらなかった。うっとうしがられるし、それに自分の無知や独立性のなさを認めることになってしまうからだ。そこでかれらは系統的に規則を破った。お互いに相談しあったのだ。

ブラウはこの相談のパターンを観察し、これを衡平理論に照らして説明した。かれは役人同士の技能水準にちがいがあることも記述した。そして予想とは異なり、技能の低い役人が技能の高い役人に相談することはほとんどなかった。低技能の役人は同じく低技能の仲間と相談して助言をやりとりした。そして高技能の役人は、他の高技能の役人とお互いに助言しあった。なぜそうなったのだろうか？　それは、低技能の役人たちが取引に使える材料が限られていたからだ。ありがとうと感謝の念を述べることはできる。そしてまれに高技能の役人に助言を求めた場合には、確かにみんなそうした。そうした謝意は、最初はうれしいかもしれないが、やがて空疎になる。お礼を言うほうだって気疲れする。だから低技能の役人は、最初は知識豊かな役人に助言を求めたとしても、それが何度も繰り返されることはなかった。一方、同程度の仲間となら、同程度の価値のやりとりとともに交換は繰り返し続いたのだった。

お世辞や謝辞の価値といった主観的な要素がこの評価に加わると、これは公平な交換の理論となる。低技能の役人が高技能の役人と珍しく取引して感謝を述べた場合、それは交換を公平なものにする。取引の一方が投入するものは、相手の産出の価値と等しい。この理論は低い地位の人（たとえば伝統的なアメリカ社会での黒人や女性）が卑屈になる理由も説明する。交換において主観的・客観的な投入と産出を等しくするためには、かれらは高い地位にある人々より多くを提供しなくてはならないからだ。

規範と公平さ

衡平理論は一部の取引で何が公平か説明できるけれど、もっと広くもっと一般的な公平さの理論がある。社会学者たちなら、人々が自分や他人がどう振る舞うべきか、どう振る舞うべきでないかを記述する規範があるというだろう。著者の一人（アカロフ）はこの点について、レイチェル・クラントンと大量に論文を書いている[13]。そうした論文では、人々が幸せになる行動の大半は、自分がやるべきことに照らして恥ずかしくないだけのことを実行することなのだと示した。他人に公平でないと思われると侮辱されたように感じる。同時に、人々は他人だってやるべきことに照らして恥ずかしくないだけのことをやるべきだと考えている。他人が公平でないと思うと、人は腹をたてる（フェールの被験者たちが罰を与えたがったことを思いだそう）。

つまり公平さは経済学に、自分や他人がどう振る舞うべきかについてのみんなの意見という概念を持ち込むことになるわけだ。

公平さと経済

公平さへの配慮は、経済的意思決定における大きな動機付けとなっていて、われわれの安心感や、みんなといっしょにうまく働ける能力と関わっている。現在の経済学は公平さについてどっちつかずの見方をしている。一方では、何が公平で何が不公平かについての論文が山ほどあるけれど、他方ではそんな配慮は経済事象の説明においては二次的なものでしかないという伝統もある。

われわれは、こうした動機付けが経済学的議論で低い地位しか与えられないなら、それを正当化する理由を出せとしつこく主張する。それどころか、非自発的失業の存在や、インフレと総生産量の関係といったごく基本的な現象でさえ、公平さを考慮すると簡単に説明できると考える。公平さを考慮しないと、これらは解明できない。この点は本書の第Ⅱ部、第8章と9章でそれぞれ説明しよう。

第3章 腐敗と背信

経済の仕組みと、アニマルスピリットの働きを理解したいなら、経済の悪い面——反社会行動の傾向や、ごくたまに、または隠れたところで経済を阻害する暴落や失敗——について考慮しなくてはならない。一部の経済的な変動の原因は、明らかな腐敗の普及度とその容認度の変化に求めることができる。もっと重要な点として、背信の蔓延度も時間とともに変化する。背信とは、形式的には合法でも悪い動機を持つ経済活動のことだ。[1]

資本主義の擁護者たちは、資本主義がもたらす財について詩的に歌い上げる。[2] 資本主義は利益になりうるものなら何でも生産する。だから都市学者ジェイン・ジェイコブスは、個々の民間事業者が作りだした都市景観の多様性と楽しみの中に建築の詩学を見いだすのだ。[3] シカゴ大学でミルトン・フリードマンの衣鉢を継いだゲーリー・ベッカーは、ミハイル・ゴルバチョフ時代にモスクワ市民に向かって、アメリカの職業別電話帳を説明した。各種のサービスがアルファベット順に並んだその電話帳自体、自由な事業の結果であり、資本主義の収穫を示すものだというわけだ。われわれの友人は、資本主義はココアなんだと語る。ソヴィエトのモスクワの人民委員たちは、ココア生産など思いつきもしなかったはずだ（ココアが資本主義と共産主義の経済的なちがいをとらえているにしても、両者の政治的な自由度の差や、スターリン、毛沢東、ポルポト、チャウシェスク、金日成など多くの共産主義指導者の残虐行為についてはもちろん語ってくれない）。

だが資本主義の収穫には少なくとも一つ、欠点がある。それは人々の本当に必要とするものを自動的に作りだしてはくれないということだ。資本主義が作るのは、人々が必要だと思っているものだ。みんなが本物の薬に喜んでお金を出すなら、資本主義は本物の薬を作る。でもみんながガマの油に喜んでお金を出すなら、ガマの油を作る。実際、一九世紀のアメリカではインチキ特許による製薬が一大産業となっていた。一つだけ例を挙げると、ジョン・D・ロックフェラーの父であるウィリアム・ロックフェラーは巡業詐欺師だった。かれは馬車で町に乗り込み、ビラをまき、呼び込み屋を雇って自分の到来を告げ、町の広場で自分の奇跡の治療について講演を行い、ホテルの部屋で顧客に謁見した(4)。ロックフェラーの父親には詐欺の才能があったようだ。かれの息子はその遺伝子をもっと建設的なものへと向けた。その事業もまた毀誉褒貶《きよほうへん》激しいものではあったが。

消費者保護の必要性は、常にある程度の重要性を持つが、でも各種の理由からそれは別に資本主義のアキレス腱というわけでない。消費者はかなり知識豊富だから、ほとんどの場合は得体の知れないものを買ったりはしない。消費者は以前買った物を繰り返し買うし、製品が能書きどおりの結果を出さなければすぐにそのことを学習する。小売店だって、少なくともある程度は自分が売るものを確認する。さらに政府による安全弁もある。これは消費者が製品の属性をなかなか評価できないような場合には特に重要だ。多くの製品の安全基準は法律で定められている。たとえば建築基準法は、いい加減な工事が壁の裏側に隠されることがないように、住宅所有者を守ってくれる。

だが、消費者保護がことさら必要なのに、きわめてそれを提供しにくい分野がある。それが証券の分野で、将来に対する人々の貯蓄を実施する産業だ。伝説によれば、かつては貯蓄者と投資者が一致していたのでそんな保護は必要なかったという（たぶんこの伝説はウソだ）。将来の収入を求める農夫は自分の畑に投資する。今日自分が払う犠牲と明日の産出量とのトレードオフについていちばん詳しいのは、その農夫自身だ。だが今日では、ほとんどの労働者は雇われ人だし、かれらが将来のために貯蓄する主要な手段は、株や債券や、年金受給権、生命保険といった金融資産を買うことだ。こうした資産の物理的な性格は、それがいかに危ういものかを物語っている。これらはただの紙切れで、単に将来の支払いについての約束が書いてあるだけだ。

現代経済では、こうした貯蓄の源泉の価値については本質的に知りようがない面がある。規模の経済のため、資本主義の企業はすさまじく巨大で複雑になった。そうした企業に投資をしたら、その企業の負債の返済義務もついてまわるとなれば、そんな企業にはだれも投資したがらないだろう。そこで資本主義はうまい発明でそれを救った。有限責任だ。有限責任会社では、株主が失う最大の金額は、その株のために支払った代金だけだ。

こうした有限責任はなかなかうまく機能する。一方では株主を守る。また最初は、リスクの高い事業に投資するように投資家をうながすし、また後には、株主は自分の持ち分を他人に売ることができる。それを買う人も、失敗した場合のリスクを負わずにすむ。企業所有者が享受する有限責任は、企業の融資者を尻込みさせるのではないかという気もする。でもほとんどの場合、尻込みはごく最低限だ。なぜか？　極端な場合として会社が倒産しても、融資者にとっては貸した分を取り戻すという問題が生じるだけだからだ。そして株主が会社に十分な資本を注ぎ込んでいたら、このリスクはかなり小さい——ときにはほとんど無視できるくらいだ。そして企業がどれくらい倒産に近いかを示す目安として使える、厳密な指標もある。バランスシートや損益計算書といった会計指標だ。

これらの指標が融資者や出資者の保護に便利なのはこういう理由からだ：バランスシートで資産から負債を引いたものは、会計がきちんとしていれば、借入れの返済後にその企業にはどれくらいの余裕があるかを示す。配当後の利益は、この純資産ポジションの増減率を示す。前者の指標は、その会社がどのくらい倒産間近かを示す。後者の指標は、その会社がどのくらいの速度で倒産から遠ざかるか、または近づいているかを示す。

だが不正会計があると、資産販売はガマの油の販売に似てくる。実際にはできないことをできると主張すればガマの油を他人に売りつけられるのと同様、企業の帳簿をいじれば株や債券や融資を売り込める。株を買う人は企業の財務状況を評価するのに会計の数字を使うから、帳簿が操作されていれば、実際の価値よりも多くの金を株に支払う。また資産から負債を引いたものが、実際よりも多くあると信じるかもしれない。あるいは将来の収益が外見上は高いという印象を受けるかもしれない。そうなったら株式の保有者や、株を購入可能なオプションの持ち主は、おめでたくもインチキ帳簿を信じる連中を食い物にできる。

ごく基礎的な理論に照らしあわせれば、ガマの油を作るのが企業にとって有利な場合とそうでない場合とを区別できる。(5) 一定の配当を出し続ける企業があるとしよう。経済学者たちに言わせれば、競争市場では株価はそうした将来の配当をきちんと割り引いた金額の総和となる。割り引くのは、それが未来の配当なのと、リスクがあるからだ。通常の企業経営では、もし株式市場がきちんと裁定するならこれがその企業の価値になる。もちろん、株主たちが企業の事業を続けさせて、株を持ち続ければの話だが。

でもときに、事業を続けて維持するよりもっと利益の出る戦略が生じることがある。企業が帳簿をいじって、所有者たちが将来利益の割引価値以上のお金を企業から引き出せるなら、そのほうが株にしがみつくよりも儲かる。そうして株主の受取り金の増加を実現する手法の一つは、株価をつり上げてそれを売り払い、新しい株主にガマの油をつかませることだ。だがこれは会計を創造的に使う手口の一つでしかない。別の手口は融資をつのって、融資者たちが注ぎ込んだお金を吸い出す方法を見つけることだ。この吸い出す方法は無数にあって、給料、ボーナス、なれ合い取引、親族びいき、高い配当やオプション(これも値がつり上がっている。会計のおかげで、企業の業績が実際よりも高く見えるようにしているからだ)などがある。

資本主義の働きの象徴としてよく見かけるのは、攻撃的でリスクを恐れないことを誇る、豪腕CEOたちだ。ゼネラル・エレクトリック(GE)の従業員をたった五年で四一万一〇〇〇人から二九万九〇〇〇人に引き下げたジャック・ウェルチは、中性子爆弾にちなんで「ニュートロン・ジャック」とまであだ名された。(6) かれはそれについて申し訳ないなんて思っていない。また資本主義の教えでは、そんなことを思うべきでもない。むしろGEの利益を最大化するという、当然の義務を果たしただけのことだ。だがまさにこういうCEOがいて、自分や会社のために儲けることに何ら不当さを感じないからこそ、そうしたエネルギーがすべて不正直な方向に流れないようにするための、カウンターバランスが必要なのだ。

このカウンターバランスは、会計士というかたちをとる。会計士は落ち着いた人格と正直さで実に有名だ。会計士の人格についての心理学調査によれば、かれらは天性からして「事実や細部」を重視し「懐疑的で批判的」であり「安定して秩序だったかたち」で働くのが好きだという[7]。かれらもまた資本主義の英雄たちだ。かれらは資本主義の西部の荒野における、冷静沈着な保安官たちなのだ。

過去の事例──アメリカの三回の不景気

過去三回のアメリカの経済収縮──一九九〇年七月から一九九一年三月の不景気、二〇〇一年の三月から一一月の不景気、二〇〇七年一二月に始まった不景気──は、汚職スキャンダルに関連している。そのスキャンダルは、それぞれの不景気の深刻度を左右した。それぞれにおける腐敗と、そのミニチュア版である背信の役割を検討しよう。これは他のどの国にとっても、不景気のときに腐敗が果たす役割の事例となる。そしてわれわれの見立てでは、アメリカでは他の国より腐敗問題は軽いのだ。

汚職スキャンダルはいつもものすごく複雑だ。だが同時に、ものすごく単純でもある。単純だと言うのは、いずれの場合にもそれが、どれだけのお金を正当に受け取っていいかという基本的な会計原則に違反しているからだ。そして複雑だと言うのは、まさにその当事者たちが、単純な会計原則の違反を複雑さで覆い隠そうとするからだ。

貯蓄貸付組合（S&L）と一九九一年不景気

あらゆる公開企業は何らかのかたちで他人のお金を扱う。だからマネージャーたちには、そのお金を懐に入れて逃げる機会がいつもある。だがその機会にも大小がある。大きいと、それは経済全体に影響を及ぼす。そうした例が貯蓄貸付組合（S&L）危機で生じ、これが一九九〇〜九一年の危機の一因となった（ただし危機の要因としては、第一次イラク戦争と、それに続く原油価格高騰のほうがもっと重要だった）。

アメリカでは、S&Lはもっぱら住宅ローン用に融資をする銀行として機能する。S&L危機は、一九八二年にガーン＝セント・ジャーメイン預金金融機関法がS&Lの規制を緩和した一九八〇年代に始まった。この法律は、S&Lがぐっと強気に融資するのを認めたが、その預金を保証するのは政府のままという法律だった——これは怪しげな融資をしたい人がいる場合には、確実に大惨事を招く処方箋だ。規制緩和は腐敗の機会を作りだし、一部のS&Lはその機会をすぐさま活用して、ひどい融資をしてつぶれてしまった。結果として生じた危機は、債務超過のS&Lに対処すべく一九八九年に整理信託公社（RTC）が創設されたときに、クライマックスを迎えた。
資本の少ない企業の所有者やマネージャーたちが、事業を続けて人々が真に求める財やサービスを作るより、なれ合い取引でお金を吸い出すほうが儲かることに気づくようなら、会計濫用の可能性は常にある。S&Lはこうした濫用にとって実に魅力的な標的だった。というのも、政府が自ら最後に割を食う役回りを引き受けていたからだ。政府出資の預金保険のおかげで、S&Lの債権者、つまり預金者たちは、その機関が信用できるかどうか心配しなくてすんだ。何かがおかしくなったら、政府が尻ぬぐいしてくれるのだから。そして政府はそうした。一四〇〇億ドルもかけて。[8]
一九八〇年代には、こうした取引が猖獗《しょうけつ》を極めるような条件が揃った。このときS&Lは固定金利で大量の住宅ローンを提供していた。だがそこでインフレ率が上がり、金利も全体に上がった。これはつまり、S&Lが住宅ローンで稼いでいる金利よりも、資金を調達するコストのほうが高いということだ。会計がまともなら、こういうS&Lは倒産している。[9]
だがS&Lの倒産を認めたら政府が恥をかく。そんなことを認めたら、それらの機関をすぐに救済しなければならない。そこで巧妙な会計処理が導入されて、S&Lが事業を続けられるようにした。でもS&Lのほとんどは、いまや純企業価値がよくてもかろうじてプラス、ほとんどの場合にはマイナスになっていたから、はした金で買収できるようになっていた。続くスキャンダルがさまざまなかたちをとったのは当然だろう。S&Lは、事業を継続する主体としての価値はゼロだった――だが所有者がなれ合い取引をしようと思ったらかなりの価値を持った。たとえば不動産融資をしてデベロッパーからキックバックを受け取ったり、高リスクだが儲かる資産の購入をしたりすればいい。S&Lのなれ合い資金をいちばんうまく活用したのは、ジャンクボンドの帝王マイケル・ミルケンだった。

一九八〇年代まで、経済学者たちの常識では、敵対的な企業買収をやって儲けるのは不可能でないにしてもとてもむずかしいことになっていた。買収提案を出す前の企業が過小評価されていたとしても、その買収申し出自体が株価の高騰を招いてしまう。取引が終わる頃には、買い手にとっての儲け分は、乗っ取りにかかる取引費用を支払うのには足りなくなってしまうだろう、というわけだ(10)。

だがミルケンは、乗っ取り費用を大幅に引き下げる方法を見つけた。他人のお金を使うことで取引を電光石火ですませてしまうのだ。そのお金はずばり、S&Lがミルケンのジャンクボンドを買うことで調達された。ミルケンやミルケン配下の企業がある会社に敵対的な買収を仕掛ける場合、その購入費用の大部分をジャンクボンド販売で手当てできたら大いに役立つ。当のS&Lには報酬は無用だ——が、その所有者たちはジャンクボンドを買えば「私的な特権」を受け取れたので、この慣行は順調に継続された。たとえばかれらは、ワラントというオプションの一種を与えられて、買収企業の株を決まった価格で買えたりした。ミルケン本人も、こうした取引でかなりのワラントを手にしていたことが知られている(11)。

企業重役たちは、大量の負債を(ジャンクボンドとして)発行して資金調達すれば、株主たちから株を買い戻して自分の企業を非公開にできることに気がついた。非公開になった企業がジャンクボンドを償還できたら、こうした重役は大もうけだ。まもなく重役たちの給料はすさまじい勢いで跳ね上がった。重役の報酬コンサルタントとして有名なグラフ・クリスタルは、この変化にゾッとして、『過剰を求めて』なる本を書いたほどだ。[12] 新しい基準を持った不平等の新時代が始まったのだ。

ミルケンの手口と新しい不平等の開始とが同時期だったのは、ただの偶然なのかもしれない。一九八〇年にはロナルド・レーガンが大統領に選ばれ、政府の役割についての新しい哲学をうちだした。ミルケンはどのみち起こったはずの歴史的な変化を、たまたま最初にもたらしただけなのかもしれない。

だがほとんど同時に起きたジャンクボンド、企業乗っ取り、重役給与の激増は、資本主義の脆弱性を見せつけるものではある。ほんの少数の、内輪取引だけで、ほんの数年前なら経済学者たちが——資金提供者が伝統的な規則に従うと思って——絶対に不可能だと言ったような取引を可能にしてしまったのだから。

この脆弱さはS&Lスキャンダルが特に猖獗を極めたテキサスでことさらはっきりしていた。テキサスの不動産価格は暴騰した。まともな不動産事業を営む人々は、状況を知ってジレンマに直面した。廃業すべきか、それとも価格が大幅に過大だと知りつつ事業を続けるべきか？　正直な建築業者やデベロッパーにしてみればつらい決断だ。

最終的にS&L危機は、一九九〇〜九一年の不景気で経済を動揺させた経済的争乱のかなりの部分をもたらし、その後も一九九三年まで続く景気回復の足を引っ張った。整理信託公社（RTC）

が次から次へとS&Lの残骸を漁ってみると壮絶な状態だったり、復興金融公社（RFC）が整理のための債券競売でえらく苦労したといったニュースが、次々に紙面をかざった。連邦会計検査院（GAO）の長官は、一九九〇年に上院銀行委員会でこう述べている。「いまの銀行システムは、あまり安心感を抱《いだ》かれていないというのがわたしの強い印象であります[13]」。連邦預金保険公社（FDIC）議長が、破綻した銀行の救済を続けるためにさらなる連邦資金を要求したことで、安心はさらに低下した。この危機は不動産価格に影響し、一九八九年第4四半期のピークからどん底の一九九三年第1四半期にかけて、実質で一三パーセント下落した[14]。この価格下落を通じて、安心の低下は建設業に影響し、それが今度は他の産業にも影響した。株式市場に影響して、金融セクター全体に対する人々の信頼にも影響した。投資家の安心に影響し、各種の経済活動を進めようとする意思にも影響した。そしてそれはすべて、明らかに腐敗した活動が広範に広まったことから始まったのだった。

エンロンと二〇〇一年不景気

二〇〇一年の不景気は、通常は一九九〇年代の株式市場高騰の宴の余波のせいだとされる。だがその不景気が起きた理由の説明は多種多様だし、株式市場の高騰とその後の市場収縮は、それ自体としていろいろ理由がある。その理由の一つには、大いに喧伝された企業腐敗の例がいくつかある――そしてなかでもエンロン社ほど派手なものはなかった。

エンロンで何が起きたか、会計原則がまずどのように極限まで推し進められて、それから破られたかというのは、それ自体が会計原則の講義まる一学期分の素材になれる。だが――各種の登場人物やどん欲、野心、宴会、スポーツカー、抜け目ない男女を抜かしても――手短なまとめはできる[15]。

元マッキンゼーのコンサルタントだったジェフリー・スキリングは、エンロンが一夜にして大量の利益を帳簿に計上する手法を見つけた。証券取引委員会の新しい規定――これはもっぱら当のエンロンの要請によってできたものだ――のおかげで、天然ガスの長期販売や購入契約は、時価会計で行うべきだということになった。つまり、こうした契約を帳簿に載せる時点で、同社は契約期間すべての期待収入の流れを現在の利益として計上していいことになった（もちろんその収入が発生するはずの将来日時にあわせて適切な割引は行われる）。ちょっと考えれば、こんな規制を系統的に濫用する方法はすぐに思いつく。こうした契約では、ガスの将来販売価格は一定か、あるいはほぼ一定だった。現在の利益を過大に評価するためには、エンロンとしては将来の購入価格を過小に評価するだけでいい。そしてエンロンの企業文化は、そうした振る舞いをすることにありとあらゆるインセンティブを提供していた。利益に貢献する取引をする人々は、オプションなどのボーナスを大盤振る舞いされたのだ。

エンロンが業務内容のまったくちがう別の部門でも、似たような会計とインセンティブの過ちを犯したのは、ほぼ確実に偶然などではないだろう。エネルギー取引だけでなく、エンロンは発展途上国にガス火力発電所を建設する部門を持っていた。この部門を率いていたのは、途方もない魅力と行動力を兼ね備えた女性、レベッカ・マークだった。こうしたプロジェクトは、外国のさまざまな多数の人々の協力が必要だったし、高価な燃料も関わっていたので、正しい会計処理がものすごく困難だった。いちばん有名なのはインドのダブホールだ。それは顧客にすさまじいコストを強いる一方で、マハラシュトラ州の発電問題を今後何十年にもわたって解決すると約束していたのだった。

いったん帳簿に載せてからも、こうしたプロジェクトはさらに困難に直面した。まともな費用で実施するのが不可能だったのだ。だがエンロンの会計慣行は、この事実をまるで無視した。同社は発電プロジェクトからの収益を時価ベースで計上し、費用は契約調印時の想定のままにした。プロジェクトが帳簿に載ったら、期待収益が計上される。プロジェクトの開発に関わった社員はそれに応じて報酬がもらえた――プロジェクトはまだ始まったばかりで、いちばん楽観的なシナリオでも最初の電気がくるのは何年も先だったにもかかわらず。そんなプロジェクトが大金で帳簿に載り、エンロンはそこから多額の当期利益を計上したのだった。そして帳簿に絵空事のプロジェクトを載せきれなくなっても、エンロンは不思議なことに、過大計上された利益を修正しようとはしなかった。ますます多額の利益を計上できる戦略を探し出し、ウォール街の目を奪った奇跡の急成長を続けたのだった。

実現しない利益を先送りにするための合法手段はすぐに尽きたので、エンロンは非合法手段に頼りはじめた――会計的な永久機関とも言うべき手口だ。CFOのアンドリュー・ファストウは、持ち株会社を作ってそこが親会社の資産を実際の価格より高く買うようにすれば、資産への支払い額と簿価との差をエンロンは利益として計上できることに気がついた。

でもどうやって？　持ち株会社には、すでにつり上げたエンロンの株を渡す。このダミー会社の債権者には、損失が起きたらそれはエンロンが保証するという約束を与える。こうすることで、エンロンの帳簿から不足した利益を外すことができる。それどころか、この仕組みなら好きなだけ利益を作り出せる。というのも、持ち株会社に購入させる資産にはどんな値段をつけてもかまわないからだ。債権者たちは、そんなことは知ったことではない。エンロンが保証してくれるんだから。そしてダミー会社の株主たちは、二重の立場にあった。かれらはダミー会社のために働いているだけでなく、エンロンにも勤めていた。かれらの報酬は、ダミー会社の利益をどれだけうまく代表するかで決まるのではない。エンロンにどれだけ貢献するかで決まるのだ。株主たちは、利益の一部をエンロン株のオプションとして受け取ったが、エンロン株はこの詐欺のおかげで値上がりしていた。そしてその報酬は、ダミー会社の帳簿が親会社と連結しないですむために必要な、企業価値の三パーセント分の費用を補ってあまりあるものだった。

さらにダミー会社への融資責任者たちもまた、エンロン重役と同じような取引をしていた。エンロンに対する融資やコンサルティングサービスで、大量のボーナスを受け取っていたのだ。この仕組みが崩壊したら、きわめておいしいゲームがおじゃんになるので多少は気にかけるかもしれない。でも実際の損失を負担するのはだれか別の人だ。そしてエンロンの会計事務所だったアーサー・アンダーセンも警鐘を鳴らさなかった。そんなことをしたら、エンロンからもらっているおいしいコンサルティング契約がなくなるのを恐れていたのだ。これまたなれ合い取引だ。経済学者ならこの状況を均衡だと言うだろう。

みんな自分の利益を追っていただけだ。だが世間はガマの油を買わされていた。二〇〇一年の不景気は、この均衡が当事者全員にとって相互に利益あるものなどではなかったことを示す証拠だらけだ。[16] 不景気をもたらした株式市場の暴落は、多くの企業、特に通称ドットコム企業たちが、確かにガマの油を売っていたという認識が一般に広がったのと関連していたのだ。

人々は金融市場全般にうんざりしてしまい、この人々の態度は、当時想像できる他のどんな外部要因よりも経済の足を引っ張った。カール・ケースと著者の一人（シラー）は一九八九年以来個人投資家や機関投資家に定期的にアンケートを送っているが、その回答を見ると、人々が金融市場の腐敗や背信に反応しており、そこから手を引いて不動産のような別の投資先に向かっていたことが明らかになる。二〇〇一年の投資家ははっきりと、株式市場から手を引いた大きな原因が会計スキャンダルであり、だからこそ住宅市場への信頼を新たにしたのだと述べている。住宅市場では、会計士を信用する必要はないからだ。

サブプライムローンと二〇〇七年開始の不景気

本章執筆時点で、アメリカはまたもやバブルと、またもやスキャンダル群に直面しつつある。そしてここでもまたもや同じ原則があてはまることがわかる。

一九九〇年代末から二〇〇六年にかけてアメリカの住宅価格は高騰した。特にボストン、ラスベガス、ロサンゼルス、マイアミ、ワシントンDCなどで顕著だった[17]。この住宅バブルは、サブプライム融資の急増と関連しており、この融資はもともと住宅ローンの五パーセントしかなかったのが、二〇パーセントの六二五〇億ドルにまでふくれあがっていた[18]。

サブプライム融資業は一大産業となり、しかもきちんと規制されていなかった。サブプライム融資は、連邦住宅省や退役軍人省の傘下で低所得の借り手に住宅ローンを提供していた政府プログラムに替わるものだった。レーガン時代の民間市場信仰に影響されて、そうした政府プログラム――これは住宅オーナーにとってありがたいことに、厳しく規制されていた――は荒れるに任されて、類似サービスを提供する民間企業――ただし金利は政府より高いか、あるいは融資後に金利が跳ね上がる仕組みになっている――が栄えたのだった[19]。

残念ながら多くのサブプライム融資会社は、借り手にとって適切でない住宅ローンを出した。かれらは当初の低い月々の支払額だけをおおっぴらにでかでかと宣伝したが、その金利が後になるとどれだけ上がるかは隠した。かれらはこうしたローンを、社会の中で最も脆弱で最も教育水準の低い、最も情報のない層に大量に売りつけた。こうした振る舞いは非合法ではないが、とりわけひどい事例はどう見ても腐敗と呼んで差し支えないと思う。

こうした住宅ローンの提供者(オリジネーター)たちは、通常は自分の商品を信じていなかったので、なるべく早くそれを処分したがった。これを可能にしたのは、ローンの組成と保有に関して同時に起きた、状況を一変させるような大変化だった。昔なら、ローンを組成したS&Lなどがそのローンをずっと持ち続けた。だが市場には変化が起きていた。いまやローンの提供者――ローンの仲介業者、銀行、その他貯蓄機関——はもう自分でそれを持ち続けることはほとんどなくなっていた。むしろそのローンは売却された。そしてそのローンの返済はさまざまな形でパッケージングし直された。このパッケージングの一部として、住宅ローン返済の各種トランシェがしばしばまとめなおされ、まったくちがった切り刻み方で売り出された。金融市場は、住宅ローンの部分売りが可能だということを発見したわけだ——ちょうど賢い肉屋が、ニワトリを丸ごと売らなくても解体して部位ごとに売ればもっと商売繁盛すると気がついたように。こうしたローンを最終的に買った人々は、その元の提供者からはずっと遠く、そしてそのポートフォリオの中にある個別のローンの状態をきちんと調べるようなインセンティブはまったく持っていなかった。かれらはその利益や損失を他の多くの買い手と分け合っているのだから。

だがもし住宅ローンに、少なくともリスクの高いサブプライムのトランシェには、かなり高いリスクがあるということなら、当然の疑問が起こるはずだ。だれがそんなものを買うの？　実は住宅ローンをいったんパッケージ化したら、金融の奇跡が起こったのだった。それを格付機関に持って行くと、お墨付きがもらえたのだ。サブプライムのパッケージは、実はものすごく高い格付けを受けた——八〇パーセントはＡＡＡ、九五パーセントがＡ以上だ。この格付けはきわめて高いので、銀行の持ち株会社やマネー・マーケット・ファンド、保険会社、それに個別のローンには絶対さわらないであろう預金銀行ですらときに、争ってそれを買ったのだった。

チャールズ・カロミリスによると、帽子からウサギを引っ張り出すようなこうした奇跡を格付機関が実施できたのは、二つの魔法があったからだ。かれらはその証券について、ローン返済不履行からくる期待損失率が六パーセントほどと想定した。これはきわめて低い数字だ。この不履行率はごく最近の、住宅価格が急上昇している時期のデータが根拠になっていた。だがその時点で考えても、不履行が起こったときに想定されていた期行損失額は実にわずかで、一〇パーセントから二〇パーセントの間だった。[20]

こうした高い格付けのクズパッケージを買った人々には、それを慎重に検討するインセンティブなどあまりなかった。かれらはサブプライムを買うことで得られる高いリターンが、当期利益に計上されればそれでよかった。[21] 格付機関によるAAA格付けを疑問視するには、よほどの知識がないと無理だ。クズをパッケージにした連中はもちろん、手数料さえ稼げればよかった。そしてだれも、このゲームで警鐘を鳴らす責任を取りたくはなかった。格付機関がもっと低い格付けをしようとしたら、ローンのパッケージ業者は他の格付機関のところに行くだけだ。このように、物件の買い手からローンの提供者、ローンの証券化業者から格付機関、そして最終的には不動産担保証券の買い手まで、連鎖のすべてを包含する経済的な均衡が成立していたのだ。だがその連鎖の先頭にいた人々——そのローンを組んで本当なら手の届かない物件を買った人々、そしてその負債を最終的につかんだ人々——は現代版のガマの油を買っていたのだった。

ヘッジファンド

目下本書（原書）を印刷所に送る準備をする中で、現在の景気下降における大きな疑問の一つはこれだ：ヘッジファンドはどこへ行ったの？　ヘッジファンドの典型的な契約は、そのマネージャーたちにかなり怪しげなインセンティブを提供する。[22]ヘッジファンドでよくある報酬は、管理している資本の一定割合（通常は二％ほど）をマネージャーに与え、そして年間利益の二〇パーセントをさらに与えるというものだ。これに基づけば、ヘッジファンドの所有者には、手持ち資金に思いっきりレバレッジをきかせて、きわめて高リスクな投資をするインセンティブがある。だが不思議なことに、どうもヘッジファンドはほとんどの場合、サブプライムのパッケージにはあまり投資しなかったようだ。[23]カロミリスによれば、かれらは洗練された投資家だったからそんなことをしないだけの知恵があったのだという。[24]だがＬＴＣＭの例（この失敗は第7章でもっと詳しく扱う）を見ると、高いレバレッジをかけるヘッジファンドは、ヘッジモデルの想定外にある異常な時期には破産しかねないことがわかる。いまのところ、この危機の次の段階として大規模ヘッジファンドの崩壊が起きるかどうかはわからないし、またかれらが次の主張どおりのことをしていたかもわからない。かれらはあまり高いリスクに手を出さなかったと言う。単に高すぎたり低すぎたりする資産価格のスプレッド（または収益率のスプレッド）に賭けるだけなんだ、と。かれらの戦略が通常期にしか機能しないものかどうか、資産市場が異常で予測不可能な危機時には失敗するものなのかは、今後の成り行きを見るしかない。

アニマルスピリット理論がどう関係するか

これまで見てきた例で、過去三回の不景気——一九九〇〜九一年の不景気、二〇〇一年の不景気、二〇〇七年サブプライム危機以降の不景気——には、収奪的な活動の性質の変化が関係していたことがわかる。これらの例が示しているのは、よい行動原則を遵守するという個人的コミットメントの変化や収奪的活動の変動と、ビジネスサイクルが結びついているということだ。そして収奪的活動は、そうした活動の機会の変化に関連している。

新手の腐敗や背信行動がときどき生じてくるのはなぜか？　答えの一部は、そうした行動への罰に対する認識が時代とともに変化するということだ。政府による大規模な腐敗摘発の記憶はだんだん薄れる。腐敗活動が広まっている時期には、多くの人はそれでも逃げおおせられるんだという印象を抱く。みんなもやっているのに、罰なんか受けないじゃないかと思えるのだ。ある意味で、そうした時期に原則遵守を怠るのは、完全に合理的な行動なのだ。[25]ある時代で原則が堕落するのは、社会的な浸透の反映もある。たとえばラージ・サハが記録したように、ある種の犯罪に対する罰の可能性についての情報が、個人的な知り合いの網の目を通じて広がったりする。[26]こうしたプロセスは安心乗数の一部かもしれない。腐敗がさらなる腐敗へとフィードバックされるからだ。

腐敗や背信の度合いが時代を通じて変動するのは、各種の新しい金融的な発明や、金融規制当局が新手の手法の実施を許したりすることで、新しい機会が登場することの反映でもある。こうした新しい発明は、最初は世間には理解されないだろう。この変動はまた、罰の恐れや技術変化とは無関係な文化的変化でも生じうる。こうした変化は明らかに、純粋なアニマルスピリットの範疇にある。文化的な変化は、強引な競争や収奪的活動を後押ししたり抑えたりする。文化的な変化は定量化しにくいし、経済学の範囲外になるので、経済学者は滅多にそれを経済的な変動と結びつけようとしない。でもやるべきだ。

アメリカでは一九二〇年代、黄金の二〇年代には、禁酒法の失敗のおかげで法を軽視するのが大流行だった。多くの人は闇酒場に通って、酒を飲んでは賭博をして、公然と法を破って見せた(27)。警察もそれを黙認していると思われ、やがて法をまともに守るのはバカだと思われるようになった。法の軽視はさらに広がって、刑罰の可能性についての知識とは無関係となった。一九二五年の小説『華麗なるギャッツビー』などの文学は経済的な収奪者たちを賞賛した。一九二〇年代は確かに、驚くべき金融的収奪の時期で、何年も経ってからそうした取引は世間に嫌悪の目で見られるようになり、一九二九年以後とそれより少し遅れて、アメリカの法律は大幅に改正された。たとえば一九三三年に証券法が設立され、証券取引法が一九三四年、信託契約法が一九三九年、投資会社法が一九四〇年に制定されている。

一九二〇年以後の文化的な変化は別のかたちでもあらわれている。たとえばレジャー活動などだ。一九三〇年代の大恐慌時代には、トランプのコントラクト・ブリッジが人気を博した。これはアメリカで一九二〇年代末に初めて行われた。大恐慌の終わった一九四一年には、アメリカトランプ製造者協会の調査によると、コントラクト・ブリッジがアメリカでいちばん人気のあるトランプゲームとなり、アメリカ世帯の四四パーセントがそれを楽しんでいた。[28] コントラクト・ブリッジは、パートナーを組んで協力して遊ばなくてはならない——社会的なゲームで、当初から友人を作ったり、あるいは恋人探しのためにさえも推奨された遊びだった。それは社交能力を高める手段として推薦された（が、ときには友人同士を絶交させたり離婚を引き起こしたりもしたが）。そして賭けの対象となることはきわめてまれだった。

だが二一世紀の最初の一〇年には、コントラクト・ブリッジは深刻な衰退を迎えていて、年寄りのゲームと見なされ新しいファンがほとんどいない。ところが最近ではポーカー——特にその二一世紀版のテキサス・ホールデム——が急進した。このゲームは個人が自分一人のために遊び、各種のブラッフィングや「ポーカーフェース」といったごまかしを重視して、お金を賭けるのが通例だ。

トランプで起こることと経済で起こることは無関係かもしれないことはもちろん知っている。でも何百万人もが遊ぶトランプで、ごまかしの役割が変わっているのであれば、そうした変化が商業の世界で起きないと思うのは甘いのでは？

第4章
貨幣錯覚

著者の一人（シラー）は最近、ボストンの通勤列車の掲示に驚いた。「禁煙：一般法二七二章、四三A節。違反者は一〇日以下の収監あるいは五〇ドル以下の罰金あるいはその両方」。この二つの罰則がひどくかけはなれているように思えたのだ。

この掲示は、貨幣錯覚と言われる現象の例だ。これも現代マクロ経済学に欠けている要素となる。貨幣錯覚は、決断（意思決定）が名目金額の影響を受けるときに生じる。経済学者は、人々が「合理的」なら、その決断はその名目金額を使って市場で売買できるものにだけ左右されるだろうと考える。貨幣錯覚がなければ、価格付けや賃金決定は、相対費用や相対価格にだけ影響されて、費用や価格の名目値には左右されないはずだ。

一般法二七二章、四三A節に違反して投獄された人は、ほぼまちがいなく一人もいないはずだ。でも、この列車の掲示のばかばかしさは現代経済学の根本的な想定を浮き彫りにしている。その想定によると、人々は貨幣錯覚なんか持たないとされる。ところがこの掲示を見ると、名目値は確かに影響する。この規制が施行されたのは一九六八年で、インフレによって罰金の上限額の実質価値がだんだん低下したのに、それを調整する規定は設けられなかった。施行以来、五〇ドルの実質価値は八割も低下している。一九六八年でも、牢屋にいかずにすませるために一日五ドルというのは安いお値段ではあっただろう。でも現在では、これはただのお笑いぐさだ。

列車の掲示は氷山の一角にすぎない。他の多くの指標を見ても、マクロ経済学の根本的な想定——貨幣錯覚の不在——は見直すべきだということがわかる。

貨幣錯覚をめぐる思想史

長いこと経済学者たちは、経済が貨幣錯覚だらけだと信じてきた。ところが一九六〇年代に、かれらはその見解をひっくり返した。ほとんど証拠がないままに、人々の行動についての強力なアイデアを手にした一九六〇年代の経済学者たちは、経済的な決断は合理的な行動に基づくものと考えるべきだと決めたのだった。そして合理的な行動には、貨幣錯覚などいささかもない。さらにこれから説明する理由で、この観点の変更はマクロ経済学を大きく変えてしまった。

いまでは、人々がインフレとそれが財布に与える影響に気がつかない時代があったとは想像しにくい。古典派の大経済学者アーヴィング・フィッシャーは、利子率決定理論でいちばん有名だ。でもかれはその学者としての経歴の相当部分を、完全な価格指数と考えられるものの考案（そしてその擁護）に費やしたのだった。かれは、人々がインフレを認識していないためにまちがった経済的決断を下してしまうと強く信じていた。ドルの価値は変わるというのを世間に認識させるのが、フィッシャーの個人的な目標となった。かれの夢は、いまや世間も債券市場も消費者物価指数（CPI）を認識するようになったことで実現されている[1]。

フィッシャーのちょっと人気のあった一九二八年の著書『貨幣錯覚』は人々がインフレに気がつかないと陥りやすいまちがいを明らかにしている。この本はこうしたまちがいのエピソードにあふれているけれど、フィッシャーはわれわれがコーラと呼ぶ女性の悲惨な物語がことさらお気に入りのようだ。フィッシャーは、コーラと一緒に彼女の投資顧問を訪れたという。コーラは債券で五万ドル持っていたそうな。これは一九二八年には相当な金額だったろう。だが二〇年前の彼女はもっと裕福だった。コーラがその債券を相続してから二〇年の間に、ポートフォリオの名目値は変わらなかった。だがフィッシャーによれば、物価はほとんど四倍増したとか[2]。というわけで次の場面は、フィッシャーと、かれにかなり怒られたコーラとが一九二八年頃の投資顧問のオフィスにいるところだ。投資顧問は弁解している。自分はコーラのポートフォリオを安全に投資して最低限のリスクしか取らなかったのだ、と。でもフィッシャーは怒っている。投資顧問がインフレのリスクを理解し損ね、ドルの実質価値が変わっていることを考えなかった、と。

フィッシャーはまた、コーラがインフレの発生に気がつかず、債券の実質価値が下がる可能性も知らなかったと述べる[3]。フィッシャーのみならず、前世紀の偉大な経済学者たちでも、人々がそうした貨幣錯覚に弱いと信じていた人は多い。われらがヒーローのジョン・メイナード・ケインズですら、完全雇用経済での所得分配を説明するときに、労働者たちはインフレを相殺するための賃上げ要求交渉をしないと考えることで説明している。[4]

だからかつての経済学者は、最高の学者ですら、貨幣錯覚という人間の性質があるのだと強く信じていたわけだ。だが専門経済学者の意見は、その反対の極に振れた。そしてそもそも貨幣錯覚を信じること自体がタブーとなった。

流れの変化

一九六〇年代初期、経済学者たちはインフレと失業の間にトレードオフがあると信じていた。労働需要が高まると、労働者たちは賃上げ要求を増す。経済が完全雇用に近づけば、労働者が賃上げ要求をすることもあるが、その企業の製品に対する需要も上がるので、物価も上がる。したがって、経済計画者たち——中央銀行で金融政策を決める人々や、財務省や経済諮問委員会で財政政策を決める人々——はマクロ経済政策というのを、ある曲線で示されるトレードオフの中でどの地点を選ぶのがいちばんいいかという問題だと見るようになっていた。はい、低い失業率で高い産出量を実現することはできる。でも低い失業率と高い産出量は、高いインフレという代償を必要とする。このトレードオフは、オーストラリアの経済学者でロンドン・スクール・オブ・エコノミクス出身のA・W・フィリップスにちなんで、フィリップス曲線と呼ばれる。かれの一九五八年の論文は、計量経済学的に賃金インフレと失業との相関を推計している。[5] このトレードオフはなかなかつらい選択を必要とする。アメリカの失業率が、そこそこ高い六・五%に達したら、それは一〇〇〇万人が失業しているということだ——これはギリシャやスウェーデンの総人口にあたる。これを下げれば、人間的な価値はすさまじく大きい。だが一方では、高いインフレはコーラのような人々に困難をもたらす。かれらは金融的な意思決定において、なかなかインフレを考慮できないからだ。

だが流れがかわり、こうしたトレードオフの認識はいまや薄れた。実はこうした出来事ではなかなか珍しいことだが、これには決定的な瞬間があった。それはミルトン・フリードマンが一九六七年一二月二九日にワシントンDCで行われたアメリカ経済学会で会長演説をしたときだ。(6)

一九六〇年代初期のフィリップス曲線によれば、人々が要求する名目賃金増は、失業率にしか依存しない。だがフリードマンはこの発想を変えた。かれはそれが不合理だと主張した。労働者は名目賃金を求めて交渉したりしない。それだと貨幣錯覚があることになる。かれらが交渉しているのは実質賃金なのだ。これはつまり、人々は、期待インフレ率がゼロのときに要求する賃上げ率に期待インフレ分も足して要求するということだ。なぜか？　労働を買っている雇用者と、労働を売っている労働者たちは、その賃金で何が買えるかにしか興味がないからだ。つまり賃金が物価と比べてどのくらいの価値があるかしか考えないはずだ。これがどういう意味か考えよう。たとえば、労働者たちとその従業員は、失業率が五％で期待インフレ率がゼロの場合に、二％の賃上げ要求をするとしよう。このとき、もし期待インフレ率が二％なら賃上げ要求は四％、期待インフレ率が五％なら賃上げ要求は七％になるということだ。一般原則として、期待インフレ分がそのまま賃上げ要求分に上乗せされるということだ。

物価上昇にも、同じ原理があてはまる。これも期待インフレ率がそのまま上乗せされる。なぜか？　売り手も買い手も貨幣錯覚は持っていない。売り手は製品から受け取る相対価格しか気にしないし、買い手は自分がそれに対して支払う相対価格しか気にしない。だからここでも単にインフレ期待が価格決定判断に追加されるのだ。

さらにフリードマンが論じたところでは、インフレ期待が賃金と価格決定の両方にそのまま上乗せされるなら、インフレスパイラルとデフレスパイラルのいずれも生じさせない失業率は一つしかない。仮にゼロの期待インフレ率から始めて、失業率も低かったとしよう。この低い失業率では、労働需要も高いし商品の需要も高いから、企業は他の企業の付け値より高い値段をつけようとする(7)。これはつまり価格上昇がインフレ期待を上回らなくてはならないということだ。でも、そうすると人々は物価の上昇が期待以上だったということを見て、インフレ期待を引き上げる。こうした改訂は過去の判断まちがいを組み込んだものとなるが、期待上昇を抑えたり、インフレ上昇を抑えたりするものは一切ない。需要がこんなに高い水準で維持されている限り（つまり失業率がとても低い限り）、企業はインフレ期待以上の価格を設定する。世間はインフレ期待を上に改訂し続ける。そしてこのインフレ期待がますます次の賃金交渉や価格設定に上乗せされる。対称的に、この同じ議論から、失業率が高ければインフレは期待以下となり、物価と賃金はどんどん下がることになる。

このようにインフレが上向きにスパイラルしたり下向きにスパイラルしたりしない失業率は、たった一つしかないとフリードマンは結論した。かれはその失業率を自然失業率と呼んだ。

この小手先の議論で、フリードマンはマクロ経済学を永遠に変えてしまった。貨幣錯覚がなければば、インフレと失業の間にトレードオフ関係はないし、それを金融当局や財政当局がいじる必要もない。フリードマンによれば、当局の役割はむしろ失業を自然失業率あたりに安定させて、インフレスパイラルやデフレスパイラルを避けることだ。さらに、インフレ率と失業率との間に長期的なトレードオフはないので、インフレはそこそこ低く抑えておけばいい。失業が高くなるといった損失は起きないのだから。

この通称自然失業率理論は、ほとんど一夜にして普及した。この急速な受容にはそれなりの知的な理由があった。この理論は、経済学はもっと科学的であるべきだという経済学者たちの間に育ちつつあった感覚にマッチしていた。科学的というのは、行動が最大化の原理から導かれるべきだという意味だ。また、アニマルスピリットなど出る余地があってはならない、という意味でもあった。賃金と物価の設定では、貨幣錯覚など出番があってはならなかった。

だがフリードマンがこの議論を提出したタイミングは、別の理由からも絶好のものだった。フィリップスは計量経済学的に、一八六一年から一九五七年までの九五年間のイギリスのデータを使って、名目賃金と失業の間に密接な相関があることを示したのだった。失業率が上がると、インフレ率は下がった。かれの賃金方程式にはインフレ期待の調整はなかった。だが一九六〇年代末と一九七〇年代初期、インフレと失業が両方とも上昇した。これはフィリップスが見つけた、両者の間の相関に矛盾するように見えた。自然失業率理論は、この現象を説明してくれそうだった。当時起こった大規模なオイルショックが原因でインフレ率が上がり、インフレ期待もそれで上がったことになり、どちらもフィリップス曲線を外側に動かした。そして失業は需要減の結果として説明された。

さらにフィリップス曲線を、インフレ期待の調整も含むように計量経済学的に補ってみると、フリードマンの理論がデータとかなり近いように見えた。インフレ期待がそのまま価格決定や賃金決定に上乗せされるというフリードマン説を棄却できなかったのだ。[8] だがこうした推計はかなり厳密さを欠くものでもあった。したがって、自然失業率理論と経済学的に乖離する部分も棄却できなかった。[9] だがフィリップス曲線の標準的な扱いは、この不都合な真実を無視するというものだ。

そこで教科書は普通、自然失業率理論を「うまい」お話として提示している。こんな感じだ。それまでのマクロ経済学者たちは、価格変化と失業との間、および賃金変化と失業との間に相関があると考えてきて、インフレ期待の役目は考えなかった。[10] フリードマンは、こうした理論があてはまるのは賃金と価格の設定者が貨幣錯覚を持つ場合、つまりインフレ期待が賃金交渉や価格交渉で上乗せされそうにない場合だけだと気づいた。フリードマンはこの関係に変更を加えて、賃金方程式と物価方程式がインフレ期待をそのまま上乗せするというかたちで影響を受けるとしたのである。こうした物わかりのよい経済理論の使い方で、一九六〇年代末から一九七〇年代初期のインフレ率と失業率の同時上昇を説明できるようになったのだった。この理論はまた、ほとんどの計量経済的な推計とも一致する。

自然失業率理論はマクロ経済政策の根拠となり、連邦準備制度、財務省、経済諮問委員会のほぼあらゆる政治家たちの頼みの綱となった。これはアメリカでのみ一般的なのではなく、ヨーロッパやカナダでも使われている。自然失業率理論の根底にあるのは、貨幣錯覚が存在しないということなので、これはマクロ経済学の中心的な前提にもなった。これがマクロ経済学にとっていかに重要だったかは、ほんの四年後、ミルトン・フリードマンの宿敵ジェイムズ・トービンがアメリカ経済学会で会長演説をすることになったときに、「経済理論家としては、貨幣錯覚を想定する以上に大きな犯罪はない」と述べたことからもわかる。[11] トービンは、たった四年前には貨幣錯覚がごく当然のように受け入れられていたことに触れなかった。貨幣錯覚は、今世紀の主要経済学者みんな――ケインズ、ポール・サミュエルソン、ロバート・ソロー、アーヴィング・フィッシャー、フランコ・モジリアニ、そして当のトービン自身――のマクロ経済観の核心にあったものなのに。

想定

われわれから見ると、フィッシャーとケインズの混じりっけなしの貨幣錯覚というのは、驚くほどナイーブな信念に思える。深刻な改訂は必要だった。だからといって、その正反対の極端に飛びつけということにはならない。貨幣錯覚がまったくないというのは、実は必ずしも正しくないのだ。可能性の一つでしかない。ほとんど証拠もないのに貨幣錯覚を丸ごと否定する自然失業率理論もまた、われわれの見立てではあまりにナイーブだ。マクロ経済学でこんな中心的役割を与えられている以上、この理論はきちんと検討され、検討され直し、さらに検討されるべきだった。だが驚いたことに、自然失業率の存在をきちんと試したケースは寡聞にしてあまり知らない。

そしてこれこそまさに、列車の掲示がぱっと目についた理由でもある。探してみれば、そして正しく考えてみれば、経済は貨幣錯覚の問わず語りの証拠だらけだというのがわかる。それはフリードマンの自然失業率仮説が、一次的な近似としては現実に近いが、現実そのものではないと示唆しているのだ。

経済学の教科書は、お金という主題をこんなおまじないとともに導入する。お金は「交換媒体であり、価値の貯蔵手段であり、計算単位である」。このおまじないの最初の二つの部分は、経済学者たちが死ぬほど分析してきた。経済学者たちが「貨幣需要」と言うときの核心にあるのはこれだ。貨幣需要というのは、人々がどれくらい現金を持ちたいかを、かれらの収入やそのときの利子率との関係で記述するものだ。だが経済学者たちは会計単位としてのお金にはほとんど注意を払わない。お金が会計単位として使われるというのは、人々がお金をもとに考えるということだ。契約はお金の金額で記述される。同じく、会計は名目値で行われる。そして多くの法的な規定は、徴税に関わるものも含み、お金を単位に記述されているのだ。

これらの例のいずれでも、人々は名目値を調整することで、お金を計算単位として使っても何ら影響ないようにできる。このいずれでも、たとえばインデクセーション（物価スライド制）や生計費調整（ＣＯＬＡ）を使えばインフレ分を自動的に補正できる。かつての経済学者たちの用語を使うと、お金はただの「ヴェール」になれる。人々がインフレを見通して、それが実質取引に影響しないとわかればそうなるだろう。貨幣錯覚がないと信じる経済学者たちはそう考えている。そしてそれが本当だという可能性もある。だがわれわれは、名目値から実質値に移行すると、途中で何かが失われると信じている。こうした喪失は、貨幣錯覚の影響なのだ。

賃金契約の貨幣錯覚

経済学者たちは、労働契約のうちＣＯＬＡを考慮するもの（つまり物価スライド制を含むもの）が驚くほど少ないことに驚きを表明する。この問題に関する最高のデータは、一九七六年から二〇〇〇年にかけてのカナダの労働組合契約という大きなサンプルを使ったものだ。[12] このうち物価スライド制があるのはたった一九パーセントだった。

さらに、物価スライド制があったものですら、期待インフレ率をそのまま上乗せしたものはない。ＣＯＬＡは通常は、インフレがある特定の目標値を上回った場合にだけ発動され、その水準以下のインフレだと何も影響しない。こうした物価スライド式契約のおよそ三分の一では、実際のインフレ率はその閾値を下回った。[13] こういう契約を提供した人々や、それを受け入れた人々は、少なくとも部分的には実質（スライド後）の価値ではなく、お金の額面で考えていたにちがいない。こうした非対称的なＣＯＬＡは、貨幣錯覚を示すまちがいない指標だ。

もちろん、労働契約が物価スライド制でないからといって、貨幣錯覚があると自動的に決めつけるわけにはいかない。フリードマンも示唆したことだが、賃金や物価は契約の締結時点ですでに期待インフレ分を上乗せして調整されているかもしれない（それと対照的にＣＯＬＡは、実際にインフレが起きたら後でその分を調整するという話だ）。でも考えてみれば、ＣＯＬＡ合意を拒否した時点でそんなことがあるとはずいぶん考えにくい話だ。賃金交渉をしている両者が、実際に起こったインフレ分を完全に調整してくれる契約（ＣＯＬＡ）を拒否しているのに、一方で予想された分のインフレをきっちりと調整するような契約をするというのは、まるっきり筋が通らないように思える。ほとんどの組合契約がＣＯＬＡ条項を持たない——そして持っているときでも、それは完璧にはほど遠い——という事実は、何事かを物語っているはずだ。賃金交渉において期待インフレ分を完全に調整するというのがきわめて起こりにくいということがここでは示唆されているのだ。

賃金決定と価格決定には貨幣錯覚があるという証拠は他にも存在する。賃金の額面カットに対する抵抗（経済学者の言う賃金の下方硬直性だ）もまた、人々が貨幣錯覚を持つという証拠だ[14]。そして賃金を稼ぐ人々が賃金引下げに抵抗するのと同じく、消費者は価格の上昇を嫌うようだ。デニス・カールトンは工業普及財価格硬直性を調べた。そしてこうした普及財の価格はかなりの長期、一年以上にわたり一定だということを見つけた[15]。

負債契約と貨幣錯覚

ほとんどの賃金契約は名目値で表現されて物価スライド制は使われていない。そしてこれは、他の金銭契約でもそうだ。アメリカその他の政府機関が発行する通常の債券（債券は負債契約だ）は満期になるまで固定金利を支払う。インフレ率が変わっても、発行済みの債券契約では金利は変わらない。多くの住宅ローンは固定金利だ。そして金利がそのときの金利に応じて変化する変動金利の住宅ローンですら、インフレ中立からはほど遠い代物となっている。インフレ中立住宅ローンでは、元本の額面もインフレ率に応じて上昇すべきだ。したがってインフレが起こったら、変動金利ローンを抱えている人々は、住宅ローンを実質でもっと速く返済していることになる。

ここでも、人々が何か貨幣錯覚を持っていないならパラドックスがあるようだ。なぜ債券契約や住宅ローンの契約は、実際の発生に応じてインフレ調整しないのか？　賃金契約の場合と同じく、債券契約が交わされる時点で売り手と買い手が期待インフレ分を織り込んでいるという可能性はある。だからたとえば、名目金利はインフレ期待を反映しているのかもしれない。これは発行時点でもその後の取引時点でも、債券価格に影響する。だが債券契約を物価スライド制にしないということ（そして住宅ローンが、変動金利というかたちであっても部分的にしか物価スライドされていないという事実）は、賃金について提起した疑問と同じ疑問を提起してくれる。この契約当事者たちが、実際に起こるインフレ分を調整するような物価スライド制を拒んだのだとしたら、起こると期待されるインフレの分を完全に調整したという可能性などあるのだろうか？

ここでも、これほどの契約が額面ベースで行われていることを考えると、お金がただのヴェールだというのは考えにくい。

会計と貨幣錯覚

会計はビジネスの共通語と呼ばれる。マネージャーたちは事業損益を見て自分たちが「うまく」やっていて事業を拡張すべきか、それとも「まずい」状況だから事業を畳むべきかを考える。会計は別の理由からも資本投資判断の根拠となる。外部から見たその企業の財務状況は、その会計帳簿に基づいているのだ。つまり会計は株価の根拠となる。またその企業への融資者が、どのくらい利息を取ろうか、あるいはそもそも融資すべきかどうか決める根拠にもなる。会計は企業の課税根拠にもなる。損益の帳簿は法人税の根拠となる。またその企業をいつ（あるいはそもそも）倒産したと宣言すべきかを判断するときにも会計は重要だ。

会計の中心的な役割を考えると、会計が実質値ではなく名目値で行われるなら、そうした意思決定も名目会計を基準にしているのだから貨幣錯覚に左右されるということになる。もしそうなら、貨幣錯覚は存在する。

ほとんどの経済契約と、ほとんどの会計は名目値なので、こうした契約形態が実際の意思決定に影響するかどうか見るのは簡単に思える。でも、実はこうした証拠は見つけにくいのだ。なぜか？　こうした決定や、つまりは契約をする人々の目標が複雑だからだ。もっと重要な点として、それはなかなか観察されないのが普通だ。経済的な意思決定の結果はいくらでも観察できるが、そうした意思決定の動機が何だったかを知るためには、そこにもう一段の理論が必要となる。

経済学者フランコ・モジリアニとリチャード・コーンは、こんなテストを提案している。[16]これは企業会計においてインフレで生じることが知られている偏りを利用したものだ。かれらは、株価がインフレによる偏りの分を調整した利益を反映したものになっているか、調整しない額面利益を反映したものになっているかを見ようとする。すると、株価はインフレのヴェールを見通していないことがわかった。ここでも、貨幣錯覚がないという想定は崩れているようだ。

まとめ

現代マクロ経済学で最も重要な想定の一つは、人々がインフレのヴェールを見通すというものだということを述べてきた。これはかなり極端な想定のようだ。また、賃金契約、価格設定、債券契約、会計の性質を考えると、まったく納得のいかない想定でもある。こうした契約は、物価スライド制にすればインフレのヴェールを簡単にぬぐい去れる。だがそうした契約の当事者たちは、ほとんどの場合はそうしたがらない。そしてこれは、数多くの貨幣錯覚に関する証拠のうちごくわずかにすぎない。貨幣錯覚を考慮すると、ちがったマクロ経済学が出てくることを示そう——それはまったくちがう政策的な結果をもたらすものとなる。ここでも、アニマルスピリットは経済の仕組みで一定の役割を果たしているのだ。

第5章 物語

人類は物語をもとに考えるよう作られている。つまり、内的な論理や力学を持ったひと続きの事象で統合された全体として見えるようなものに頼りたがる。おかげで、人間の動機の相当部分は、自分の人生の物語を生きることから生じている。それは自分が自分に言い聞かせる物語であり、それが動機の枠組みとなるわけだ。そういう物語なくしては、人生は「あれこれいろいろ降ってくるばかり」でしかなくなる。[1] 同じことが国や企業や制度に対する安心についても言える。偉大な指導者というのは、まず何よりも物語を作り出せる人物なのだ。

社会心理学者ロジャー・シャンクとロバート・エイベルソンは、物語と、それを語る行為が人間知識にとって根源的なものだと論じている。[2] 重要な出来事に関する人々の記憶は、脳の中で物語を核として索引づけられている。記憶される事実は物語と結びついている。他の事実は短期記憶には入る。でもそれにはあまり影響力がなく、やがて消されてしまう。たとえばわれわれはみんな、子ども時代についてはは本当にぼんやりした記憶しか持っていないし、われわれの中でも年寄りは、青年期もあまり覚えていない。だが頭の中でそうした記憶に関する物語を持っていて、その物語が自分の人となりと人生の目的を決める助けとなっている。

シャンクとエイベルソンが強調したように、人間の会話は交互に語られる物語の形式をとる。一人が物語を語る。これが相手に関連した物語を想起させる。それが最初の人物に別の物語を思い出させて、という具合に続く。われわれは相手の反応を引き出す物語を語ることに深い喜びを見いだす。会話はある話題から次のものへと、一見ランダムに移行しがちだ。でもそのプロセスには人間知性の鍵となる根底の設計がある。それは吸収されやすいかたちで情報を伝えるというだけではなく、その物語に関連した記憶を強化するのにも貢献する。他人に向かって反復しない物語は忘れがちだ。記憶が物語を核に組織されているという事実は、精神の鋭敏さをなくした高齢者を見るといちばんはっきりしている。かれらは惚けても同じ物語を何度も何度も繰り返し語る。人間行動を活性化するにあたり、物語がいかに強いかを示す現象だ。

人間の思考が物語に基づいているため、人生における完全なランダム性の役割を理解するのはむずかしい。純粋にランダムな結果は物語にはおさまらないからだ。『まぐれ――投資家はなぜ、運を実力と勘違いするのか』で、ナシーム・タレブはこの点を雄弁に語っている。いくつかの出来事がまったく無意味であることを理解しそこねたために、とんでもないまちがいをした人々の話を通じてかれはそれを例示している。だが、かれの本自体が、豊かな想像性でもってランダム性を物語に仕立てているのだ(3)。

『愛とは物語である――愛を理解するための二六の物語』で心理学者のロバート・スターンバーグ

グは、成功した結婚では夫婦が共通の物語を作るのだと論じている。そうした夫婦は、共有された記憶の連鎖をもとに物語を紡ぐ。お互いへの配慮や結婚に内包された価値観を、その物語に照らして解釈する。スターンバーグは、愛の物語を二六種類のパターンに分類する。最終的には、結婚の成功は夫婦がお互いをどれだけ安心して信用するか、そしてその安心が物語を繰り返すことで象徴的に強化されるかにかかっている。(4)

ナショナル・ジオグラフィック協会のジェノグラフィック・プロジェクトは、DNA分析で明らかになった移住パターンに基づいて世界の人々を分類しようとしているが、現在障害にぶちあたっている。DNAから得られる証拠が、人々の人生に深い意味を与える物語と矛盾する場合があるのだ。たとえば、各種の先住民族たちは、自分たちが時の始めからある場所に住んでいたという信念から意味を引き出している。だからかれらの到来時期を確定して、かれらが実は遺伝的には混血であり、まったく気にもかけていないような人々と遺伝子を共有しているという報せは、ひどい幻滅をもたらしかねない。北米の主要部族のほとんどはこのプロジェクトへの参加を断ったし、世界の他の部分でも先住民たちが大きく抵抗している。(5)

文芸分析家は、物語にはパターンがあると論じている。かれらは、ごく少数の反響しあう物語が、名前と細部だけを変えて人類史を通じて何度も何度も語り直されてきたのだと述べる。一九一六年、ジョルジュ・ポルティは大胆にも、劇的な状況というのはたった三六種類しかないのだと述べた。(6) ロナルド・トバイアスは一九九三年に、根源的なプロットはたった二〇種類しかないと述べた。かれはそれを「探求、冒険、追跡、救出、脱出、復讐、謎、競争、負け犬、誘惑、変身、変化、成熟、愛、禁断の愛、犠牲、発見、過剰の不幸、上昇、下降」と分類している。[7] もちろんこうした著者たちは人間物語のあらゆるバリエーションを把握したわけではないが、でも各種の分類は現実にかなり近くて、真実味を帯びている。

政治経済的な物語

政治家は物語の源として重要だし、特に経済関係となるとその気が強い。かれらはかなりの時間をかけて人々に語りかける。そうする中でかれらは物語を語る。そして、かれらが人々と行うやりとりの相当部分は経済に関するものなので、そうした物語も経済がらみが多い。[8]

その好例は、ステファニー・フィネルが分析したメキシコにおける経済的安心感の満ち干だ。彼女は、過去五〇年におけるメキシコでの経済的な安心感は、ホセ・ロペス・ポルティーヨ大統領時代（一九七六〜八二年）でピークに達したと述べる。ポルティーヨは、メキシコ全体をトバイアスの定義した「負け犬」物語――弱い者が強く傲慢な者に勝利する物語――の主人公にしたのだった。ロペス・ポルティーヨは一九六五年に『ケツァルコアトル』という長編小説を発表した。ケツァルコアトルはアステカの神で、キリストのように大変革時代に再来することになっていた。この小説は一九七五年、ロペス・ポルティーヨ選挙戦前夜に再刊され、メキシコが将来達成するはずの偉大さの物語となった。その物語もまた、古代アステカの物語を再現したものだった。大統領のジェット機はケツァルコアトルⅠとケツァルコアトルⅡと改名された。この物語に説得力が生じたのは、二つの幸運な出来事のおかげだ。メキシコで大規模な新しい埋蔵石油が発見されたことと、原油価格を大幅に押し上げた第二次オイルショック（一九七九年）だ。

メキシコに原油があるのは前からわかっていたが、最大の発見はロペス・ポルティーヨの大統領就任直前の一九七〇年代初期に、カンペシェ州、チアパス州、タバスコ州で見つかったものだった。次々に油井が掘削されるにつれて、確認埋蔵量は着実に増えた。期待は大いに盛り上がった。一部の人は、やがてメキシコは確認埋蔵量が二〇〇〇億バレルを超え、サウジアラビアに次ぐ石油大国になるとまで主張した。さらに第二次オイルショックで、原油価格は一九八〇年にピークを迎え、一九七〇年代初頭の価格の倍以上に達した。

夢にも見なかったようなメキシコの富という発想は、人々の想像力をとらえた。一九七六年の所信演説以来、ロペス・ポルティーヨは石油の重要性を強調した。「現代において世界は、石油を持てる国と持たざる国とに分けられる[9]」。そしてかれは、富裕国の大統領のようなふるまいを始めた。国際社会に対しては、まさに世界が高い原油価格を不安に思い、それがさらに高騰するのではと恐れていた時期に、メキシコからの提案として世界エネルギープランを提唱した。メキシコは一九八〇年にベネズエラとともにサンノゼ協定に加わり、中央アメリカやカリブ海諸国に原油を安く売ることにした。そして途上国援助も始めた。一九七九年にローマ法王ヨハネパウロがメキシコを訪ねたが、これも吉兆とされた。メキシコは豊かで重要な国になったと国民は思った。

ロペス・ポルティーヨが育んだ安心は経済的繁栄につながった。メキシコの実質ＧＤＰはかれの大統領時代に五五パーセントも上昇した。残念ながら、任期の末になると成長は停滞した。ロペス・ポルティーヨが任期を終えたとき、メキシコはインフレ率一〇〇％、失業率は上昇中だった。汚職や露骨な窃盗が前代未聞の水準に達していた。[10] 新生メキシコを作ろうとしたロペス・ポルティーヨは、まだ地面の中の石油を担保に大量の借金をして、対外債務を激増させ、一九八〇年代半ばに原油価格が下がるとすさまじい経済危機を引き起こした。[11] だがかれは、物語が続いている間はそれを生き続けた。つまり、在職中は好況で、景気悪化のとばっちりを受けたのは後任の大統領だったというわけだ。ロペス・ポルティーヨが煽った前提は、実は幻想にすぎなかった。特に、メキシコの原油埋蔵量は大幅に誇張されていた。実は今日のメキシコの確認埋蔵量はたった一二九億バレル、全世界の一％ほどでしかない。今日ですら、この事実を知って埋蔵量の少なさに驚く人は多い——というのも物語の名残がいまだに人々の記憶に引っかかっているからだ。

経済全体に関わる物語

経済学者としては、物語に基づいて分析を行うのは専門家らしくないとされている。学者はむしろ、定量的な事実と理論にこだわるべきだとされる——その理論は最適化、特に経済変数の最適化に基づくべきだ。テレビドラマ『ドラグネット』で生真面目なフライデー刑事が言うように「事実だけお願いします」というわけだ。物語の使用には慎重になるべき理由は大いにある。マスコミは、みんなの聞きたがる物語を作り出すのが商売だ。だから本当は説明のしようもない経済事象を無理やりこじつけて説明しようとする傾向が生じる。他にニュースがなくて、株価がそこそこ変動すると、評論家が次々にあれこれいい加減な理屈をこねようとするだろう。したがって経済学者たちが、物語やそれが定義づけようとする現実を警戒するのも無理はない。

だがその物語自体が市場を動かしていたらどうだろう？　こじつけ説明のお話が本当に影響力を持ったら？　物語自体が、経済の仕組みの本当の一部だとしたらどうだろう？

もしそうなら、経済学者たちはやりすぎたことになる。物語は事実を説明するだけにとどまらない。それ自体が事実となる。一九七〇年代のメキシコを本当に説明したり、そして実際問題としてほとんどの経済の上下動を説明したりするには、それを動かしている物語に注目することが必要だ。

物語と安心

国民やその他大集団の抱く安心感は物語を核として動く傾向がある。特に重要なのは新時代の物語、経済をまったく新しい時代へと突き動かすはずの、歴史的な変化を述べたとされる物語だ。シラーの『投機バブル　根拠なき熱狂』は、インターネット（一般利用可能になったのは一九九四年）の発明と活用の物語が、一九九〇年代半ばから二〇〇〇年の株式市場高騰を生み出すのにいかに重要だったかを詳述している。そしてその株式市場高騰は、経済全体の好況を生み出した(12)。インターネットは確かに重要な新技術だった。それが特に顕著な新技術となったのは、それが人々の日常生活に入り込んだからだ。われわれはみんなインターネットを使う。それは人々のデスクトップや指先にある。それでひと財産築いた若者たちの物語は、一九世紀のゴールドラッシュの現代版再演だった。何世紀にもわたって経済成長を支配してきた技術の着実な進歩——材料科学や科学、機械工学、農業科学などにおける無数の細かい進歩——は、人々の関心を惹いたことはない。そうした物語は人気がない。ゴシップ誌の『ピープル』でも統計が紹介されたりはしない。だがインターネットだと、経済はこの物語に本気で流されてしまったのだった。

安心は、個人の感情的な状態にとどまらない。それは他の人々の抱いている安心をどう見るか、そして他の人々が他の人々の安心についてどう思っているかということでもある。それはまた世界観でもある——現在の世相についての通俗モデルであり、ニュースや世論が伝える経済変化の仕組みに関する通俗的な理解だ。示唆的な物語や、新しいビジネス方式、他人が金持ちになっている話などは、高い安心と関連しやすい。新時代物語は世界中の株式市場の大高騰につきまとってきた。[13] 過去の経済的安心は、こうした物語の詳細に言及しないと理解できない。年月が経つにつれて、こうした過去の物語は忘れ去られるために、人々は過去の株価の動きやマクロ経済の変動を見ると首をかしげてしまうのだ。

各種の新時代物語を時代を追って眺めてみると、どれも複雑だ。これは安心水準のちがいが、消費や投資への影響にとどまらず経済に対して多くの影響を持つことを示唆している。こうした物語の変化は、ビジネスでの個人の成功、ベンチャー事業の成功、そして人的資本投資への見返りなどの期待にも影響するのだ。

伝染病としての物語と安心への影響

物語の拡散は、伝染病のようなかたちでモデル化できるだろう。物語はウィルスのようなものだ。口伝で広がるのは、一種の感染のようなものだ。感染症学者は伝染病の数学モデルを開発しており、これは物語や安心の拡散にも適用できる。[14] こうしたモデルにとって、重要な変数は感染率（個人から別の個人に病気が伝染する能力の尺度）と除去率（人々が感染から回復する速度の指標）だ。重要な初期条件は、病気に感染した人の数と、感染する可能性のある人数だ。これらがわかれば、感染症の数学モデルによって伝染病の流行から鎮圧までの全過程を予測できる。だがそこには常に不確実性がある。ウィルスの変異など、各種の要因が感染率を変えたりするからだ。

ちょうど病気が感染を通じて広まるように、安心や不安も感染で広まる。実は安心や不安は、どんな病気にも負けず劣らず伝染性が強いかもしれない。安心の伝染病や不安の伝染病は、ある思考様式の感染率が変わったというだけで生じるかもしれない。

本書第Ⅱ部について

ではこれから本書第Ⅱ部に移ろう。そこでは経済の安定性と仕組みの理解にとって中心的な八つの質問を検討する。これらの質問には、伝統的な経済学でも答えはある。でもそれはお手軽な答えでしかなく、いろいろな点でまちがっているとわれわれは考える。伝統的な答えは、何か説明がいるという理由からでっちあげられたものだが、経済の中で働く各種の根本的な力を認識していないので誤解のもとだ。そしてその根本的な力の多くは、何らかのかたちでアニマルスピリットに関連している。これらの質問に答える過程で、経済の不安定さや経済問題に関する独自の理論を展開することにしよう。そして独自の解決策を展開しつつ、現在の経済金融危機にどう対処すべきか、われわれなりの処方箋を提示することにしよう。

第II部

八つの質問とその回答

第6章 なぜ経済は不況に陥るのか？

八つの重要な質問を扱う一連の章の筆頭として、不況の検討から始めよう。不況は不景気の極端な例で、それを観察することで経済下降期の起源をもっと深く絞って見ることができる。不況の起源の問題は、執筆時点の二〇〇八年の金融危機においてはことさら重要だ。

本章では、アメリカ市場最悪の不況二つを検討する。一八九〇年代の不況と、おおむね一九三〇年代に起こった大恐慌だ。この二つの事例を見ると、アニマルスピリットがどのように不況をもたらすかがわかる。

一八九〇年代の不況

一八九〇年代の不況を理解するには、われわれのアニマルスピリット理論のあらゆる要素が不可欠となる。安心の崩壊が経済的な失敗の物語の記憶と関連するが、その物語の中には不況に先立つ年月に起きた腐敗増加の物語も含まれる。経済政策が不公平だという感覚が高まり、消費者物価下落の結果を理解できないという貨幣錯覚が生じる。したがって第I部の章はどれも、この不況の理解に関連してくる。

この不況は、アメリカの株式市場高騰に続いてやってきた。実質のS&P総合株価指数は、一八九〇年一二月から一八九二年五月のたった一七カ月で三六%上がり、それから一八九三年七月までの一四カ月で二七%下がった。(1) 市場がピークを迎えた浮かれた日々から見ると、この経済惨事はまったく寝耳に水で、何の論理的な原因も見あたらなかった。

一八九〇年代の不況初期には、卸売物価が急落した。ウォーレン=ピアソン卸売物価指数は一八九三年二月から一八九四年一二月にかけて一八%下がった。その後は、不況の間ずっと物価はほぼ安定したままだった。物価の下落を知ると、雇用主たちは従業員たちに給料カットが必要だと告げはじめ、かなりの批判にもかかわらず、賃金カットが実際にたくさん起こった。(2) だが一部の労働者は熾烈な抵抗をした。これは古い額面賃金に対する貨幣錯覚と公平さの感覚を反映したものだ。たとえば一八九四年のある新聞記事によると「サンフォード紡績工場の紡績夫たちは今日、賃金カットか工場閉鎖かを月曜の朝に選ぶよう求められることを報された。かれらは工場閉鎖を求め、賃金カットの下では働かないと述べた」。(3) こうした人々は、名目賃金カットではなく、能動的に怒りをもって失業を選んだ。公平さについての判断は、まだ賃金カットに直面していない他の工場で支払われている賃金との比較で行われることが多かった。標準的な歴史データによると(出所はスタンレー・レバーゴット)、アメリカの失業率は一八九三年には一一・七%に上がり、一八九四年に一八・四％でピークを迎え、一〇％を下回ったのはやっと一八九九年になってからだった。[4] クリスティーナ・ローマーの改訂データによると、アメリカの失業率は一八九四年に一二・三％となり、一八九七年に一二・四％でピークを迎え、一〇％を下回ったのはやっと一八九九年になってからだった。[5] いずれの指標でも、これは強烈で長引いた不況ではあった。他国でもこれに関連した経済の弱含みは見られたが、ほとんどはアメリカだけの立場からの分析ですませられる。この不況はおもにアメリカだけの現象だったからだ。

アメリカでは、この不況の明らかな「引き金」は一八九三年の金融パニックだった。安心が突如として崩壊して、銀行の取り付け騒ぎとなった。人々は群れをなして銀行に押し寄せ、預金を引き出そうとし、銀行には預金者に支払うだけの準備金がなかった。銀行は必死に現金をかき集め、企業に出していた融資を貸しはがしたので、短期金利が高騰してあちこちで企業が倒産しはじめた。[6] 当時のアメリカには中央銀行がなかった。あれば頼みの綱となる最後の貸し手となってくれただろうに。

だがなぜ銀行の取り付け騒ぎが起きたのだろう？　この出来事をまともに理解するのはむずかしい。歴史書によれば、銀行パニックは一八九〇年の銀購入法の可決によるものだとされる。これは政府の法定通貨紙幣をだんだん拡大して、黄金だけでなく銀でも裏付けられるようにしようとする計画だった。アメリカ政府は法定通貨紙幣を金と銀のどちらとでも交換できるよう認めており、人々は合理的に金を選んでいたので、政府の金の準備高は低下していった。だがこれは、政府の準備高が政府の法定通貨紙幣を裏付けているということであり、銀行の準備金が預金や紙幣（銀行券）

を裏付けているということではない。当時ニューヨーク・タイムズの記者で、後にその金融担当編集者となったアルフレッド・ノイスはこう書いている。

パニックは本質的に理性の外にある。したがって一八九三年の金融恐慌が法定通貨の減価のおそれから生じたにしても、おびえた銀行預金者が真っ先にやったのは、まさにその法定通貨を銀行から引き出すことだった。だが真の動機は各種の通貨形態に関する疑問以前のところにあった。預金者たちは経験から、信用全般の崩壊において、真っ先にあらわれる徴《きざし》は銀行だと考えていた。こうした預金者の多くは、一八七三年と一八八四年のパニックによる銀行倒産で、貯金を失っていた。したがってかれらは一八九三年に似たような金融上の兆候が目に見えるものになると、本能的にお金を遅滞なく銀行から引き出して、手元に置こうとしたのだった。そしてかれらが使ったことのあるお金の形態は、一般に法定通貨だけだったのだ。だが国内銀行の預金者たちが現金を要求したとき、そうした銀行が即座に使える準備金として用意している現金は預金総額の六％分だけだ。そうなると銀行は、東の「準備金エージェントたち」に相当額を用立ててもらわなくてはならないということになる。(7)

ノイスがパニックを動かしたものとして「本能」を挙げているのは重要だ。アメリカ政府は、銀購入法が銀行パニックにつながると予想すべき論理的な理由は何一つなかった。そして、それがそんなものを引き起こすべき論理的な理由は実際にない。だが政府の金の準備高が低下して、何かおかしいぞという感じを一部の人が抱き、かれらの安心が低下した。この気分の高まりは、一八七三年や一八八四年のパニックに関する物語がますます語られ、そのため社会的な記憶が強まるというかたちをとった。これは当時の人々ならだれでもすぐ暗唱できるようなものだったのが、一八九三年にそれが突然世間の想像力の中に復活してきたのだった。すると人々は、銀行の長い行列を見かけただけで反応してしまい、銀行パニックが社会的な伝染病として爆発したのだった――そして他人の抱いた恐怖に対し、過去の銀行パニックの物語を蒸し返すという反応をした。

銀行の取り付け騒ぎは大混乱を引き起こし、それが経済不況の直接的な前兆となった。多くの学者――特に同時代の観察者ウィリアム・ジェット・ラウクの一八九七年の記述と、一九六三年に書かれたミルトン・フリードマンとアンナ・シュワルツの『アメリカ金融史』は、この長引いた不況の原因が銀行パニックだと解釈している。

だが一八九三年の銀行パニックが重要な引き金だったと一般に考えられているという事実を除けば、この不況の深刻さと長さの理由についてはほとんど意見の一致がない。ダグラス・スティープルズとデヴィッド・ホイッテンは、この不況に関する見解について、経済批評家たちの間に大幅な意見の相違が見られることを記述している(8)。一八九〇年代の不況は、農業的な不況だと考えられたり(ハロルド・アンダーウッド・フォークナー)、西部の未利用地という安全弁が使い果たされた結果だとされたり(フレデリック・ジャクソン・ターナー)、アメリカの鉄道網が基本的に完成したので経済の投資機会がなくなったせいだとされたり(ジョセフ・シュンペーター)、諸説とびかっている(9)。スティープルズとホイッテンは、不況に貢献した要因に関する混乱した一覧表をどう解決すべきか、何も言わない。むしろ民衆派と企業利益との間で当時続いていた階級闘争を強調する。この争いは不況のさなかの一八九六年大統領選でピークを迎え、インフレの望ましさをめぐる熾烈な争いとなった。民主党候補ウィリアム・ジェニングス・ブライアンは銀貨の自由な鋳造を支持した。これはインフレを引き起こして、農民や多額の負債を抱える人には嬉しいことになっただろう。一方共和党候補ウィリアム・マッキンリーは厳格な金本位制を支持し、これは企業に有益だった。候補者たちが討議していたのは、まさにアメリカの階級間における富の大幅な再分配なのだった。

　貨幣錯覚は、当時の考え方の変化に重要な役割を果たした。ブライアン候補はマネーサプライの増加によってインフレが起きればみんなのためになると論じて、選挙に勝ちかけた——かれはまるで、債務者（借り手）は助かるし債権者（貸し手）の懐も痛まないとでもいうような議論をしたのだった。このブライアンに対して、それは詐欺だという怒りの声があがり、経済学者は初めて貨幣錯覚という現象を認識することになった。一八九五年に、コロンビア大学の経済学者ジョン・ベイツ・クラークは実質金利、つまりインフレ分を補正した金利という用語を提唱した。この用語は経済学者の日常用語となり、その後のあらゆる経済理論の要石となってきた[10]。クラークは当時のインフレにまつわる混乱についてちょっとあわて気味に説明し、金銀複本位制論争はこの混乱の表明でしかないと一蹴した。クラーク論文以来、経済理論の世界は一変し、今日のほとんどの人はその一八九〇年代の不況を覚えていなくても、そのおかげでインフレをめぐる思考はがらりと変わった。

　熾烈な金銀複本位制論争は、選挙戦の間だけでなく一八九〇年代ずっと続いたが、これはスティープルズとホイッテンによれば「危機と落胆の感覚が蔓延し、人間の完全性に対する信念に疑問を投げかけた」[11]ということなのだった。この深い危機感は、詐欺に基づく抑えのきかない自己利益追求によって腐敗した不公平な政治という印象から生じていた。

不況が始まったとき、新聞は汚職が激増したと報じていた。一八九五年元旦の『シカゴ・デイリー・トリビューン』の記事は、一八九四年には一八七八年以来最大数の横領事件があったと報告していた。この年は深刻な不況の年でもあった。

これを理解するには、通常の横領が即時性を持つのがその最終段階においてのみであることを念頭に置くことが肝要である。それは終わり近くまでは漸進的過程であり、河岸を構成する土地が浸食されるようなものだ。発端は、自分が拝借した金を戻さないなどということを考えただけで震え上がるような人物による、些少なる窃取なのである。その人物がそれを行うのは、なにやら博打にも似た投機、あるいは博打そのものに手を染めてのことである——そして負ける。その最初の負けを取り戻さんとしてさらに横領し、また負け、次第に深みにはまる。終いには、その圧力の下で横領にほぼ確実につきものの自暴自棄となる。それでもよい世評を保ちたいとは思っているが、いずれあまりに深入りしすぎて全額返済か横領露見かの二者択一となり、全額返済のためにはもう一段の窃取が必要となり、そこから生じた損失は崩壊をもたらす。昨年のビジネス環境は、以前から始まっていた投機について、そうした結果を大量にもたらしやすいものであった。[12]

社会史家カール・デグラーが記述したように、一八九〇年代のアメリカの社会的な雰囲気は、労働と経営陣とのすさまじい対立をもたらした。これは労働組合が新たに人気を博したことと（ただし必ずしも成功はしなかった）、そして前代未聞のストライキの数に現れている。一八九二年には、ペンシルバニア州ホームステッドのカーネギー鉄鋼会社の賃金紛争は、ストライキ労働者と会社側が雇ったピンカートン社の警備員三〇〇人との一二時間にわたる戦いをもたらした。ストライキ労働者九人、ピンカートン警備員七人が死亡した。労働紛争は加速し、一八九四年にはピークに達したが、この年には五〇〇万人の労働者が一四〇〇件もストを起こしていた。一九世紀では最大の数だ。一八九四年には、シカゴ近くのプルマンパレス車両会社でのストライキが、スト破りに導入された兵士とストライキ労働者との戦闘に発展した。二〇人が死亡、列車二〇〇〇両が破壊された。[13]

不公平さ、強欲、利己性、未来についての不確実性の気分は、今日なお残響を残している。当時の気分は一九〇〇年に発表された児童書、L・フランク・ボームの『オズの魔法使い』に反映されている。黄色いレンガの道とドロシーの魔法の銀の靴（一九三九年の映画では、ルビー色に変えられた。そのほうが天然色画面で映えるからだ）は、金本位制と、提案されていた銀貨の自由鋳造との激しい論争についてのメタファーだ。小人たちマンチキン族は、貧しい労働者階級をあらわす。悪い魔女は利己的なビジネス代表だ。当の魔法使いは、大詐欺師のアメリカ大統領だ。[14]こうしたイメージは長年われわれの記憶に残り、アニマルスピリット理論の要素がいかに重要かを示しているのだ。

一九二〇年代の過熱経済から一九三〇年代の恐慌へ

一八九〇年代の不況の後には、何が起きたかについてかなりの議論があり、やがて再発を防止するはずの修正が行われた。特に、不況の引き金となった取り付け騒ぎを防止するため、一九一三年には議会法で連邦準備制度が作られた。この法律は「鉄壁の信用構造」と賞賛され[15]、「不況に対する安全弁」とされた。ウッドロー・ウィルソン大統領は、一九一三年一二月一三日に連邦準備法を承認するにあたり、その経済安定化能力についてほとんど多幸症じみた信頼を表明して、この法律を「平和の憲法」とすら呼んだのだった[16]。

でも実際には、新しい制度は期待されたほどうまくは機能しなかった。いちばん最初の失敗は、新生連邦準備制度が明らかに理解できず、したがって適切に補正しようともしなかった、すさまじい経済好況だった。中央銀行家たちも、それが自分たちに与えられた任務だと理解していなかったわけではない。連邦準備理事会（ＦＲＢ）の議長ロイ・Ａ・ヤングは、一九二八年の全米銀行協会演説で、中央銀行は「メカニズムのなめらかかつ均質な働きに貢献し、過熱した部分や爆発の可能性を阻止すべき」と述べ、「各種の信用融資の過剰な成長」を懸念すべきだと述べている[17]。だが連邦準備制度は、空前の株式市場高騰に伴う空前のマージン取引融資成長をうまく抑えようとはせず、株価高騰そのものについても、一九二八年半ばまであまり手をつけなかった。その頃には株価高騰は六年以上も続いていたのだった。

銀行が過熱した経済の重要性を認識し損ねたのは、一八九〇年不況以前には、そうした過熱があまり一般的ではなかったせいもある。だからその危険を十分には理解できていなかった。だがかれらが対策を取らなかったことには別の説明がある。

実業家や経済学者たちは、過熱した経済という発想が昔からなかなか理解できなかった。というのもこれは本質的にアニマルスピリットに依存する概念だからだ――そしてアニマルスピリットは、昔からかれらにはいまひとつピンとこない概念なのだ。通俗メディアでは、過熱した経済という表現は広く使われているし、さまざまな意味合いがこめられているようだ[18]。だが専門の経済学者はめったにこのことばを使わず、使うときも通俗経済学をけなすために使うのがいちばん普通だ[19]。ときどき、インフレ経済のことを過熱した経済と表現することはある。本書での過熱した経済とは、安心が通常の範囲を超えてしまい、ますます多くの人々が経済の見通しに関する通常の懐疑心を失って、新たな経済ブームについての物語を信じ込んでしまう状態を指す。消費者による気ままな消費が通例となり、劣悪な実質投資が行われる時代だ。そしてそうした投資を始めた人々は、単に他の人にババをひかせればいいと思っているだけで、その根底にある実際の投資がしっかりしたものだという確信を持っているわけではない。この時期は、世間の信頼とやる気のない政府規制者のおかげで、腐敗と背信が増加する時期だ。この腐敗が世間にばれるのは、多幸症の終わった後のことだ。それはまた、消費しろという社会的な圧力が高くなる時期でもある。他のみんなも消費しているし、遅れをとったとは思われたくないし、他の人も気にしていないようなので、自分もたくさん消費しても気にしないという時代だ。

ほとんどの経済学者は、こういう発想がお気に召さない。こうしたことが本当に起こるというわれわれの主張は、もっぱら第I部でまとめた心理学研究に基づいており、それと経済的な変動の性質に関する直接的な証拠を組み合わせたものだ。

ほとんどの経済学者は、過熱ということばを定義しろと言われたら、それは消費者物価指数で見たインフレが上昇している時期を指すと答えるだろう。そういう意味も確かにあるが、でも通常は、それよりずっと多くのことが含意されている。

インフレそのものも、特にそれが上昇しているときには、経済の雰囲気にマイナスの影響を与えうる。それは割れた窓や落書きが街の雰囲気に与える影響のようなものだ。それは市民社会の、世の中万事うまくいっているという感覚の崩壊につながるのだ[20]。でも一九二〇年代は、株式市場や地価バブルは大幅に膨れたが、消費者物価のインフレは大したことはない時代だった。

一九二〇年代、怒濤の二〇年代は、平和と繁栄、お楽しみと社会活動、しっかりした経済成長の時代だった。世界中で株価はすさまじい高騰を見せ、一九二九年にピークを迎えてから崩壊した。その後、世界は一九三〇年代の恐慌にたたき込まれた。こうした出来事を理解するには、ここでもアニマルスピリットの理論とその主要要素に立ち戻らなくてはならない。

なぜそんな株価高騰が起きたのか？　なぜそれが起こる必要があったのか？　一九二〇年代は急速に企業収益の上昇した時期だった、というだけでは不十分だ。というのも収益の急増自体が、重要な意味において株価高騰の結果だったからだ。株価高騰が、消費と経済を強気にさせていたのだ。

シラーの『投機バブル　根拠なき熱狂』では、初期の株価高騰が引き起こした思考の対面感染で、楽観的な新時代物語の増幅につながりかねないことを示した。投資家の興奮自体がこうした物語を広めるのだ。[21]

一九二〇年代に起こったのはそういうことらしい。多くの人は本当に、自分たちの成功は自分が投資の天才だからだと信じていたようだ。それが単に、市場全体が上がっていたので何を買っても儲かっただけのことなのははっきりしていたはずなのだが。天才投資家の物語があっさり信じ込まれた。サミュエル・インスルは、当時の伝説の投資家だった。かれの会計士は後にこう述べている。「銀行家たちは、雑貨屋が主婦にご用ききするみたいな感じで電話してきて、お金を押しつけようとしたんです。マッケンローさん、今日はいいレタスが入ってますぜ。インスルさん、今日は新鮮な緑のお金が入ってますぜ。一〇〇〇万ドルかそこら投資なさりたい物件があるんじゃないですか？　という感じで」[22]。インスルが一見した成功をおさめたのは、多額の借入れによる投資のおかげだったので、大恐慌でそれが崩壊するとかれも破産した。

エドガー・ローレンス・スミスが一九二五年に著した『長期投資としての株式』は、株が昔からすばらしい長期的な成績を上げてきて、それが賢く先見の明のある投資家たちの間では一種の内輪の秘密だったのだという物語を広めた。[23]人々は自分がまさにそうした投資家なのだと考えるようになったが、でも実際にはかれらの熱意など、市場が上がり続けている間しか続かなかったのだった。ノイスはこの時代についてこう書いている：

投機の熱狂は、一九二九年になると地理的境界も社会的境界も関係なく広がっているように思えた。ふつうの世間話の中ですら、株価高騰への不満や不信を表明したりすると、政治や宗教がらみの話題と同じような遺恨が生じることさえあった。（中略）『タイムズ』紙で、明らかな危険信号を指摘するのは、全面的に肯定された作業というわけではまったくなかった。そうしたコメントの表明は、その著者がアメリカの繁栄にケチをつけたり否定したりしようとしているのだ、という糾弾論に直面することとなった。(24)

一九二九年以降に市場が崩壊すると、話は一変した。世界中の主要国経済は深い不況に陥り、ニュースは不公平、不正、詐欺に関するものに変わったのだった。

大恐慌

一八九〇年のアメリカ不況に比べると、一九三〇年代の大恐慌は大西洋の両側で猛威をふるった。アメリカでは失業率が一九三〇年一一月に一〇パーセントを超え、一九三三年五月に二五・六％でピークに達した。イギリスでは失業率が一九二九年の株式市場暴落の月に一〇％を超え、一九三一年一月に二六・六％でピークを迎え、一九三七年四月になるまで一〇％以下にならなかった。ドイツでは一九二九年一〇月に失業率が一〇％を超え、一九三〇年一二月に三三・七％のピークを迎え、一九三五年六月まで一〇％以上を保った。そして大恐慌は北米とヨーロッパだけの現象でもなかった。たとえばオーストラリアでは一九二八年一二月に失業率が一〇％を超え、一九三一年九月にピークの二八・三％に達し、一九三七年一月でやっと一〇％を割った。

なぜ大恐慌は起きたのか？　一八九〇年代の不況と同じく、一九三〇年代の不況も金融的な引き金があったようだ。一九二九年には世界的な株式市場暴落があり、特に一九二九年一〇月二八～二九日には大暴落した。そしてそれに関連して銀行危機が起きた。だがここでも、経済衰退の本当の重要性は、この引き金だけを見ていても理解できない。

バリー・アイケングリーンとジェフリー・サックスの研究で明らかになったように、一九三〇年代初期には大恐慌は金本位制の崩壊を通じて国から国へと広がった[25]。通貨に対する世界的な安心が喪失したために、中央銀行が金本位制を守るには、金利を大幅に引き上げて自国経済の首を絞めるしかなかった。アイケングリーンとサックスによれば、金本位制にしがみついた国ほど苦しみも長引いた。金本位制を捨てて通貨を減価させた国は早めに回復した。これは低い金利のおかげだけにとどまらず、国際価格の低下がもたらした競争優位のおかげでもある。それなのに多くの国（特にフランス）は通貨の減価にいつまでも抵抗して、もはや古びてしまった金本位制を守ろうと無駄な努力を重ねた。この中央銀行による行動のおかげで、最初の引き金だった株式市場暴落は、長引く不況に陥ったのだった。

だが大恐慌はこうした技術論でのみまとめることはできない。アニマルスピリットが根本的な重要性を持っていた。公平さを考えよう。一八九〇年代と同じく、一九三〇年代の大恐慌も、雇用関係における強い不公平さの感覚につながり、世界中で労働争議が多発した。労働者からの収奪とマクロ経済の失敗の解決策として世界中のインテリが共産主義に注目したので、共産主義の一大画期が訪れた。事業制度が不安定だという感覚が広まり、社会契約が予想外のかたちで変わるのではないかという恐れが広まった。

大恐慌の初期の数年は厳しいデフレが特徴だった。アメリカの消費者物価指数は、株式市場暴落の一九二九年一〇月から、一九三三年三月の底まで二七％も下がった[26]（その後は大恐慌の期間中、消費者物価はおおむねゆっくりと上昇した）。一九三〇年代初期のデフレはつまり、利益が圧縮されたということだ。売上げからの利益は急減していたのに、労働者への支払いは賃金カットがなければ、前と変わらないのだから。

経済学者アンソニー・オブライエンによれば、大恐慌の最初の二年で名目賃金はほとんど変わっていないという。かれのデータによれば、消費者物価がすでに八・一％下がっていた一九三一年時点で名目の製造業賃金は二％くらいしか下がっておらず、消費者物価がすでに一二・七％下がった一九三一年八月の時点で、製造業賃金は三・五％しか下がっていなかった[27]。大恐慌がさらに深刻さを増した一九三二年と一九三三年にはより大幅な賃金カットが行われたが、それでも一九三〇年が悲惨に続く中で実質賃金は上がり続け、三〇年代末までにそれまでの賃金上昇率の趨勢を二〇％も上回る金額になっていたのだった。

多くの人が賃金カットの必要性を指摘した。たとえばコネチカット州ハートフォードの小学校で一九三二年二月一八日に開かれた、有権者一五〇人による公開集会では、ある参加者がこう提起している。「食料や衣服の値段が二八％下がったのなら、公務員の賃金を二五％削減してだれが困るというのですか?」[28]。もちろんこれは正しい見方だし、市が増税して高い実質賃金を公務員に支払うなら、それは納税者から政府従業員への再分配が起きたということになる。

だが世間は名目賃金削減の議論を完全に受け入れることはなかった。貨幣錯覚のせいで、名目賃金カットを経験した人は(実質では下がっていなかったとしても)傷つき、したがって世間はそうしたカットに抵抗する理由を探した。労働組合は、名目賃金カットを容認しなかった。そんなものを認めては自分のためにならないからだ。一九二〇年代までには、高い名目賃金こそが繁栄への道だという発想は通俗的な常識となっており、いまやそれがますます強くなっていた[29]。米国労働総同盟は「今後のわれわれの目的は、賃金を減らすことではなく上げることであるべきだ。そうすることによってのみ購買力を構築してビジネスの興隆を支えられるのである[30]」という宣言を発表している。

購買力を高めるために実質賃金を増やすべきだという理屈は広く使われた。ハーバート・フーヴァー大統領もそれを使ったし、業界指導者も使った。それは賃上げのために闘う労働組合に対する政治的支持を正当化するものともなった。いったんデフレが終わったら、名目賃金カットの議論は力を失い、賃上げに向けた世論の支持を獲得したいという欲望が高まった。こうした感情が生み出した政治的な雰囲気のため、一九三五年に全国労働関係法(ワグナー法)が生まれたが、これは労働者を強く支持する法律だった。

アメリカのその他の政府行動もまた、公平さに関する世間の印象に対応するかたちで実施された。物価下落が経済問題の原因だという世間の見方に対応して、一九三三年にルーズベルト政権は、全国産業復興法（ＮＩＲＡ）の実施を押し通した。この法は「公平な競争の規則」を作りだし、要するに物価を上げ、雇われた人々の賃金を引き上げることになった[31]。

だがこうした措置の背後にある理論は根本的にまちがっていた。これはケインズが後に一九三六年の『一般理論』で論じたとおりである。経済政策が名目賃金水準にばかりこだわったのは、世間が貨幣錯覚にばかりとらわれていたからだ。かれらは根深い貨幣錯覚のために、まともな経済政策から完全に目をそらしてしまったのだ。

政策は本当の問題を見失った。大恐慌では、安心があまりに粉砕されてしまい、銀行は融資しないまま大金を手元におき、金利が異常に低いのに企業は新規資本に投資したがらなかった。こんな状況では、名目賃金をどういじろうと――それを上げようと下げようと――根本的な問題の解決にはならない[32]。低い需要すなわち低い雇用の主因は、全般的な安心の喪失だ。資本主義そのものの未来に関する本当の恐れも、この安心喪失の一要因であり、これが大恐慌を長引かせた。

経済史家ロバート・ヒッグスは、アメリカでは「多くの恐ろしいニューディール対策、特に一九三五年以降のものは、企業人や投資家たちに対して市場経済が伝統的なかたちとは似ても似つかぬかたちでしか存続しえないのではないか、という恐怖を抱くに十分な根拠を与えたのだった。そしてもっとドラスチックな展開、何やら集産主義的な独裁主義の可能性すら完全に無視はできないと思われるようになったのだった」と述べる[33]。こうした懸念は事業投資をきわめて低い水準に引き下げ、企業の拡張計画もほぼ足踏み状態となった。

世論調査を見ると、産業人の不安は一九四〇年代になっても続いていたことがわかる。一九四一年一一月、アメリカが第二次世界大戦に参戦する直前に、アメリカの企業重役に対して『フォーチュン』誌のアンケートがこう尋ねた。「戦後にアメリカが採用すると思われる経済体制として、あなたの予想にいちばん近いのは以下のどれですか?」選択肢は以下のとおり（選択率は括弧で表示）：

1　おおむね戦前と同じ自由産業制度が回復するが、そのときの状況に対応して変更が加えられる［七・二％］。

2　これまで民間管理下にあった多くの公共サービスを政府が負担するようになるが、民間事業にはまだ多くの機会が残される［五二・四％］。

3　半ば社会主義的な社会となり、営利企業制が機能する余地はほとんどなくなる［三六・七％］。

4　ファシストや共産主義の路線に沿った、完全な経済専制主義［三・七％］[34]。

九割以上の重役たちが、国の経済にすさまじい構造改革が生じて、事業投資の期待収益が減ることになると予想していたわけだ。これはかれらが大恐慌の間にほとんど投資しなかった理由としては、明らかにもっともらしい。

だが大恐慌の規模と長期性は、政府規制や行動、そしてその結果生じた産業界の不安以上のものが原因だったようだ。一九三〇年代が悲惨なかたちで続くにつれて、深い経済的な倦怠感が生じた。当時の多くの観察者がこの倦怠感を記録しているが、その観察は現代の経済学者たちには無視されがちだ。現代の経済学者たちは、今日科学的に検証できない、市場心理についての同時代の評価など無価値だと考えるのが普通で、計測できるものに専念したがるからだ。

一九三一年、ロンドンの『タイムズ』紙に「カリステネス」なる匿名子による「安心の義務」という論説が掲載された。それは思考や行動の悪弊に抵抗しようという、市民たちへの愛国的な訴えだった。

安心の低下は深刻なる国民の弱点である。我々はそれを危険や災厄と呼んでもよいが、こうした用語は誇張と不誠実な利用によって簒奪されてしまっておる。というのも、この安心の喪失により国民が己自身に課する損失は強調しても仕切れぬものだからである。失業せし者の数が毎週のように膨れあがるのは、安心の喪失が仕事を提供するかもしれぬ事業の創始や発達を阻害するのも一因である。国がますます外国市場を失うのも、その市場を確保するのに必要な大規模生産に乗り出すほど製造業者たちに自信がない故である場合があまりに多い。悲観の泥濘《でいねい》に車軸まで埋まった産業を引っ張り上げるのに必要なのは、安心、安心、もっと安心なのである。そしてその安心とは、そうした産業を貫いて活性化させ、企業自身が自分自身への安心を刷新せしむるような、世間の安心なのである。この安心なるものが、よいサービスへの追加報酬にとどまるものでないことは明らかであり、あらゆる市民の明快かつ不変の義務となることは明らかであろう。(35)

安心の再確認を求めるこうした意図的で愛国的な訴えが、どこまで大恐慌を緩和したのかは測りようがない。だがイギリス経済が回復を始めたとき、その改善はこうした努力のおかげだとされたことは知っている。敬意を集めた事業家にして公僕のメストン卿によれば「不況の苦境から台頭してきたイギリスの真の秘密は、産業界の男女が腹をくくって自分の商売にだけ専念し、それをどうするのがいちばんよいかを考えるようになったためである。これは取引や商業を正直で清廉にし、イギリスの信用と正直さの基盤を支えたのである」[36]。

アメリカは大恐慌からの回復が遅かった。一九三八年に、ゼネラルモーターズ会長アルフレッド・P・スローン・ジュニアは、まだ目に見えるアメリカ経済の弱さについてこうコメントしている。

なぜそれが起きたか？　それはアメリカ事業の将来と、その実施の根拠となるルールとについての恐れがあるからというだけです。言い換えると、われわれの困難は純粋に経済的なものというよりも政治経済的なのです。その対策は、わたしには一つ、そしてたった一つしかないように思えます。アメリカの企業が安心して前進できるには、実証された事実と、目的や手段のはっきり理解できるものによって、しっかりした基盤のうえに安心が再建されなくてはなりません。お手軽な対応は、既存の不安をさらに強化することにしかならないでしょう[37]。

ラモン・デュポン（その名を取った化学会社の社長）も似たような主張をして、それを『ワシントン・ポスト』の記者アンナ・P・ヤングマンがまとめている。

デュポン氏によれば、将来の税負担、労働コスト、政府の支出方針、産業に適用される法規制について不確実性がある――どれも損益の計算に影響するものだ。産業の目下の麻痺状態は、別に政府政策に対する深く根ざした反対があるからではなく、この不確実性のせいなのだ。これまでのように、現在の不況からの回復をもたらすほど産業の力が有効に回復力を発揮できるかと一部の人に疑問視させるのは、まさにこれなのである。(38)

大恐慌中の安心の低下はあまりに根深くて一〇年も続いた。安心――そして経済自体――は第二次世界大戦が人々の人生における支配的な物語を完全に変え、経済を一変させるまでは回復しなかった。(39)

不況史のまとめ

これまで見てきたように、アメリカ史上最大の二つの不況を特徴づけていたのは、経済における安心感の根本的な変化、反社会的なレベルまで利益追求を推し進める意欲、貨幣錯覚、経済的な公平さについての認識の変化だった。これらの不況は、こうした計測しにくい変数と密接に結びついていたのだ。

この二つの画期は歴史的にはずいぶん昔に思えるかもしれず、経済制度はもう十分に改善されて、そんな出来事は二度と繰り返されないと思うかもしれない。どちらの不況も銀行取り付け騒ぎが関係しており、いまや一九三〇年代に包括的な預金保険ができたことで、もうそんな取り付け騒ぎは過去のもののようだ。こうした最初の不況は連邦準備制度の設立をもたらした。そして二回目の不況以来、中央銀行の理論は大幅に発達している。

一方でサブプライム危機の原因は現代の預金保険の欠点に直結している。アメリカでは一九九〇年代以降、預金保険に保護されていない影の銀行セクターが生じた。これは短期のCP（コマーシャルペーパー）を発行することで融資活動の資金を得ていた、サブプライムの貸し手というかたちで生じた。さらに二〇〇七年始めの連邦準備制度ですら、銀行が将棋倒し式に倒産した様子からもわかるとおり、取り付け騒ぎそっくりのふるまいを防止するだけの力はなかった。これに対する対応として、連邦準備制度は自分を刷新して、預金機関という当初のシマをはるかに超える対象に貸し付けを行わなくてはならなくなった。金融システムがますます複雑さを増すため、預金保険者などの経済機関や中央銀行は、金融イノベーションの先を行くのがむずかしくなっているのだ。

今日の中央銀行はデフレのことを懸念しているし、それを見過ごしにする可能性は低い。だが完全にそれを阻止するとは限らない——一九九〇年代末から二〇〇〇年代初期の日本のデフレをご覧じろ[40]。今日デフレがあったら、われわれは名目賃金カットについて一九三〇年代よりも知的な対応ができるだろうか？　なかなかそうとは言いにくい。感情的な熱気の中では、単純な経済学的真実が見失われがちだ。こうした過去の出来事の多くは人間の天性に根ざしており、それは昔もいまも強力な力として残っている。人々はいまも相変わらず公平さを気にするし、腐敗の誘惑にも負けやすく、他人の悪行が暴かれると嫌悪を見せ、インフレについては混乱し、その思考は経済的な理由づけよりも空疎な物語に頼っている。ここで描いた二つの不況のような出来事は、過去のものとしてすませるわけにはいかないのだ。

第7章

なぜ中央銀行は経済に対して（持つ場合には）力を持つのか？

さてこれで、本書の中心的な章——少なくとも執筆時点での世界経済の状況を考えれば——とも言えるところまでやってきた。「なぜ中央銀行（アメリカでは連邦準備制度、ＦＲＢ）は経済に対して力を持つのか？」。ここで「持つ場合には」と条件をつけたのは、通常の政策がきわめて限られた有効性しか持たない場合があるからだ。不幸なことに、まさにそういう場合にこそ、そうしたコントロールがいちばん緊急に必要とされている。それは、われわれが深刻な不景気に陥った場合だ。

ここまでのわれわれの分析は、経済収縮の原因となりかねない大きな人間の欠陥を強調してきた。たとえば安心の脆弱さ、硬直性の傾向や、不公平さや腐敗に関する遺恨などだ。だが人は、中央銀行が事態を何とかしてくれるよ、と依存しがちだ。

中央銀行が、マクロ経済ほど大きなものをコントロールできるほどの力を持っているとは思えないかもしれない。実際、多くの人は中央銀行を通貨供給《マネーサプライ》の守護官庁としか思っていない。でもマネーサプライは、実はかなり小さい。二〇〇八年のアメリカで、マネーサプライのM1指標（これは現金〈通貨〉と要求払い預金、つまり小切手口座の合計）はたった一・四兆ドルで、そのうち通貨は八〇〇〇億ドルだ。(1) そしてその通貨のほとんどは、比較的少数の現金保持者が隠し持っていて、その人々の多くは外国にいる。われわれのほとんどは、どの時点でも財布にはほんの数枚のお札しか持っていない。こんなわずかな通貨量がどうしてそんなに重要なのだろうか？　マネーサプライの通貨以外の部分、つまり要求払い預金やその他小切手の切れる口座は、二〇〇八年にはたった六〇〇〇億ドル、国富の一％ほどだ。要求払い預金の量を管理するだけで、これまで詳述してきた各種の問題をＦＲＢはどうしてすべて解決できるのだろうか？

答えは、すべて解決なんかできないということだ。安心が喪失して企業や消費者が消費したがらないときには、こうした標準的な金融政策の有効性は限られているのだ。

中央銀行の力に関する標準的な説明

まずは中央銀行がマネーサプライのコントロールを通じて経済に影響を与えるという、標準のお話を考えよう。間違ってもらっては困るのだが、このお話は半ば真実だとわれわれは考えている。そして、このお話が気に入ってもいる――おおむねは。と言いつつ、われわれは後で中央銀行が影響力を発揮する別のお話を提示する――こちらのお話のほうが、現在のような危機のとき、中央銀行の力がいちばんはっきり必要とされるときには、重要性が高いと思うからだ。

中央銀行（ここではＦＲＢを例にとる）が準備金を左右することで、マネーの量とマクロ経済に影響を与えるやり方は二種類ある。標準的なお話は、公開市場操作なるものを強調する。ＦＲＢは国債を大量に保有している（およそ五〇〇〇億ドル分ほど）[2]。公開市場操作では、このポートフォリオから債券を売ったり買ったりする。こうすることで一般市場にお金をつぎ込んだり引き出したりすることで、マネーサプライを拡大・収縮する――そして金利を左右するが、それは経済の特定部分に偏って効いたりはしない。金利というのは「時間のお値段」で、理論家たちはこの一見根本的な変数を核にモデルを構築するのがお気に入りだ[3]。

ＦＲＢが経済に影響を与える第二の方法がある。まず破綻しそうな銀行に対し、担保と引き替えに直接融資をすることで、信用を拡大できる。そしてもちろん、そうした融資の返済を受けることで、信用を収縮できる。この第二の操作は、再割引または連銀の割引窓口（連銀貸出）と呼ばれる。これもまた、準備金の水準や経済の中のマネー量に影響する。通常は再割引はただの添え物でしかない。ＦＲＢはこうした貸出にはちょっと高めの金利を課すので、銀行は割引窓口をよほどの時でないと使わない。公開市場操作と割引窓口との大きなちがいは、後者は本当に必要とする機関にだけお金を出すもので、経済全体にお金をはき出すわけではないということだ。

通常期には、公開市場操作が経済を左右するＦＲＢの主要な手法だ。でも後で論じるように、本当に重要なのはもう一つの再割引のほうなのだ。再割引は破綻しそうな機関にお金を直接つぎ込むことで、システミックな危機に対応するよう設計されている。

伝統的な経済思想によれば――通常学術経済学で主に見るようなもの――ＦＲＢは公開市場操作

を通じて主要な役割を果たす。このお話だと、公開市場操作は経済を左右するマネーサプライと金利を通じて機能する。経済学者は通常、経済理論において重要な概念となる需要と供給をめぐるお話をする。ここでわれわれが話しているのは、当座預金残高をめぐる需要と供給の話だ。供給は、FRBが持っている準備金に比例して変わる。当座預金残高の需要は、それが取引にどのくらい有用かで決まる。経済学者たちは、こうした取引が収入と比例すると考える。そうすれば、当座預金への需要が収入に比例するのを説明できる。短期でも長期でも人々は取引を必要とする。そして伝統的な考え方によれば、こうした取引は収入とおおむね比例する。したがって、需要性預金もまたおおむね収入に比例することになるのだ。

その他あらゆる商品の需要と同じく、この需要も収入だけでなく、商品の価格やコストにも左右されるはずだ。ここでのコストとは「そうした（無利息の）当座預金を持っているコスト」ということになる。経済学者の大好きなお話によると、人々はときどき、（無利息の）銀行預金が多すぎたり少なすぎたりしないか考えるのだという。持ちすぎだと思えば、証券とかその他のものを買って銀行預金を減らす。そして少なすぎたら、お金を借りたり支出を抑えたりして、残高を増やす。この検討の頻度は、お金を手元に持つコストに依存する。そのコストとは何か？　無利息で銀行に入れるかわりに何かを持っていたら稼げるはずのお金だ。そしてそれがまさに利子率——お金を手元に置くことによる機会費用だ。利子率はお金を保有することの「値段」なのである。

これは実にエレガントなお話だし、金利決定の標準理論の基盤となっている。お金の需要は収入と金利で決まる。さて短期的には、お金の需要は金利とはあまり関係ない（経済学者なら、この需要は価格弾性が低いというだろう）。なぜか？　取引をするためには当座預金に（無利息で）お金を入れておく必要があるが、それを持っているコストは人々の予算の中であまり大きくないからだ。そこにコストがかかっていることすらみんな認識していないかもしれない。銀行預金の見直し頻度をどのくらいにしようと関係ない。予算にはどのみち大して影響しないからだ（もちろん金利がものすごく高ければ別だが）。したがって短期的には、人々が当座預金に（無利息で）持つお金は、金利とはあまり関係ないと思うのは当然だ[4]。

たとえ話をすれば、当座預金の残高は塩のようなものだ。塩は必需品だ。でも塩の値段は、予算の中ではごく一部でしかない。同じように、人々は当座預金にお金がないと支払いができずに困る。でも、塩と同じく、総予算の中ではほんのわずかなコストしかかからない。だから人々は、塩の値段をあまり気にしないのと同じように、利子率にもあまり注意を払わない。金利に対する需要の弾性値は低いわけだ。

この経済学者お気に入りのお話によれば、供給される塩の量がちょっと変わるとその価格は大幅に動く。人々の塩の使用量を増やしたり減らしたりするには、かなりの価格変動がないとだめだ。同様に、要求払い預金量のちょっとした変化は価格を、つまりそれを持つ機会費用である金利を大きく変える。なぜか？　それは特に短期では、ほとんどの人は金利がかなり変わった場合ですらいつも通りの行動を続けて、銀行口座を調べる頻度を変えたりはしないからだ。人々の需要水準をちょっとでも変えるには、「価格」はかなり変わる必要がある。

中央銀行の力についての標準的な経済学者のお話はこれでほとんど完成間近だ。マネーサプライという、小さくてほとんどどうでもよさそうな量の塩が、塩のお値段、つまり金利に大きな影響を与えられるのだということを示した。だが、なぜそのお値段がそんなに重要かを説明する必要がある。塩なら、製塩業者以外は値段が上がろうと下がろうとだれも大して気にしない。塩の値段は経済にはおおむね無関係ではないか。

経済学者たちはこのお話の仕上げとして、要求払い預金を持つお値段、つまり金利は、大きな意味を持つのだと指摘する。それは必ずしも預金者当人にとってではなく、その他経済にとって重要なのだ。資産の時価は、将来の所得を割り引くのに使う利子率に敏感だ。当座預金残高がちょっと変わると、利子率が大きく変化し、したがってあらゆる資産の価値は大幅に変わるというわけだ。そしてこうした資産は何兆ドルもある。アメリカ経済には五〇兆ドルくらいの資産があるとされる。資産価格が変わったら、その影響はかなりのものだ。

というわけで、これがわれわれの解釈では経済学者の標準的なお話だ。要求払い預金の供給は金利を変え、それが他の資産の価値を変え、それが収入の変化をもたらす。資産価値が上がると収入が増える方法はいろいろある。みなさんのご近所を散歩してみるといい。もしそこがわれわれの住むバークレーやニューヘイブンのような状況だったら、おそらく一年くらい前までは永遠に空き地のままだと思っていたような土地に、いきなり新しい建物が建ちはじめ、ぼろぼろのまま放置されていたところが、いきなり改修されて驚いたりしなかっただろうか。これは高い資産価格が強く建設を引き起こし、経済全体を刺激するという各種手段の中でも、もっともつまらないものでしかない。

標準見解の問題点

いま述べた、FRBがマネーの需給を通じて経済に影響を与えるという物語は、経済学者の通常のお話だ。だがこれに――ちょっとだけ――賛成しない経済学者もいて、われわれもそこに入る。人々は銀行の預金残高が減ってきたら、預金を引き出さずになんとか支払いをすませる巧妙な手口を見つけるのだ、ということをこのお話は考慮していない、というのがわれわれの意見だ（クレジットカードとか、取引信用を使うことができる。そうなったら、銀行口座からの支払いは想定とはちがい、収入とは完全には比例しないかもしれない）。だが、FRBが経済にどう影響を及ぼすかというこうした別の見方――貸付資金市場理論――を採用したとしても、FRBの行動が通常期は経済を大きく左右するという結論はほとんど変わらない。お金は塩のようなものだからだ。[5]

この別の見方では、人々は支払い手段についてかなりの柔軟性を持つし、銀行の預金がいくらだろうと、購買や販売にとってあまり制約とはならない。だが貸付資金市場理論の観点からすれば、たとえばFRBが国債を買うことにしたら、銀行の準備金は増えて、そのため銀行はもっと融資ができるようになる。FRBが要求する預金と準備金との比率は、通常は一〇％だ。[6] つまり、融資準備高が三〇〇億ドル増えれば――ちなみにこれは、アメリカ経済全体の規模からすれば、俗に言う大海の一滴でしかない――要求払い預金は三〇〇〇億ドル、つまりGDPのざっと二％も増えることが可能になる。そして、銀行は準備金に入らない資産ポートフォリオを、その九〇％の金額だけ増やしていいことになる。この新規資金が出回ることで金利も下がる。おかげで人々は銀行からプロジェクトに対する信用供与を受けやすくなり、銀行借入資金が使えるようになるので、支出も直接的に増える。

そして、これがFRBが購入や販売を増やす第二の経路だ。この購入で金利が下がると、みんなの資産価値があがる。みんな金持ちになったので、自分の消費であれ将来への投資であれ、もっと支出できるという気になるわけだ。

公開市場操作の限界

ここまで、FRBにはあまり手持ち材料がないのに公開市場操作で経済に影響を与えるという話をしてきた。鍵となるのは金利だ。

FRBは、もっと長期の政府証券を取引することは可能だが、通常は安全な政府短期証券（TB）しか取引しない。FRBの公開市場操作は、FRBが取引するものの金利、つまり短期のリスクフリーな金利に直接影響を与える。長期金利はこうした短期金利にかなり敏感に反応するから、FRBは長期金利にも影響を与える。だがFRBが、不景気のときなどに、金利を下げたいと思っても、公開市場操作はある程度までしか機能しない。なぜか？　現実問題として、短期金利はゼロ以下にはできないからだ。金利がちょっとでもゼロ以下になったら、だれも短期国債なんか持ちたがらない。それならむしろ現金を持つだろう。結果として、公開市場操作が安全な短期金利をゼロに引き下げたら、それ以上は手がない。それ以上短期国債を買ったところで、金利はそれ以上は下がらないのだ。

こうした金利がゼロになったら、伝統的な金融政策は有効性の限界に達したことになる。他の金融政策しか有効でなくなる。その他の政策とは何だろうか？

中央銀行の力に関する別の見方

ＦＲＢは公開市場操作以外に経済危機を阻止する（これがＦＲＢ設立のそもそもの目的だった）別の方法を持っている。ここでは経済全体に及ぶ影響にもっと関係し、アニマルスピリットにも関係する中央銀行の力に関する別の見方を説明しよう。

公開市場操作は、ＦＲＢが経済を左右する穏健版の手法となったかもしれない。だが実はこのコントロール・メカニズムは、ＦＲＢが経済に影響を与える方法として当初想定されていたものではなかった。ＦＲＢが一九一三年にヨーロッパの中央銀行を真似て創設されたとき、危機に際して――流動性が特別に必要な場合――の主要なツールとして考えられていたのは、各地区の連邦準備銀行による直接融資だった。ＦＲＢは、経済全体に及ぶ影響――企業の連鎖倒産の感染――に対処するものだったのだ。

一九世紀を通じ、定期的に銀行パニックが生じた。預金者たちは文字どおり銀行に長蛇の列をなし、自分より先に並んだ人々が銀行の最後の一銭を引き出して銀行がすっからかんになってしまうのではとびくびくしていたのだった。こうした取り付け騒ぎは伝染した。一つの銀行が不渡りを出したという知らせが流れると、他の銀行でも預金者たちは行列を作った。危機の前には何の問題もなかった銀行ですら、預金者が殺到したら苦労することになる。預金者全員がおびえて預金を引き出そうとしたら、その要求すべてに応えられるだけの現金はないかもしれない。

世間にしてみれば、一九〇七年の銀行パニックで堪忍袋の緒が切れた。またもや同じことの繰り返しではないか！　一九〇七年にニューヨークのニッカーボッカー信託銀行が通貨支払いを停止したことで、金融危機は手に負えなくなったように見えた。そこから取り付け騒ぎが広がった。ニューヨーク以外にある国内銀行は、ニッカーボッカー信託銀行を含むニューヨークの大銀行に預金を持っていて、かれらは自行の預金者が通貨を要求してきたら、そうした預金を使おうとあてにしていたのだった。ニッカーボッカー信託銀行が支払い停止になると、あらゆる銀行で取り付け騒ぎが起きた。国内銀行では預金者が長蛇の列をなし、ニューヨークではそうした国内銀行が自行の預金を現金化しようとしていた。おかげで生じた商業の混乱は、国の経済生産を激減させた。一九〇七年から一九〇八年にかけて、実質産出量は一一％も減った。(7)

ロードアイランド州代表の有力な共和党上院議員で、ジョン・D・ロックフェラー・ジュニアの義父であるネルソン・アルドリッチは、全米金融委員会の議長に任命された。かれは二年近くヨーロッパに行って、中央銀行制度を勉強してきた。戻ってくるとアルドリッチは、ニューヨークの主要銀行家四人と、ジョージア州沿岸のジキル島クラブに一週間極秘でこもった。

そこで一同は、ある程度の改訂を経てだが、連邦準備制度の基盤となる計画を生み出した。これは預金から通貨への逃避問題（取り付け騒ぎ）を解消するよう設計されていた。FRBは、信用を提供する力を与えられ（そのための割引窓口だ）、また一時的に、特にパニック時に現金が必要な銀行に対しては、現金を提供できることになった。FRBが一九一三年に創設されたとき、この「柔軟な通貨」の提供は大きなイノベーションだと考えられていた。[8] この最後の貸し手は、他のだれも信用を供与しないときに、信用を供与する役目を持つのだ。

柔軟な通貨をFRB経由で提供することの本来の動機は、安心とその反対のパニックに対処するためだったというのに注目。こうした問題は、一九〇七年のパニック以降、金融改革の提案との関連でよく議論されていた。実際、マサチューセッツ州の上院議員ヘンリー・カボット・ロッジは、パニック直後の一九〇八年に上院の議場で発言したとき、こう指摘している。「パニックの間に不足していたのは通貨ではなく、安心であったが、こうした場合にはいつもそうなのだ」。[9]

一九一一年、ネルソン・アルドリッチが中央銀行型のアメリカ国家機関設立を主張し続けているとき、『ワシントン・ポスト』の社説は状況をこうまとめた。「まずは何らかの中央機関が必要である。それにより、来る危機は、結集した力を持って対峙されて追い払われるであろう――あらゆる銀行やあらゆる金庫が自分だけを守ろうとあわてふためき、パニックを広めたり強化したりするのではだめだ。一九〇七年にはこれが起きた。人々を落胆させたのはまさに、銀行同士がお互いについて安心できなかったということなのである」。[10] 連邦準備制度が実際に導入されたのは――何年も議論が続いた末のことだったが――別のパニックがやってきそうだったからだ。ヴァージニア州代表の下院議員カーター・グラスは、一九一三年初期にこう宣言した。「無視してはならない症状があられている。（中略）緊急性のあるパニックなのだから、対応を強制されるところまで手をこまねいているのは愚の骨頂である」[11]。

パニックということばは、明らかに重い心理学的恐怖を伴うものだ。連邦公開市場委員会（FOMC）は、金融危機において審議するとき本能的にこれを理解している。FRBは創設時から、安心が崩壊しつつあるときに決然と行動する機関だと見なされてきたのだ。

変わり続ける問題

FRBとその後のFDIC（連邦預金保険公社）は、銀行パニックを引き起こしかねない流動性問題の巧妙な解決策だった。実際、かなりの期間にわたり、銀行パニックや流動性危機は過去のものになったように思われ、それがあまりに顕著でほとんどの経済学者はごく最近まで、それが解決済みの問題だと思っていた。

普通の預金機関の倒産が経済全体に及ぶ危機を引き起こすのを防ぐため、四重の防衛ラインが敷かれている。まず、銀行は監督されている——とはいえ、みんな嫌と言うほどご存じのように、監督は完璧ではない。第二に、それら金融機関はパニック時には、FRBの割引窓口によって流動性を保証されている（債務超過なら別だが）。第三に、個々の預金者たちには、現状では二五万ドルまでFDICによって保護されている。最後に、この三つの防衛線がすべて突破されたら、FDICは銀行を整理にかけることができる。実は銀行パニックを制限して防ぐための最も重要な道具は、ＦＤＩＣのこのインソルベンシー機能かもしれない。銀行をゆっくりと、自分のスケジュールに合わせて整理（つまり資産を差し押さえて売却）することができるからだ。

だがすべての金融機関がこうした慎重で幾重にもなる防衛システムによってカバーされているわけではない。二〇世紀の間、そして特に近年になって、新しい影の銀行システムが成長してきた。これら通称ノンバンクは投資銀行、銀行の持ち株会社、ヘッジファンドなどだ。機能的には、かれらのやることは「銀行」と同じだ。短期の融資を受けて――その相当部分は銀行や銀行持ち株会社から借りるのが普通だ――、そのお金を投資にまわすのだ。

そして伝統的な銀行で取り付け騒ぎが起こるのと同様、こうしたノンバンクにも取り付け騒ぎは起こりうる。一九世紀の銀行預金者たちが、パニック時に通貨を求めて殺到したのと同様、あらゆる短期の貸し手は投資銀行や銀行持ち株会社、ヘッジファンドへの融資を真っ先に更新拒否したがるかもしれない。

さらにこうした安全への逃避は経済全体で起こり、全員が一度に出口に殺到する可能性がある。貸し手としては、預金者たちからの需要が高まったと思えばことさらびくつく。そうなったら、ノンバンク銀行へ提供できる資金が減るからだ。それはまた、かれらの借りられる資金に対する金利も上がるということになる。流動性への逃避が始まる前はまったく問題なかった機関でも、流動性危機が起きたら継続融資を受けるための高い金利を負担しきれないかもしれない。(12)

ベアー・スターンズとＬＴＣＭ

二〇〇八年のＦＲＢとベアー・スターンズとのやりとり、および一九九八年のＦＲＢとロングターム・キャピタル・マネジメント社（ＬＴＣＭ）とのやりとりは、影の銀行システムについての、またその破綻が金融パニックを引き起こす可能性についてのＦＲＢの懸念をはっきり示している。

二〇〇八年三月の月曜の朝、世間があっと驚いたことに、大投資銀行ベアー・スターンズが週末の間に、投げ売りバーゲン価格の一株二ドルという値段で、ＪＰモルガン・チェースと合併していたのだった。ウォール街の有力な弁護士に言わせると「夏の朝に起きてみたら雪が降っていたようなものだ」[13]。その助産師役を務めたのがＦＲＢだった。ＦＲＢはＪＰモルガンに、ベアー・スターンズからの担保をかたにして、三〇〇億ドルの信用供与をしたのだ[14]。評論家は、ベアー・スターンズの破綻もさることながら、ＦＲＢの果たした役割にも驚いたようだった。

二〇〇八年にベン・バーナンキは、上院銀行・住宅・都市問題委員会で、ベアー・スターンズ破綻時の影響の可能性について、何を恐れているか以下のように語った：

われわれの金融システムはきわめて複雑で相互にからみあっており、ベアー・スターンズは多くの重要な市場に深く参加しています。ベアー・スターンズがいきなり破綻すれば、おそらくはそうした市場における混沌としたポジションの放棄が生じ、安心がひどく揺らぐ可能性があります。同社の破綻はまた、ベアー・スターンズの何千という取引相手や、同業他社の財務ポジションにも疑念を生じさせるでしょう。グローバル経済や金融システムへの極度の圧力を考えると、ベアー・スターンズの破綻が引き起こす被害はすさまじく、沈静させるのがきわめて困難なものとなったでしょう(15)。

だがFRBの歴史や、割引窓口の当初の意図を見ると、なぜFRBがそうした取引を仲介したかずばりわかる。FRB議長ベン・バーナンキは、金融危機やそこでのFRBの役割については歴史家として世界的な権威の一人だから、FRB創設者たちの当初の意図を理解していた。かれはベアー・スターンズの破綻が流動性危機を作り出すのを懸念していたのだ。ベアー・スターンズの信用が疑わしいなら、ベアー・スターンズの債権者にだれが資金を貸すだろう? ニッカーボッカー信託銀行破綻で一世紀前に起きたのはまさにそういうことだった。それが破綻したら、その債権者たち——特に、預金者である国内銀行——がお金を取り戻せるなんて、誰が信用する? そうなると連鎖反応が起きてしまう。

似たような現象を見つけるには、一〇年ほど振り返る必要がある。ここでも一瞬にしてFRBが救出にやってきた。そのとき危機に直面していたのは投資銀行ではなくヘッジファンドだった。一九九四年にソロモン・ブラザーズから飛び出した金融集団がヘッジファンドを作り、それをロングターム・キャピタル・マネジメント社(LTCM)と名付けた。かれらは、マイロン・ショールズとロバート・マートンのファイナンス理論に従ってリスク裁定を行った。ちなみにこの二人は三年後、「デリバティブの価格決定の新手法」のためにノーベル経済学賞を分け合うことになる。この顧問たちに対する完璧な評判もあって、LTCMは一二・五億ドルもの資本を集められただけでなく、通常なら考えられないことだが、ウォール街の主要銀行から白紙手形でいくらでも借りられることになった。

LTCMのパートナーたちは、当初は目論見書に書かれたとおりの成功をおさめていた。かれらは、ウォール街でどうやってお金を儲けるかというかなり単純な基本戦略を持っていた――その根拠になったのは、回帰分析とオプション理論だった。過去の動きを見ると、オプションの今後の動きもわかった。似たような取引を多種多様に集めると、スプレッドは歴史的な平均値に収束する。スプレッドが大きければ、いずれ下がる。小さければ、いずれ上がる。そういう賭けをしてほぼまちがいはなかった。そして、LTCMの最初の二年間で起こったのはまさにそういうことだった。著者の一人は当時、LTCMのパートナーの一人にワシントンのカクテルパーティーで出くわした。調子はどうだいと尋ねると、かれはにやりとして、それまで働いていた政府よりも給料はいいよ、と答えた。一九九七年になると、LTCMの資本は、利益と新規の申込みにより七〇億ドルに成長した。その利益は二一億ドルだった。

だが傲慢に続いては没落がくる。一九九八年にLTCM戦略に問題が生じた。それまで市場は、それまでの計量経済学的推計のとおりに動いており、スプレッドはすべて平均値に回帰する動きを見せたが、一九九八年にはロシアとアジアの通貨危機が生じた。スプレッドは狭まるどころか広がった。LTCMは身ぐるみはがれた状態となった。ウォール街から借りた金によるレバレッジはすべて、資産どころかいまや負債となった。八月には、このファンドが破綻する可能性が出てきた。九月半ばにには、借金一〇〇〇億ドルと、それをはるかに上回る額面の、デリバティブに対する賭けを持つＬＴＣＭが破産するのは確実に思えた。だが破産で何が起きるのか、だれもはっきりとは知らなかった。破産裁判所が、だれがだれにいくらの借りがあるかを整理するまでに、支払いの連鎖にギャップが生じたら何が起こるだろうか？

ＦＲＢが介入した。ウォール街の巨人たちが、ニューヨーク連邦準備銀行の役員室で緊急会合を開いた。合意がひねりだされ、主要な貸し手たちが資金を出し合って三六・五億ドルをＬＴＣＭに拠出する。そしてパートナーの株式の九割をかれらが手に入れることにした[16]。

ベアー・スターンズの場合とＬＴＣＭの場合、ともにＦＲＢの役割はよりどころとなる最後の貸し手となることだった。流動性危機における経済全体のリスクに対抗するのが狙いだ。どちらの場合にもＦＲＢはあっぱれな活躍を見せ、流動性危機は回避された。だがこれらは、今にして思えば来るべきものへの早期警報でしかなかったのだった。

二〇〇八年九月一五日、リーマン・ブラザーズが倒産した。ＦＲＢと政府は、経済に介入する新しい方式を開始した。もはやＦＲＢと財務省の力で一つの機関を救うという話、つまり最初のドミノが倒れるのを防ぐという話ではなくなった。世界中の中央銀行や政府が自国経済と、そしてもっと広く世界経済を救おうとしているのだ。

われわれのアニマルスピリット観、そして本章における中央銀行の力の議論（特に危機時の話）はなぜ目下の危機が起きたかという解釈の柱となっている。また、何をすべきかという対策も示唆してくれる。それを以下の付記で述べよう。

付記 目下の金融危機とその対策

われわれの理論——特に金融政策と中央銀行の力について前章で提示した理論——は、現在の経済危機にとっての意味合いも持っている。ほとんどの景気後退に対する処方箋——「風邪薬を飲んで寝なさい」のような代物——は、金利を下げろというものだ（つまり通常の金融政策を使えということ）。また、たとえば追加の政府支出や、あるいはもっとありそうなのが、政治的に人気のある減税などの財政拡大だ。でも今回はそれ以上のことをやる必要がある。

この不景気は質が違う。単に需要が低いだけではない。またエネルギー価格高騰のせいでもない（とはいえ原油価格は二〇〇八年夏にはことさら高かったが）。現在の経済における圧倒的な脅威は貸し渋りによる信用危機だ。貸付が通常の水準に比べてかなり下がってしまうと、完全雇用の目標達成は困難かおそらく不可能だろう(1)。

金融セクターに問題が起きたのはこれが初めてではない。たとえば第3章で見たように、一九八〇年代のアメリカでは、貯蓄貸付組合（S＆L）の大量倒産が見られた。その清算コストは一四〇〇億ドルでかなりの大金だったし、それが無駄に使われたとなればなおさらだ。それでもこれは当時のＧＤＰのたった二％ほどにすぎなかった。[2] 銀行の倒産は大きなマクロ経済的影響は持たなかったのだ。

一方、今回の危機はもっと広い。経済全体に関わっている。分不相応な家を買った人々だけの話ではない。これ以上借入れができないというカリフォルニア州の問題だ。一時は永遠に続くように見えた、世界中の投資銀行の命運の問題だ。車を買いたがらない消費者の問題であり、買いたくてもローンの提供者がいない人々の問題だ。そしてわれわれの郵便受けにすら関係する。最近気がついたことだが、われわれだけに特別のご案内をしていたクレジットカードの勧誘が昔ほどはこなくなっているのだ。

貸し渋りはただのお話でしかないんじゃないか、という統計的な疑問があるといけないので、あらゆる経済学者はこれに関するお気に入りの統計指標を持っている。われわれの場合、それは市中のコマーシャルペーパー（ＣＰ）だ。二〇〇七年第３四半期から、二〇〇八年の第３四半期まで、名目ＧＤＰ（インフレ補正していない数字）は三・四％成長した。通常の状態であれば、市中のＣＰ量もまた上昇したはずだ――少なくともちょっとくらいは。でもそうはなっていない。ＦＲＢの公式統計によると、市中ＣＰは二五％以上も減った（二・一九兆ドルが一・五八兆ドルへ）。[3] 資産担保ＣＰが特にひどくて、四〇％以上減っている（一・二一兆ドルから七二五〇億ドルへ）。[4] ＣＰが指標としてお気に入りなのは、それが企業の運転資金調達の主要な手法となっているからだ。これはかれらが給料を払ったり業者への支払いをしたりするのに必要なお金となる。ＣＰはそうした目先資金の唯一の出所というわけではないが、企業活動がおおむね一定なのにCPが二五%も下がったというのは、何かがおかしい。明らかに貸し渋りが起こっているのだ。

これまでの章では、なぜこうした貸し渋りが起こるかを説明した。古い金融システムは変わった。昔ならほとんどの場合、融資をした機関はそれを自分のポートフォリオに入れておいた。だが「新金融手法」の支持者がこうした融資をパッケージ化（つまり「証券化」）する各種の手法を見つけて、その証券をさらにいろいろ切り刻む方法も考案した。そして得体の知れない金融デリバティブが、さらにそのごたまぜに味付けをした。こうした金融証券は、その根っこに資産の裏付けがあるる必要さえない。奇妙な金融錬金術に頼って、投資家たちはこうした商品を巧妙に組み合わせて、それで根底にあるリスクもなくしてしまえると思った。二〇〇七年春――ちょうど金融市場が、どうも何かが変かもしれないと気づきはじめる直前――リスクプレミアムは空前の低さを示していた。

イケイケ時代に言われていたのは、こうした証券化やデリバティブは「リスク管理」のためなんだ、ということだった。確かに証券化や一部の先物契約はそうした役割を果たす。でもそこで話が変わった。新しい話では、こうした証券化や変なデリバティブはガマの油を売りつける新手の手法以上のものではない、と示唆していた。そしてウォール街やその商品の性質に関するこの新しい物語が古い物語に取って代わるにつれて、金融市場からは生気が抜けていった。変な商品への需要は崩壊し、貸し渋りが始まった。

貸し渋りが始まったのには、三つの別々の理由がある。まずいちばん明らかなのは、それまでの資金調達方式の一つがつぶれたということだ。融資（たとえば住宅ローン）を提供した機関は、もはやそれをパッケージ化して何も知らない第三者にあっさり渡してしまうというわけにはいかなくなった。いまや、そうしたローンを提供して第三者に売るならば、ものすごく安全な融資にしておくか、そうでなければ自分でそのローンを持っていなければならない。[5]

貸し渋りの第二の理由は、キャピタルロスとレバレッジの関係に関するものだ。融資を持っていたりそれを提供した機関の多く――貯蓄銀行、投資銀行、銀行の持ち株会社――は、自分でも新しい金融商品に投資していた。そしてそのための資金を大量の借入れでまかなっていた。いまや、物語が変わって信頼が崩壊すると、資産の価値も下がった。資産が一ドル減るごとに、その機関は資本を一ドル失う。これでその機関は倒産に近づいただけでなく、借入金の比率も相対的に上がった。[6] そうした機関は、三つに一つの選択肢に直面した――借入れを増やすか、融資を減らすか、新規に資本を増やすかだ。そしてかれらが融資やその他証券を減らそうとしたために、貸し渋りが起きた。借入れの問題は、貯蓄機関以外は短期の借入れをして長期の融資をしていたためにさらに悪化した。銀行持ち株会社やヘッジファンドや投資銀行は、実際には銀行だったが名目上は銀行ではなかった。かれらは影の銀行システムなのだった。

すでに約束した信用枠の利用も、貸し渋りの第三の理由となった。景気が良かった頃には、銀行は顧客に融資枠を認めてきた。いまや資金ショートに直面した顧客は、予想外の大群となってこの信用枠を利用しようとした。好況期なら、それは比較的簡単に使える信用枠だったのだ。そうした約束を守ることで、それらの銀行の融資能力はさらに縮小してしまうことになった。

信用目標

今回何が起きたのかというここまでのまとめは、われわれ独自のものではまったくない。『フィナンシャル・タイムズ』や『ウォールストリート・ジャーナル』を一日でも注意して読めば、こうした解釈が明示的、暗示的に書かれている。いまやこれが標準的なお話なのだ。

だがこれはマクロ経済政策に影響する。通常予測に使われるマクロ経済モデルは、貸し渋りやその発生原因を記述できるようなファイナンス面での詳細を含んでいない。総需要を完全雇用の水準にするのに必要な金融刺激策や財政刺激策を予測するのは、いまやそこそこ簡単だ——もしファイナンス市場が自由に流れているのであれば。こうした推計は、必要な財政刺激の規模を決めるのに使われるべきだ。ＦＲＢ、議会、経済諮問委員会は、みんなこうした予測をするのに十分な経験を持っている。

だがファイナンス部門で安心が喪失すると、マクロ経済計画者たちにはもう一つ、第二の目標が必要となる。こうした異常な時期には、必要な刺激策を決める伝統的な方法は誤解を招きかねない。計画者たちは、各種の信用をどれだけ供与するかという計画——目標とか中間目標と呼んでもいい——を立てる必要があるのだ(7)。この目標は、経済が完全雇用にある場合に通常提供される信用量に対応すべきだ。この目標は単なる機械的な総信用量にとどまらず、通常の条件下でなら信用対象として認められるような企業に対して信用が提供されるような一般条件を反映したものになるべきだ。信用量に目標を設けるという発想は、現ＦＲＢ議長ベン・バーナンキと、元ＦＲＢ副議長アラン・ブラインダーが一九八八年に提唱したものにまで少なくともさかのぼれる[8]（これを、経済学者たちが金融政策に目標を設ける議論、通常はインフレ率に目標を設定する話と混同してはいけない[9]。これらの文献は、貸し渋りにどう対処するかといった話は扱っていない）。

信用目標の実現は、いくつかの理由で緊急性が高い。いちばんの理由は、外部資金に頼っている企業は融資を受けられないと破産してしまうということ。貸し渋りが続いて多くの企業が倒産したら、完全雇用実現のために必要な財政金融刺激策は、不可能なくらい大きなものになってしまう。

さらなる問題として、信用市場が凍結していたら、財政金融刺激策の必要性はいつまでも続くということがある。適切な財政金融刺激策を適切な額だけ使えば、完全雇用は実現できるかも知れない。だが貸し渋りを解消せずにそれを続けるのは、病人をつっかい棒でベッドに起き上がらせて健康に見せかけるようなものだ。つっかい棒を外したら、また倒れるだけだ。一九九〇年代の日本がその好例だ。日本でも一九九〇年代初期に株式市場と不動産が崩れて、日本は一五年にわたって何度も財政赤字に陥った。政府負債はやがてＧＤＰの一・七一倍にまでふくれあがった。

さらに、貸し渋りが続く限り、乗数は本来の値よりも小さくなってしまう。たとえば、融資を受けられない人は車を買わないだろう――気前のいい財政政策が、必要な頭金を出してくれたとしてもだ。

将来への含意

ハンプティ・ダンプティについての童謡は、子ども向けの絵本が一般的になる前からあった。それはなぞなぞだ。ハンプティ・ダンプティとは何者か？　それは卵だ。だからこそ、ハンプティ・ダンプティが壁から落ちたら、王さまの馬や家来が総掛かりになってもそれを元に戻すことはできなかった。

そしてこの話は、いまの金融危機の記述にもなっている。融資を提供しては、それを第三者に売っていた金融システムの一部は、脆弱だった。それが壁から落ちた。アニマルスピリットの立場でいえば、安心が消えた。人々は、それまで何兆ドルも平気でつぎ込んでいた取引に疑問を抱くようになった。そして物語が変わった。いまやガマの油の話だ。もう元には戻れない。

だが証券化した負債やデリバティブ（クレジット・デフォルト・スワップなど金融先物）を使った高度な資金調達は、そうした負債パッケージに対する保険のように見える一方で、ある目的を果たしていた。それは何年もかけて、（程度の差はあるが）直接貸付という古いシステムの相当部分を代替するようになっていたのだった。

世間はいま、まだ生き残っている貯蓄銀行、銀行持ち株会社、保険会社、年金基金、ヘッジファンド、投資銀行などの金融機関が、ハンプティ・ダンプティの突然の落下で生じた空白を埋めてくれると期待している。われわれの信念は——マクロ政策の役割に関するケインズの見方を反映したものだが——マクロ経済的な空白があるなら、政府がそれを埋めなくてはいけないというものだ。政府は再び健全な資本主義の舞台を整えなくてはならない。これは中央銀行を設立した、過去の世代のビジョンでもあった。中央銀行の役割とは、完全雇用を可能にする信用条件を保証するものなのだ。

政策対応

二〇〇七年八月に貸し渋りが始まって以来、アメリカ政府は信用拡大のために三つの道具を使ってきた。

手法1：割引窓口　ＦＲＢは割引操作を大幅に拡大したが、特に各種の特別融資機能を作ったのが大きい[10]。その最初のものが、期間入札ファシリティことＴＡＦで、銀行が競争入札によってＦＲＢ融資を受けられるようにするというものだ。リーマン・ブラザーズ倒産後の二〇〇八年一〇月に二回入札が行われたが、それがその利用法を表している。最初の入札は、八五日間の信用を一三八〇億ドル、二回目は二八日ものの信用を一一三〇億ドル提供した[11]。ＦＲＢと財務省は、崩れそうな信用市場を再起動させるための別の巧妙な手口を編み出した。二〇〇八年一一月、ＦＲＢはターム物資産担保証券ローンファシリティー（ＴＡＬＦ）を設置した。ＴＡＬＦの融資はノンリコースだ。つまり銀行は、担保さえあきらめればそれ以上の返済義務を負わない。さらにＦＲＢが担保として要求するのは、その融資金額から見て「散髪《ヘアカット》」程度のものだ（たとえば一億ドルの融資をするのに、担保は一億五〇〇〇万ドル分だけでいい。ここでの散髪分は五％だ）。

こうした取り決めには二つの効果がある。ＴＡＬＦの融資はノンリコースなので、銀行の損失の可能性は限られている。結果として銀行は、融資するに当たり、リスク相殺を目的としたあまりに高いリターンを必要としない――この危機の真っ最中の現在であってもだ。失うのは最高でもその散髪分だけだ。だが同時に、もし融資がこげついたら散髪分は失うので、銀行としても変な融資はしないインセンティブがある。

ＴＡＬＦにはもう一つ条項があり、それがＦＲＢの負担を抑えている。担保から生じる損失は、財務省とＦＲＢが共同で負担し、上位の債権者はＦＲＢ、劣位の債権者は財務省ということになっている。ＴＡＬＦの最初の実施例が、その仕組みを明らかにしてくれる――そしてなぜそれが実に強力で巧妙なのかも。この最初の実施では、ＦＲＢは二〇〇〇億ドルの一年融資を、新規または最近の自動車ローン、学生ローン、クレジットカードローン、中小企業向けローンをプールした担保に対して実施している。担保は少なくとも二つの格付機関からＡＡＡをもらう必要がある。財務省は、七〇〇〇億ドルの不良資産救済プログラム（ＴＡＲＰ）から受け取る資金の中から、二〇〇〇億ドル融資のうち二〇〇億ドルの劣後トランシェを負担する。だから損失の最初の二〇〇億ドル分はＦＲＢではなく財務省が負担する。この条項（それに銀行が負担する最初の散髪分）のおかげでＦＲＢの利益は比較的安全になる――おかげで、その分を担保にして融資を行う力が合法的に認められている。(12)

この方式は同時に三つの目的を達成する。まず、銀行が新しい融資を行う強力なインセンティブができる。かれらには最大でも散髪分しか損失がないからだ。担保プールへの融資と短期国債の現在の金利差（スプレッド）は、わずかな散髪分くらい補って余りあるはずだ。第二に、TALFは担保のFRB保有分をそこそこ安全に保ってくれる。第三に、財務省のお金は不良資産を直接買い入れるよりもずっと効力を発揮する。財務省が担保の一〇％を劣後ポジションで取ったら（これは最初の実施でやったことだ）三〇〇〇億ドル出すことで三兆ドルの新規融資を支援できる。これは落下したハンプティ・ダンプティを置き換えるのに必要な融資へのインパクトとしては桁違いだ。もちろん将来のTALF実施条件はいろいろちがっているかもしれない。いまではCPを対象にしたり、商業不動産担保ローンなどの担保も検討されている。こうした実施は、融資の満期期間や必要な格付け、値づけ方式などがそれぞれ異なるだろう。

もっと一般化すると、TALFは創造的なファイナンスには二つの面があることを示してくれる。危機の原因になったのも創造的なファイナンスだった。だがその天才ぶりは、危機からの脱出を助けてくれるかもしれない。最も重要なこととして、TARPにより財務省が利用を認められたかなり多額の資金が、TALFを使えばさらにけたちがいの信用流通を支援でき、それが貸し渋りに対して大きな影響を持てるという希望を与えてくれるのだ。

手法2：直接資本注入　落ちたハンプティ・ダンプティを置き換える第二の手法は、銀行への直接資金注入だ。財務省はこのためにすでに、TARPから二五〇〇億ドルを確保している。このうちおよそ半分は七大銀行に提供された。バンク・オブ・アメリカ、バンク・オブ・ニューヨーク・

メロン、シティグループ、ゴールドマン・サックス、JPモルガン・チェース、モルガン・スタンレー、ウェルズファーゴだ。銀行の融資能力は資本の制約を受けるので、追加の銀行資本は特に有効だ。

手法3：政府支援機関からの直接融資　さらにもう一つアプローチがある。連邦政府は政府支援機関（GSE）を直接使って融資を増やせる。二〇〇八年二月、政府の刺激パッケージの一部として、政府支援機関のファニーメイとフレディマックが購入できる住宅ローン債権の最高額が引き上げられた。それまでは、上限は一律四一万七〇〇〇ドルだった。いまではその地域の住宅価格中間値の一二五％と定められた。住宅価格の高い地域だと七二万九七五〇ドルになる。さらに政府はファニーメイとフレディマックに対し、二〇〇八年から二〇〇九年末まで住宅ローン証券のポートフォリオを増やし続けろと指示している。(13)

連邦政府はつまり、ファニーメイとフレディマックに対し、住宅ローンを徹底的に支えるよう指示していたわけだ。この両社の事業帳簿は、危機直前の二〇〇七年末で四・九兆ドルだった――アメリカ全国で公開保有されている負債のかなりの部分だ。これらの機関が政府傘下に入ってこうした指示を与えられなかった場合、両社が破綻すれば住宅ローン金融は致命的なほど下がっただろうし、住宅価格はすさまじい暴落をしたかもしれない。だが政府がファニーメイとフレディマックに実質保証を与えたおかげで（二〇〇八年九月に両社が政府所有になるまで、これは暗黙のものでしかなかった）いまや両機関の発行する債券は安全だ。(14)　FRBはまた、二〇〇八年一一月二五日に、GSE発行の住宅ローン担保証券五〇〇〇億ドルとかれらの住宅ローン債権一〇〇〇億ドルを買い上げると発表した。これは住宅ローン市場をさらに助けることになる。ファニーメイとフレディマックは、これにより落ち込みつつあった住宅ローン市場の相当部分を自由に置き換えられるようになったわけだ。

アメリカの住宅ローン市場が崩壊していないのは、こうした大規模な行動が取られたおかげだ。だがこうした行動が政治的に楽に正当化されたのは、これらがGSEで、もともとアメリカ政府の作ったものだったからだ。

TALFなどの割引窓口に加え、用心のために、貸し渋り対策として別のアプローチも同時に用意しておくべきだろう。その回復計画には、FDICの支援を求める銀行の中でも比較的まともなものを、新たなGSEとして組み込む可能性を入れるべきだ。この会社は、ファニーメイとフレディマックによる伝統的な住宅ローン以外の融資活動を支えるのに使われる。これには新しい法制が必要で、S&L危機を処理したRTC（整理信託公社）に似た会社の設置を行わなくてはならない。だが、新会社の定款はちがったものとなる。この新会社に含まれる銀行は、すみやかな資産処分に専念するのではなく、十分な監督のもとで、貸し渋りを解決するという特別な目的のための新規融資を行うよう指示される。一九九〇年代初期のスウェーデンの金融危機では、融資が停止しないように、銀行の国有化まで含めた各種の手法が採用されたのだ。(15)

各手法の長所と短所

信用目標（クレジット・ターゲット）を実現するために使われるべき手法1〜3の構成比は、それぞれの長所と短所で決まってくる。

手法1：割引窓口の拡大　TALFは最も連邦予算を使わない救済手法で、信用市場への直接介入も最小にとどまるように思えるが、これはまだ実験的な手法だ。現在、FRBは担保をAAA格の証券に限っている。もっと低い格付けのものにまでTALFで信用供与するには、いろいろな困難が伴う。さらにTALFに資産を提出しようという人々は、まちがいなくこの制度をごまかして、あまり成績のよくない資産を押しつけようとするだろう。この担保プールにおける「レモン」問題のおかげで、格付けの低い証券にまでTALFの機能を拡張するのはむずかしくなる。

手法2：銀行への直接資本注入　銀行への直接投資にはそれなりの問題がある。なかでも、その正当性や世間的に受容されるかという問題は特に大きい。世間やマスコミは「銀行救済」という発想がお気に召さない。それはかれらの——そしてわれわれの——公平感を逆なでする。世間はまた——おそらく正当にも——高給取りの銀行家たちが、うまいこと救済資金を自分のボーナス増額に使うだろうと恐れている。『ニューヨーク・タイムズ』のグレッチェン・モーゲンソンは、TARPというのが「金持ちごほうび法（The Act Rewarding Plutocrats）」の略だと思ったという「口の悪い友人」の話を書いている[16]。

また必要な規模の資本を注入するのはむずかしいかもしれない。世間は、銀行への資金注入が必要なのはかれらを倒産から救うためだと思うかもしれないが、それはハンプティ・ダンプティ問題を考えていない。貸し渋り問題を解消するには、銀行をすさまじく豊かにして、崩壊した信用システムを修復してくれるくらいにする必要がある。FRBがアメリカの銀行に二五〇〇億ドル注入すると発表したとき、『フィナンシャル・タイムズ』紙の一面記事は、この額ですら信用危機を解決するには桁違いに不足だと匂わせた。その見出しは、アメリカが用意した二五〇〇億ドルを「ヨーロッパの二・五四六兆ドルの動き」と比べてみせたのだった[17]。

また、「馬を水場に連れて行くことはできても、無理に水を飲ませることはできない」問題がある。資本注入で銀行は豊かになり、倒産の危険は減るが、だからといってかれらが貸出を増やすとは限らない。すでに約束済みの信用を供与するための追加融資で手いっぱいかもしれない。

だが銀行への資本注入は、潜在的な利点が二つある。こうした注入は民間の信用システムに対し最小限の介入しかしない。また、銀行の貸し渋りが本当に資本制約によるものであるなら、信用目標を達成する方法としては比較的安上がりかもしれない。資本比率規制が八%なら、二五〇〇億ドルの資本注入で三・一二五兆ドルの追加融資が可能となる。さらに、TALFのような制度との相互作用がある。相対的に少ない注入で、倒産寸前の銀行でもTALFが大幅に活用しやすくなるのだ。

手法3：政府支援機関の活用　当然ながら政府系機関にも問題がある。GSEは、こっちの市民には融資するのにこっちは断るといった処理に苦労する。公共機関では通常、こうした問題の解決に面倒な官僚制を使う。迅速な行動が必要な貸し渋り的状況では、これは大きな欠点となりかねない。だが多くの政府活動はうまく機能している。そして多くの民間企業だって、駄目なところは駄目だ。民間だって官僚的で非効率になることはある。一方、GSEは「馬を水場に連れて行くことはできても」問題を解決できる。政府の命令は、ファニーメイやフレディマックの場合のように、馬に水を飲むよう強制できるのだ。

ファイナンス市場目標の役割

落下中のハンプティ・ダンプティ的ファイナンス部門を置き換えることの狙いは、政策立案担当のマクロ経済学者のほぼだれにとっても明らかだろう。二〇〇七年八月、貸し渋りによる信用危機が始まって以来のFRB政策に対するわれわれの全般的な解釈、および同期間中の財政政策は、二つの完全雇用目標になるべく近いものを実現しようということだ。

二つの目標という発想は、現在の経済政策のまとめとして便利なものだが、その有用性はそれ以上だ。大恐慌の経験がその理由を教えてくれる。フーヴァーとルーズベルトの両大統領は、赤字支出をし、また当時破綻しつつあった金融システムを置き換えるべく、新機関を創設した。その点で二人とも正しい方向には動いていた。どちらの大統領もわれわれにとっては英雄だ。だが両者の計画の大きな欠点に目をつぶる気はない。かれらの経済政策は、ときには正しい方向(ケインズ的拡張政策）を向いていたが、しばしば状況をはっきり理解しておらず、そのためどちらも財政を均衡させようとしたりした。完全雇用を目指すために必要な赤字額を測るケインズ派モデルがなかったから、フーヴァーとルーズベルトはどちらも、十分な対策を講じるだけの気合いも政治的な正当性も持てなかった。かれらの赤字支出は桁違いに少なかったのだ。

この二つの目標はそうした指標を提示してくれる。標準マクロモデルは、完全雇用実現に必要な財政金融刺激策についてはかなり正確だ。だがファイナンス市場も標的にすべきだ。金融システムは、ハンプティ・ダンプティが落下する以前のほんの数カ月前とは、様相が異なっている。いまや、かつての存在のごく一部だけしか機能していない。総需要目標は、完全雇用実現に必要な財政刺激策と金利政策の量を教えてくれる。信用目標は、手法1～3の適切な応用により何を実現すべきか教えてくれる。それらを併せることで、完全雇用実現に伴うお金の流れ——CP、債券などの商品の発行——を作り出さなくてはならないのだ。

この目標は、回復への道に引き戻してくれる可能性の高い計画を考案するためだけに必要なのではない。こうした計画は、発表されたらみんなギョッとするだろう。その対策としても必要なのだ。財務長官ヘンリー・ポールソンが最初に七〇〇〇億ドルの救済計画を提案したとき、議会は騒然とした。そのお金をどう使うかというポールソンの説明は細部を詰めていなかった。だが議会がその計画を認めた後でも、七〇〇〇億ドルというのはとにかく多すぎる額のように思えた。このため下院は当初、改訂法案を否決したほどだ。

アニマルスピリットの研究は、なぜこの二つの目標がいるのか教えてくれる。この二つの目標と、その背後にある理屈は、政策立案者に十分大胆な計画を実行するだけの自信を与えるのみならず、その計画に正当性を与えるためにも欠かせないのだ。安心、ガマの油、物語に関するわれわれの理論は、なぜ既存の金融システムをまわし続ける以上の対応が不可欠かを示している。危機を終結させる可能性を持つ計画はなんであれ、落ちたハンプティ・ダンプティを置き換えられるだけの十分な規模がなくてはならないのだ。

もちろん、二つの目標アプローチとハンプティ・ダンプティは、アメリカだけに適用されるものではなく、世界中で使えるものだ。

第8章

なぜ仕事の見つからない人がいるのか？

第6章で検討した不況や大恐慌は、高い失業が何年も続くかもしれないことを証明している(1)。こうした不況の原因はそこで議論したが、いまや労働市場がきちんと捌《は》けないことに注目する必要がある――これぞ失業の問題だ。不況で安心が低下したにしても、また不公平感がただよって腐敗の物語が注目を集め、将来について疑問が生じたとしても、どうして賃金の調整が失敗して労働市場が捌けないなんてことがあるのだろうか？

本章では失業を理解するために、アニマルスピリット理論の一側面にだけ注目する。それは、人間が公平さを求めるということだ。この説明は今度は、高い失業がまた起こりかねないこと、またその発生を確実に止めるよう注意深く経済政策を方向づけなくてはならないことを理解しやすくしてくれる。

非自発的失業

知り合いのあるえらい経済学者は、自分の意志力がご自慢だった。その人は家を売ろうとしたけれど、案に相違して買い手が現れなかったので、同僚たちに向かってこの家は売り物にならんのだと告げた。同僚たちは家が売れなかったことには驚かなかったけれど、でもその人の主張には驚いた。その主張は経済学入門の需要・供給の基本原則に違反しているからだ。同僚たちにしてみれば、買い手がいないのはごく簡単な理由からだった。家の付け値が高すぎただけのこと。やがて家は売れた——が、予想どおり、かなり値引きをしてからのことだった。

非自発的失業は、多くの経済学者の経済理論にはあてはまらない。というのもまさに、学者たちが失業者に対して、同僚の家と同じことを尋ねるからだ。失業者の職が見つからないなら（つまり自分の労働が売れないなら）、どうしてもっと安い賃金で働くと言わないの？　あるいはそれが無理なら、職探しの条件をゆるめたらどう？　なぜ労働市場は株式市場や商品市場とはちがうんだろう。そういうところなら、人々は要求価格をちょっと下げるだけで手持ちを（ほぼ即座に）売れるのに。

こうした疑問には答えがある。それは効率賃金理論と呼ばれている。なぜこんな名前かというと、労働の効率性や有用性は、従業員に支払われる賃金額に依存するという発想を提起する理論だからだ。(2) 住宅や株式や小麦の市場では、売り手と買い手とのやりとりは、合意した値段で財を引き渡せば終わる。価格が低いことはまちがいなく買い手の得になる。だが労働ではそうはならない。労働では、売り手と買い手の取引は、労働者が雇われて賃金合意がなされた時点ではやっと端緒についたばかりだ。もちろんほとんどの雇い主（労働の買い手）は低い賃金のほうが嬉しいだろうが、それはそれ以外の影響がなければの話だ。でも、労働市場はそれ以外の影響があるのが普通だ。なぜか？　その労働者個人や他の従業員たちは、取り決めた労働時間だけ職場に行くだけでなく、やる気を見せなければならない。雇い主としては、あまりに労働を買いたたいたら、労働者が怒ったり恨みを抱いたりして、仕事を駄目にしてしまうかもしれない。それでは元も子もない。たとえていえば、スープにつばを入れたりする機会がまったくないほどきちんと監督されている従業員はほとんどいないのだ。

こうした配慮がもたらす影響は、経済学のツールの中でも最も簡単な、経済学入門の要石である需要・供給曲線だけでも表現できる。この場合、雇い主は賃金を設定するが、そこで関心を持つのは、その支払い金額だけではない。それが労働者のやる気にどう影響するかにも関心を持っている。やる気への影響まで考えたら、雇い主はその労働者が受け入れる最低限ギリギリの水準よりも高めに賃金を支払いたいと考えるかもしれない。そして雇い主全員を総合して考えると、かれらが従業員に支払いたい公正な賃金は、市場の全労働者が働こうと思うようになる賃金よりは高いことになる。この場合、労働の供給は労働の需要を上回る。したがって、労働の供給と労働の需要との間にはギャップがある。そしてそのギャップが、仕事を見つけられない人になるというわけだ。

つまり職の市場は椅子取りゲームみたいなものだ。椅子の数より人の数のほうが多い。音楽が止まったとき、椅子を見つけられない人もいる。それがだれかは事前にはわからないが、だれかが取り残され、非自発的に退場しなくてはならないのはわかる。同様に、職探しをしている人よりも職が少なければ、仕事の見つからない人は必ず出る。失業者の中でも、がんばる人はそのうち仕事が見つかるというのは事実だ。平均では、仕事を見つける人はいろいろ職探しをして、それまで自分が想定していなかった職でも引き受けようという気概のある人だ。だからといって、非自発的失業という概念が無効になるわけではない。非自発的失業は、企業が支払おうとする賃金水準での、需要と供給のギャップから生じるのだ。

この失業理論は実に単純明快なので、大学教養課程の経済学入門講義でも楽に教えられる。またいままでは、もっと総合的な経済学教科書や「経済学入門」といった本の一部でも採りあげられているが、通常は失業の章のいちばん最後にちょっと出てくるだけだ。経済学者がなぜこの理論を敬遠するかを考えるのは有用だ——特に、そうした敬遠ぶりに対するわれわれの回答を見ると、非自発的な失業について理論的にも経験的にも最高の記述が得られるということを考えれば。実際、この理論は実に単純なのに、こうした反対の可能性のおかげでそれが展開されたのはやっと一九八〇年代になってからだし、これまで見たところ、いまでも人気は限られている。

失業に関するこのいちばん簡単な理論——企業は従業員を引きつけるのに必要最低限の水準よりも高い賃金を従業員に支払うというもの——は常識はずれのように思える。なぜか？　財やサービスの買い手が、必要以上にお金を出すというのは変な発想に思えるからだ。だが効率賃金での雇い主はまさにそれをやっている。労働者たちが出社してくるのに必要な金額以上の賃金を、労働者に支払っているのだ。株式市場や小麦市場の理論であれば、買い手が買った物への支払い額を低く抑えたがらないという理論はまるで筋が通らない。

効率賃金理論が経済学者の理論的な直感に反する部分は他にもある。理論的な問題を構築するときの通常の概念的枠組みにも違反しているのだ。経済学での通常の手法は、まずは市場の需要側から考え、それから供給側のことを考える。このお作法によれば、まずは労働の購入者について考える。つまり潜在的な雇用主はだれかということだ。それから、各賃金水準で、雇用主はどのくらいの労働を欲しがるかを考える。こうした問いに答えることで、労働需要が出てくる。供給側では、伝統的な手法がまず考えるのは、労働の潜在的な売り手はだれか、ということだ。そして各賃金水準で、どのくらい労働供給がありそうかを見る。この伝統的な見方での均衡は、需要と供給が一致するところだ。賃金が低すぎたら、バカらしくて職探しする手間さえかけないという人が出てくる。でもこれは自発的な失業だ。この標準的な見方だと、非自発的な失業なんてものはありえない。われらが友人とその家のように、だれでも労働を売ろうと思えば売れる。ただ単に、その対価として得るお値段、つまりは賃金について十分に柔軟性を持たなくてはならないだけだ。

だがこの理論は、実際の労働市場を記述できていない。これから見るように、基本的な統計を見れば、ほとんどの雇用者は本当に、必要以上に多額の賃金を労働者に支払うことがずばりわかる。だから効率賃金理論は完全に筋が通っているのだ。

賃金、価格、効率賃金

財は労働よりもずっと単純な商品だ。労働者は賃金が低すぎると思ったら機嫌が悪くなるけれど、財には生命も感情もない（だから、最低限の水準を超える額を支払いたがらない理由は、労働の場合よりも財のほうが強い）。でも考えてみれば、財に対してですら、常にずばり最低限の価格しか支払わないわけではないことに思い当たる。

同じ都市でも、同じ商品の価格差はかなり大きい。数年前に、ハーバード大学の三人の経済学者が、三九種類の特定の財やサービスについて、ボストン地域でどのくらい値段の開きが見られるかを調べようとした。(3) 商品は、ラリー社の一〇段変速付自転車から占いまで、実にさまざまだった。そのほとんどには、大幅な価格差が見られた。自転車の値幅がいちばん小さくて、最高価格と最低価格の差は一一パーセントだった。だが、ボストン地域におけるまったく同じ商品の最高価格と最低価格の差のメジアン（中央値）は、一五七パーセントだった。最大の開きが見られたのは、デンマン社の7列のヘアーブラシで、最高価格は最低価格の七倍近かった。(4) この調査が思い出させてくれるのは、われわれはしばしばいちばん安い値段を探しまわるけれど（ときにはずいぶん熱心にそれをやる）、でも必ずしもいちばん安い店で買うとは限らない（そこがいちばん安くないと知っていても）ということだ。

同じ都市内の同じ商品ですら大きな価格差があるとすれば、同じ都市内で、まったく同じに見え

表1　トラック運転手の労組最低賃金（1951年7月1日，ボストン）

（単位　ドル）

雑誌	2.25	ゴミ処理	1.50
新聞（日中）	2.16	一般輸送	1.50
石油	1.985	食料サービス（小売）	1.475
建物建設	1.85	氷	1.45
紙扱い（新聞）	1.832	現金輸送車	1.405
ビール（びんと樽）	1.775	炭酸飲料	1.38
雑貨（チェーン店）	1.679	古紙	1.38
精肉（3～5トン）	1.64	リネン供給	1.342
パン屋（ヘブライ式）	1.595	引っ越し（ピアノや世帯）	1.30
卸売り	1.57	鉄くず、金属くず	1.20
セメント	1.55	洗濯（卸）	1.20
石炭	1.518		

（出所）　Dunlop（1957, p.21）.原データはU.S. Bureau of Labor Statistics（1951, pp.9-10）.

る労働に対して、企業が異なる賃金を支払ったとしても驚くことではないだろう。これを裏づける初期の証拠は、ジョン・ダンロップが発表した驚くべき表にある。ダンロップは強面《こわもて》の応用経済学者の一人で、労働市場の本当の仕組みを知りたがった。かれはハーバード大学の廊下にいようと、労働組合のリーダーたちといようと臆することがなかった（ちなみにかれは後にハーバード経済学部の学部長になった）。リンドン・ジョンソン大統領はかれを労働長官にした。ダンロップは最も影響力のあった論文の一つで、ボストン地区の各種の配達トラック運転手について、組合に加盟した運転手たちの間で大きな賃金差があることを述べている。たとえば一九五一年七月のボストンの「トラック運転手」の給料は、洗濯卸では時給一・二ドルだが、雑誌配達なら時給二・二五ドルだ。ダンロップの表をここに再録する。

これらの数字が示している現象は、実はかなりよく見られるものだ。同じ仕事でも賃金は大きく異なる。そしてそのちがいのうち、技能を反映した部分はごくわずかだ。この問題を考えるには、賃金差がどのくらいなのかを実際に見るだけでいい。賃金差に関する古典的な論文は、チンフイ・ジュン、ケヴィン・マーフィー、ブルックス・ピアスによるもので、ある程度答えを提供してくれる。[5] 一九八八年の二五歳から六五歳の男性を見ると、週給の百分順位九〇番目（賃金の順位が上から一〇パーセント）と一〇番目（賃金が下から一〇パーセント）では、四倍以上の開きがある。実はこうした差のうちで、技能のちがいが生じる理由の筆頭である教育や経験で説明できる部分は驚くほど少ない。教育と経験を一定にしても、九〇番目と一〇番目との間にはまだ三倍以上の開きがある。[6]

こうした賃金差の推計は、技能の差を考慮するようさらに補正できる。エリカ・グロシェンは、六つの産業で労働者が転職したときの賃金を調べた。[7] こうすることで、賃金のどの部分が個別の労働者によるものか、またどの部分がその人のたまたま働いている業界によるものかを区別できるようになった。結果を見ると、賃金差の五〇パーセントは個別労働者の技能水準ではなく、働いている会社次第だということがわかった。[8] この結果は、ダンロップの当初の見解が正しかったことを堅牢に示しているようだ。技能水準が同じでも、給料はさまざまなのだ。

技能以外にも、賃金差が生じる理由がある。労働条件のきつい企業は、労働者をひきつけるのに高めの賃金を出さなくてはならない。最近著者の一人は、アラスカの北極圏にある亜鉛鉱山で働く鉱山技師に会った。二週間も現地にいて寮住まいとなり、スポーケン市にいる妻や生まれたばかりの娘に会えなくなるのは不満だという。それに冬もつらいそうだ。でも鉱山の賃金が高いから、それだけの価値はあるのだと説明した（さらには、もともと鉱山技師になった時点で、ほかのどんな仕事よりもかなりの僻地勤務になるし、条件も多少ましな程度でしかないというのも教えてくれた）。

だからもちろん、技能の要求水準や労働条件の差もここで見られる賃金差にある程度は影響している。でも、それがすべてではありえない。ウィリアム・ディケンズとローレンス・カッツは、産業ごとに見ても職能と賃金との間には大きな相関があることを示した。つまり、重役にたくさん賃金を支払う業界は、平均では秘書にも高い賃金を支払う。同じくアラン・クルーガーとローレンス・サマーズの研究によれば、労働者が給料の高い業界から低い業界に移ると、賃金は減るのが通例だ。逆方向の動きだと、賃金は上がる。(9) また、労働者たちは給料の高い業界で働きたがっていることも示している。そうした業界を意図的に辞めることはあまりない。だから低賃金業界の辞職率は、高賃金業界の辞職率より高い。つまり高賃金業界の賃金格差は、単に労働者を仕事に引きつけておくため以上の水準だと言うことが示されている。

不景気時に仕事をやめる人はいない

企業間や産業間での転職だけでなく、時間を追っての辞職状況を見ても同じ結果が得られる。クルーガーとサマーズの調べた高給取りの労働者たちは、明らかに自分たちがラッキーなのを知っている。給料の低い仕事の労働者たちに比べると、なかなか仕事を辞めないのだ。

ビジネスサイクルを通じて似たような現象が見られる。失業の効率賃金理論は、企業の支払う賃金と、需給が一致する賃金水準との間に大きなギャップがあるせいで高い失業が起こるのだと見る。だから失業が高いとき、労働の供給は需要を大幅に上回る。失業が低いとき、求職者とそれを獲得する人との差はほとんどなくなる。よって失業が高ければ仕事を辞める人は減ることが予想される。職のある人は自分がラッキーだと思うからだ。

そして統計はまさにそうした関係を示している——しかもかなり強く。経済学は、弱い相関がやたらに出てくる分野だ。国民所得や雇用に関するいちばん優れた経済モデルでも、明日の所得は今日の所得にトレンド調整をかけたもの（つまり所得はトレンドに対して「ランダムウォーク」）、というういい加減な予測に比べて、ほとんどましにならない。教育と経験を併せても、週給差を比較的わずかしか説明できないのも知っている。だがそれに対し、失業が増えると、辞職ははっきりと減る。[10]辞職と失業の間の単純相関だけで、変動の四分の三が説明できてしまう。失業が一パーセントポイント上がると、従業員一〇〇人当たりの辞職数は一・二六件減る。[11]この辞職率の変化は、失業がまさに市場の捌ける（市場が均衡する）金額を超える賃金によって生じているのだとわかる。これはもちろん、効率賃金理論の予測とずばり対応している。この見方によれば、失業が上がれば労働の需給ギャップが増す。既存賃金で働いている人々は、自分がラッキーだと悟る。転職したら給料がどうなるかがわかるから、いまの仕事をなかなかやめようとは思わない。

なぜ雇用者は必要以上に給料を払うか

効率賃金理論には、主な流派が二つある。カール・シャピロとジョセフ・スティグリッツの失業理論は、企業が完全には従業員を監督できないという洞察に基づいている。[12]これで労働者には選択肢ができる。働いてもいいし、サボってもいい。サボるのは賭けだ。ばれたらクビになる。さてシャピロとスティグリッツはこんなことを思いついた。労働者がこういう選択に直面する経済では、失業がある状態が均衡状態となる。なぜか？　失業がなくてあらゆる企業が同じ給料を払うなら、労働者たちには努力するインセンティブがない。失業がないと、サボってクビになったところで失うものはない。俗に言うように「道を渡って」別の会社でまったく同じような仕事に就ける。だから雇用主は、従業員がサボらないように給料に少し色をつける。シャピロとスティグリッツによれば、その色の部分というのは、労働の需給が完全に一致する賃金に積み増した分なのだ。需給が完全に一致する給料をみんなが払っていれば、みんなすぐに職が見つかり、失業はない。すべての企業が賃金を積み増すなら（均衡ではそうなる）失業が発生する。

効率賃金のこの流派は、経済学者からの人気が高い。シャピロとスティグリッツの記述は数学的にもエレガントだった。そして企業も労働者も、経済学者があらゆる経済行動の根底にあるべきだと考える、冷酷なお金の計算以外には何も動機を持たない。おおむねこの理由から、このモデルは経済学の生徒たち、特に大学院生がマクロ経済学の講義の外で学ぶこととうまくマッチする。これを教えるとすてきな授業ができる――著者二人ともそれは経験している。学生も教師も、大満足で講義を終えられる。学生たちは、授業でものすごく苦労しつつ学んでいる数学的手法が、実は本物の重要な社会問題を本当に説明できるんだ、という天啓を得る。なぜ失業があるか説明できるんだから。

われわれも、シャピロとスティグリッツのこのモデルが好きだ。そこにはある程度の真実がある。なんといっても失業率が下がると、不出社も増えるのだし（会社にこないのはサボりの一種だ）。

だが虎の威を借る者は虎の腹に収まりかねない。この失業理論の魅力――この理論が冷たい経済的動機だけに依存していること――は、同時にそのアキレス腱でもある。なぜか？　シャピロとスティグリッツよりもっと頭がいいと自認する経済学者たちが指摘したことだが、労働者たちがお金と自分のがんばりしか気にしないなら、自分にとってもっと得になり、しかも市場の捌ける金額を賃金が上回らないですむインセンティブ方式を従業員は編み出せるのだ。たとえば経済諮問委員会の委員長としてスティグリッツの後を継いだエドワード・ラジアは、長期勤続の便益は労働者がサボるのを防ぐ別のインセンティブになりうることを示した[13]。サボっているのが見つかって新しい職を探す羽目になったら、長期勤続で稼いだ各種の特権を全部失うことになる。もっと重要な点として、高学歴労働者はクビになって評判を失ったら、大いに損をすることになる。高校や大学でのガリ勉の苦労や高い学費支払いからの見返りがすべてパーになりかねない。ということで、シャピロ＆スティグリッツ版の効率賃金理論は、従業員や労働者が純粋に経済的な動機しか持たないとするために経済学者たちに人気がある一方で、多くのマクロ経済学者たちはまさにその理由でかれらの理論を怪しいと思っているのだ。

そこで、なぜ失業が起こるほどの高賃金を企業が支払うのかという、われわれお気に入りの理論を説明しよう。さっき述べた雇い主と従業員との関係の図式——従業員は給料のためだけに働き、しかもギリギリ給料分しか働かない——は、労使関係としてはあまりに単純に見えるのだ。もちろんわれわれの見方でも、従業員は給料を気にする。そしてもちろん、従業員が働くよりもサボりたがる場合があるのも承知している。だが、ほとんどの従業員は雇い主とちょっとややこしい関係を持っていて、それは多くの場合、ある種の愛憎関係だ。もっと給料をくれないかな、とは思っている。自分の仕事をもっと評価してほしいとも思っている。でも一方では、仕事をやりとげなくちゃという使命感を持っている。その使命感は、雇い主がどれだけ自分を公平に扱ってくれているかという印象に左右される。一方の極では、不公平な扱いを受けていると思えば、まったく使命感を感じない。最低限ギリギリの仕事しかしないだろう。いや、もっとひどい場合、雇い主に腹をたてているなら、仕事を邪魔することさえある。反対の極では、公平以上の扱いを受けていると思えば(そしてこの扱いを何より表すのが賃金だ)、雇い主の目標には一切ケチをつけないだろう。

総合社会調査(GSS)の集計によると、労働者の大半は自分が組織に忠実だと述べているし、その価値観を共有し、そこで働いているのを誇りに思い、仕事にも満足しているそうだ[14]。つまり賃金というのはただのインセンティブではない。労使間のやりとりの象徴でもあるのだ[15]。労働者が働くかサボるかを決めるのは、そうすることの費用を見てのことだ。だがその決断はまた、自分が公平に扱われていると思っているかどうかにも左右される[16]。したがって雇用主たちは、公平な賃金を支払う理由がある。そしてその公平な賃金は、マクロ経済的には失業を引き起こすくらい高くなるのは確実だ。外部環境がよいほど、つまり失業率が低いほど、従業員として支払われるべきだと考える公平賃金は高くなる。

もちろんほとんどの職場には労働者がたくさんいるから、労使間のやりとりはずいぶん複雑になる。従業員たちは各種の作業集団や社会集団を作り、それがいろいろ重複する形で相互に作用しあう。だがこうした従業員同士の複雑なやりとりは、労使間のやりとりと同様に、雇用者の賃金決定の裁量をさらに狭めることになる。雇い主は勝手に賃金を決めて、だれかがその仕事に手を挙げるのを待っていればよいというわけではない。賃金を決めるとき、雇い主は常にそうした賃金がいまの労働力にどう影響するかを考える必要がある[17]。賃金が低すぎたり、その配分が職場の序列から見て不公平だと思われたりしたら、従業員たちは職務を自分の個人的な責任だと考えにくくなってしまう。

労働市場についてのこういう見方は、伝統的な経済的議論より単純であると同時にもっと複雑だ。これが複雑なのは、厳密に経済学的なモデルよりも、従業員のやる気をもっと現実的な形で扱っているからだ。そして単純なのは、賃金が少なくとも部分的には従業員たちが公平だと思うものに依存していることを表現できるし、その公平な賃金はほぼ確実に、市場の捌ける賃金よりも高いからだ。それはまた、なかなか変わらない。この失業の説明は、うまくツボをついた説明のようだ。単純で現実的だし、事実とも合致している。特に、なぜ失業が下がると辞職が増えるのかも簡単かつ自然に説明できる。

労働は経済の根本的な構成物の一つだ。人々が本当の仕事を気にしているなら、マクロ経済の理論はまず、仕事がいつまでたっても足りないことの説明から始める必要がある。この理論はまさにそれを与えてくれるのだ。

第9章

なぜインフレと失業はトレードオフ関係にあるのか？

なぜ経済が大きく変動するのか、ＦＲＢが経済を（できるときには）どうコントロールするか、なぜ非自発的失業があるかといった問題を理解するにはアニマルスピリットが不可欠だというのはすでに見たとおりだ[1]。本章は、アニマルスピリットの存在――特に貨幣錯覚と公平さの相互作用――がちがいを生むさらなる例を挙げよう。

貨幣錯覚を扱った第４章で、ミルトン・フリードマンが当時存在したマクロ経済学の信条の一つをつぶした話をした。それ以前のマクロ経済学者は、通常時の中央銀行は高インフレさえ我慢する気があれば、雇用や生産を増やせるんだと考えていた。これに対してフリードマンは、インフレスパイラルやデフレスパイラルに陥らない持続可能な失業率の水準は一つしかない――通称自然失業率――と論じた。自然失業率理論は、いまや経済学者みんなの便利な通念となっている――でもこれから見るように、われわれはこれが正しいと思っていない。そして自然失業率理論はまた、ずいぶんばかばかしい経済政策を正当化するのにも使われているのだ。

インフレは失業に反応

いまにして思えば、ベトナム戦争が激化する前の一九五〇年代と一九六〇年代は時代がもっと単純だった。経済学において、みんなが見ている人気テレビドラマのような存在といえば、ポール・サミュエルソンの教科書『経済学』だった。(2) サミュエルソンは、かれの時代で圧倒的に群を抜いていた最先端経済学者だった。定番教科書の著者であるだけにとどまらず、研究面でも最先端の経済学者で、ケネディ政権における経済政策のご意見番でもあった。かれは科学としての経済学が、景気後退や不況という大問題を解決したと考えていた。金融政策は、不景気が本当にひどければ、そこから経済を引っ張り出してはくれないかもしれない。でもその場合にも、財政政策ならどんな穴からでも経済を引っ張り出してくれる。そしておまけとして、金融政策も財政政策も、うまく調整すれば永続的な低失業と永続的な高生産さえ実現できる。低失業にはコストがあったが、それはある程度までなら喜んで支払っていいくらいのものだ。そのコストとは追加的なインフレだが、インフレがその便益を打ち消すまで雇用を拡大すればいい。インフレと失業のトレードオフ――フィリップス曲線――は、インフレが高い水準まで上昇するのは失業をきわめて低くした場合だけだと示していたので、つまりは就業率をかなり高くしても大丈夫ということだ。

こうした見方はやがて批判されることになる。その筆頭はミルトン・フリードマンで、かれはフィリップス曲線の見方が貨幣錯覚によってゆがめられていると主張した。フリードマンによれば、正しいフィリップス曲線では賃金は期待インフレ率とともにシフトする。失業率がある水準で、労使ともにインフレが三%になると期待していたら、賃金の上昇率も三%分だけ高くなる。期待に対するインフレの反応を組み込んだフィリップス曲線では、インフレと失業との間に長期的なトレードオフは発生しない。自然失業率より低い失業率は、安定したインフレをもたらさない。インフレの加速をもたらす。そして自然失業率より高い失業率は、デフレの加速をもたらす。

行き過ぎ

フリードマンとサミュエルソンはライバル同士だった。サミュエルソンは、フリードマンにも一理あることが多いのは認めたが、でもその一理をフリードマンが限度を知らずに引き延ばしすぎると考えていた。サミュエルソンはあるとき、フリードマンはバナナと書けるけれどどこで止めていいかわからずにバナナナナナナナ……と書き続ける男の子みたいなもんだ、と述べた。インフレ期待の役割について、フリードマンの言うことはもっともではある。特にインフレが高いときには、賃金交渉でも価格設定でも、インフレ期待が考慮されるというのは常識の範疇だ。その意味で、かれはバナナということばの書き方を教えてくれたわけだ。

だがサミュエルソンも正しい。フリードマンは限度を知らなかった。貨幣錯覚がまったくなければ、自然失業率理論はなりたつ。でも、賃金交渉や価格設定がインフレ期待をまったく考慮しないと考えるのは甘いと思う一方で、貨幣錯覚がまったくないと想定するのも単純すぎるとわれわれは思う。経済のどこかに貨幣錯覚が多少ないはずはないと思えるのだ。もしそうなら、その貨幣錯覚はインフレと失業の間に、わずかかもしれないけれど、多少は長期的なトレードオフを引き起こすのでは？　本章ではそれを考える。

貨幣錯覚が賃金に影響

自然失業率理論が魅力的なのは、それが実に一般性があるように見えるからだ。重要な前提は一つしかない——人々は貨幣錯覚を持たないということだ。この前提はもっとも至極に思える——少なくともあまりきちんと考えないうちは。だが貨幣錯覚の明らかな例は、ごく身近にある。つまりは自然失業率理論の基本的で、根本的で、普遍的であるはずの前提は明らかに破られているのだ。人々は名目賃金の削減が不公平だと思う。したがって賃金は下方硬直性を持つ。これは貨幣錯覚の例だ。

われわれみんな、たぶん名目賃金カットへの抵抗についてはそれぞれ個人的に思い当たる事例があるはずだ。だから現実がどうなっているかも、身にしみてわかるだろう。統計的な証拠もある。賃金の下方硬直性は、賃金変化のデータを見ればすぐに明らかとなる。賃金変化の規模ごとに、発生頻度を調べるだけですむことだ。賃金変化がゼロのまわりに固まっていて、でもゼロより高い変化のほうが、ゼロより低い変化よりずっと多かったとしよう。それなら雇い主が、労働者の賃金カットをするときに悩むということがわかる。そして、実際のデータもまさにそうなっている。

オーストラリア、カナダ、ドイツ、日本、メキシコ、ニュージーランド、スイス、アメリカ、イギリスで慎重な調査が行われたが、そうした賃金の硬直性が見られる。[3] 組合賃金契約は、賃金カットをほとんど容認しない。アメリカでは(一九八二年の景気後退期を除いて)組合は賃金カットをほぼ受け入れてこなかった。カナダの一部のデータは特にドラマチックだ。一九九二年から一九九四年にかけての厳しいカナダの不況で、インフレ率は一・二%に下がり、失業は平均一一%にまで上昇した。だがインフレ調整前の組合契約で、四七%は初年度の賃金凍結が定められていた。そして賃金カットがあったのは五・七%だけだ。[4]

イェール大のトルーマン・ビューリーは、名目賃金の硬直性について定量的な証拠を挙げている。かれはアメリカのニューイングランド地方で、賃金決定プロセスについてのつっこんだインタビュー調査を行った。[5] そして、一九九一年から九二年にかけての不況でなぜ名目賃金が低下していないのかと尋ねた。当時は失業率が高かったから、賃金カットされて辞めるような労働者がいても、代わりはすぐに見つかっただろう。でもビューリーによれば、雇い主は不景気時に賃金カットするのをとても嫌がった。雇い主たちの意見では、そんな賃金カットは労働者たちに不公平だと見られただろうという。そして仕事に対するやる気をなくしてしまう。そして景気が戻ってからも怒りは続き、辞めやすくなってしまう。ビューリーは実際に賃金をカットした企業も何社か見つけたが、実施するまでにかなり悩んだし、赤字がかなり続いてやっとそれを決めたという。[6] こうした珍しい場合には、労働者たちも賃金カットは仕方ないと認めた。それは仕事そのものを救うための最後の手段だったわけだ。[7]

反論の余地のない証拠を前に、マクロ経済学者たちも――しばしば嫌々ながらとはいえ――名目賃金の硬直性は確かにあるのかもしれない、ということには合意した。だがほとんどの場合、それが要因としては小さすぎて、自然失業率の結論にまともな影響を与えるものではないと見ている。著者の一人（アカロフ）は、ウィリアム・ディケンズとジョージ・ペリーといっしょに、その影響がどのくらいかを調べた。現実的なパラメータを使って、インフレ率が二%からゼロになったときの失業への影響を調べたのだ。ベンチマークとなったシミュレーションでは、インフレを永続的に二%からゼロに下げたら、失業率も永続的に一・五%上がる。[8] パラメータを現実的な範囲でランダムに選んで、何百というシミュレーションや計量経済学推計を行ったが、おおむね結果は同じだった。

簡単な計算をしてみると、なぜそんな結果がこんなに堅牢に出たかわかる。労働者たちが賃金カットに抵抗したら、インフレが低いと実質の賃金は上がる（失業率が同じなら）。ベンチマークのシミュレーションでは、インフレが二%ではなくゼロだったら賃金は〇・七五%上がる。他の計算手法でも結果は同じくらいだ。[9] 賃金が〇・七五%上がる影響で、失業は一・五%増える。なぜわかるか？　フィリップス曲線の推計からくる経験則があるのだ。インフレを一%減らしたら、失業率は二%上がる。したがって企業のコスト〇・七五%増を相殺するには、失業率が一・五%分上がることになる。[10]

長期的には

自然失業率理論は、もし正しいのであれば金融政策にとって大きな意味を持つ。それが正しければ、非常に低いインフレ目標を設定しても損害はほとんどない。インフレ目標をゼロにして物価を長期的に安定させても、何の長期的な弊害も起きない。長期にわたり平均で見れば、失業はどんなインフレ目標を選ぼうと影響はない。

だが一方で、自然失業率理論が本当ではなく、インフレと失業との間には長期的なトレードオフがあるのなら、インフレ目標をゼロに設定するのは経済政策としてまずい。失業率が一・五％ポイント上がるというのは、かなりの差だ。人数で見れば、アメリカの場合だとこうした増加は失業者を二三〇万人増やす――ボストン、デトロイト、サンフランシスコの市内人口、それも老若男女すべて含めた人数より多い。ＧＤＰで見れば、これは年額四〇〇〇億ドル以上の損失だ。[11]

名目賃金の語るもの

自然失業率理論家にとってのパンドラの箱は、こうしたシミュレーションや計算結果にとどまらない。自然失業率は根本的に、ほとんど理念的といっていい議論に基づいている――人々は貨幣錯覚を持たない、という議論だ。その議論は、名目賃金の硬直性を示す反例がこれほどあっさり見つからないのであれば、ずっと強力だっただろう。ビューリーのインタビューが示すように、名目賃金の硬直性は、労使ともに名目賃金カットが不公平だと考えることから生じる。貨幣錯覚があるかたちで（つまり雇い主は賃金カットすべきではないというかたちで）人々の考え方に入り込むなら、他のかたちでも入ってきて不思議はない。

著者の一人（シラー）は経済学者と一般人のインフレに対する見方について、インタビュー調査を実施した。両者はインフレについてまったくちがう回答をした。インタビューの多くの質問の中で、その大きなちがいを特によく示す質問が四つある。

経済学者たちの答えはどれも、すでに述べたような自然失業率理論で説明できる。さらにそこに、インフレというのは中央銀行がマネーサプライを安定して増やし続けているから起こるという追加の想定も加えよう。この場合、インフレは経済にほとんど影響せず、賃金の購買力にもほとんど影響しない。だから「インフレでいちばん嫌なのは生活が貧しくなるからだ」という回答者の割合は、一般人では七七％だが、経済学者ではたったの一二％だ。経済学者たちは「雇い主同士が競争するから自分の賃金も上昇する。他の雇い主から転職の声がかかるので、自分が現職に残るためにはいまの雇い主も賃上げせざるを得ない」という発想を強く支持する。これが「全般的なインフレが自分の賃金や給料に与える影響」の記述として正しいと思うのは、一般人だとたった一一％だが、経済学者だとこれが六〇％だ。

経済学者と一般人はまた、インフレについてどのくらい心配するかという点でも大いに意見が異なる。以下の文に賛成する一般人は八六％だが、経済学者だとたった二〇％だ。「今後数十年で大学教育の費用が何倍になるとか生活費が何倍になるといった予測を見ると、不安を感じる。こうしたインフレ予測を見ると、自分の所得はこういう費用ほどは上がらないんじゃないかと思う」。一般人と経済学者は「賃金が上がったら、その分だけ物価が上がった場合であっても仕事にやりがいを感じる」という文についての反応もちがう。経済学者の九〇％はこの文に賛成しないが、一般人だと反対するのは四一％にとどまる。[12]

経済学者たちの反応は自然失業率理論で説明できるが、一般人の反応にも単純で簡単な解釈ができそうだ。かれらから見ると、賃上げは上司がごほうびとしてくれたものだ。自分たちの賃上げの一部が、インフレによって生じる上乗せ分を反映したものだとは認識していない。だからかれらが、インフレで生活が貧しくなると考える理由もこれですぐに説明できるし、競争や上司の公平感がインフレ分の調整をもたらすとなぜ考えないのか、なぜ子どもの将来の学費を心配するのか、そして賃金上昇がインフレに負けなければうれしいかということも説明がつく。

トレードオフのさらなる理由

労働者たちがこうした貨幣錯覚を持っているという裏付けとして、インフレと失業率が時間を追ってどう変化したかを見ることができる。この証拠を見ると、インフレと失業の間にトレードオフがあることについて、賃金カットへの抵抗以外の理由が示唆される。労働者たちが本当に、賃金上昇がインフレ率と見合っていたらもっと満足できると思うなら、インフレが高くなったら雇い主たちは労働者に対して、実質の購買力より低い金額を支払っても、労働者の満足度は変わらないはずだ[13]。雇い主にとってはありがたい話で、こうなれば企業は労働コストを節約できる。インフレが高くなれば、失業の持続可能な水準は下がるはずだ。

インフレが低いときには賃金交渉にこういう貨幣錯覚が確かに入り込むが、インフレが高くなるとインフレ期待がますます織り込まれるという証拠はある程度存在する[14]。期待インフレがゼロに近いと、賃金上昇にそれが足されることはない。だがインフレが高いと、期待インフレがそのまま賃金増分に加えられるのだ[15]。この結果は、インフレが低いときにはインフレ分を足さなくても従業員はそれを不公平とは思わない、という見方と一致する。だがインフレが高くなれば、従業員としては雇い主がその分も考慮すべきだと考える[16]。

インフレ期待がフィリップス曲線にどんなふうに影響するかを見極めるのは、むずかしいことは認めよう。だが経済政策は、疑問のある環境でも決める必要がある。自然失業率理論に対するわれわれの不満は、理論そのものにあるのではない。それは正しい洞察を提供しているとは思う。つまり、賃金も価格設定も、インフレ期待の影響を受けるということだ。でもそうしたインフレ期待が常に厳密にまちがいなく、賃金設定や価格設定にそのまま上乗せされるという点についてはかなり疑問を抱いている。われわれのシミュレーションや推計は、特にインフレ率が低いときには自然失業率理論はかなり疑ってかかるべきだということを示唆している。

実はこれで著者の一人（アカロフ）は四〇年前のある出来事を思い出すのだ。アカロフは、一九六四年春にポール・サミュエルソンがＭＩＴで行った金融理論の講義を受けていた。サミュエルソンは、ドワイト・アイゼンハワー大統領の経済諮問委員会の一人レイモンド・ソールニアがこんなアイデアを提案したと紹介していた。短期的には、高いインフレという代償を払えば低い失業率を実現できるかも知れない。でもインフレが起こると、インフレについての期待が上がるので、低い失業率を維持しようと思ったらインフレをもっと高めることになってしまう、というのだ。この議論はすでにおなじみのはずだ――でもこの講義でそれを話していたのは、ミルトン・フリードマンならぬポール・サミュエルソンだった。

でも、かれの議論の終わり方はミルトン・フリードマンとはちがっていた。サミュエルソンは、これが実におもしろい発想だと結論したが、世界の本当の仕組みを表現しているとはいえないかもしれない、と述べた。そして金融政策や財政政策の当事者たちがこの考え方をもとに行動して、実はこの考えが正しくなかったら、失業率は永続的に上がってしまうという。サミュエルソンの念頭にあったのは、前出の追加的な失業だ――ボストン、デトロイト、サンフランシスコを合わせた人口にも匹敵するほどの。サミュエルソンの議論は、四〇年前と同様に今日でも納得のいくものだとわれわれは思う。

自然失業率理論が正しくないと考えるべき理由はいろいろある。賃金設定と価格設定は、貨幣錯覚や公平さをめぐる多くの配慮がからんでくる。そうした配慮は自然失業率理論の想定に反するものだ。したがって自然失業率理論を無批判に受け入れてはならない。

カナダの状況

サミュエルソンの恐れが現実となった事例を見たければ、すぐ北のカナダにいけばいい。カナダは、インフレと失業のトレードオフを否定したことで影響が出たどころではなく、ひどい状態を招いた事例を見せてくれる。アメリカ経済は一九九〇年代には絶好調だったが、北のご近所は同地の大経済学者ピエール・フォーティン名付けるところの「カナダの大不況」を体験していた[17]。一九九六年にフォーティンは、この不景気と一九三〇年代の大恐慌を比べてみた。比較の指標は、労働人口のうち雇われている比率がピークから累積でどのくらい下がったかというものだった。一九九六年時点で、カナダ経済はすでに大恐慌で見られた累積低下の三〇％を経験していた[18]。大恐慌はひどかったがカナダはその寸前だ、とかれは述べた。そして経済が回復するのにあと四年もかかるとは、フォーティンも予想できなかった。

フォーティンの指摘する戦犯とは？　かれは不景気を起こす可能性のあるものについて、長い一覧表を作る。たとえば貿易、財政政策、最低賃金、引き締めすぎの金融政策。かれはこれらを次々と否定して、最後に残ったのは一つ。カナダ銀行による引き締めすぎの金融政策だった。一九八七年、カナダの中央銀行は新しい総裁を迎えた。ジョン・クロウ。ロンドン生まれのクロウはオックスフォード大学を卒業し、ＩＭＦで一二年働いて、カナダ銀行の研究部門に転職した。そこでかれは出世した。研究部の副部長、部長、総裁顧問、副総裁。クロウが総裁となったとき、インフレは四・八％だった。かれは物価安定という職務を杓子定規に受け取った。クロウは自然失業率理論と、中央銀行のインフレ抑制能力を強く信じ切っていた。一九九三年にはインフレは一・八％まで下がった――だがそのコストは壮絶だった[19]。失業は大恐慌以来の水準にまで上昇した。一九九二年の失業率は一一・三％だった[20]。

だがクロウは自分の成果を誇りに思っていた。かれに言わせるとインフレ削減のコストは一時的なものにすぎず、その便益は、人々の期待が変化したので永続的なものなのだということになる。クロウは自分の政策を強硬に擁護しすぎて、カナダのマスコミはかれを「戦闘的」、「人の神経を逆なでする」と評したほどだ[21]。一九九四年にその後継者となったのはゴードン・ティーセンだが、かれは対照的に礼儀正しさでは非の打ち所がなかった。だがクロウと同じカナダ銀行仕込みの中央銀行家としての出自に忠実だったティーセンは、その後七年にもわたって先代のきわめて低いインフレ目標を継続した。

この物語はわれわれにとっての警告だ。今日、自然失業率理論はあまりに盲信されている。過去四半世紀、アメリカはまともな金融政策を持ち、物価安定と完全雇用という二重の目的を慎重にバランスさせてきた。だが、未来のFRBが自然失業率理論をただの便利なお話として考えず、物価安定をインフレ率ゼロと解釈するのを義務と見なし、それを実現するのにあまりコストがかからないと考えてしまうのはものすごく怖い。この理論――部分的にしか正しくない――の信者がごく一握りいれば、「大アメリカ不況」がやってきてしまう。実は本書を書く大きな動機の一つは、この未来の可能性についてわれわれが懸念していたからなのだった。もしFRBがこんなイデオロギーに乗っ取られるようなことがあったら、連邦準備銀行とその理事会が、後代のティーセンよりは先代クロウのようであることを希望したい。礼儀正しさだけでひどい政策をいつまでも続けられてはかなわない。

第10章

なぜ未来のための貯蓄はこれほどいい加減なのか？

生涯でどのくらい貯蓄をするかについて講義で生徒たちと議論をすると、このきわめて重要な決断がアニマルスピリットに左右されていることがよくわかる。

著者の一人（シラー）は生徒たちにこう尋ねてきた：所得の三割以上を貯蓄してはどうかね？アメリカ人は平均で個人所得のゼロパーセントしか貯蓄しないことを考えると、これはショッキングな質問に見えるかもしれない。だが驚くことに、この質問にはほとんど反応がなくて、生徒たちはみんなこの程度の貯蓄はあまり犠牲を払わずに可能だと思うようだ。これまで実質所得は年率二％くらいで成長してきたから、三割貯蓄ということは一五年から二〇年前に卒業したのと同じくらいの稼ぎに相当する。生徒にしてみれば、当時の人々もいまの人々も、生活水準に大差ないと思うようだ。

結局のところ、みんなかなりの幅の範囲内で、どのくらい貯蓄するかまるで気にしていないようだ。すると、貯蓄水準を決めるためにアニマルスピリットが介入する余地もきわめて大きいということだ。そして、貯蓄率の決定は経済にとって根本的な問題だ。短期的には、望ましい貯蓄率が外生的に数パーセント増えるだけで、経済は不景気に陥ってしまう（いまの金融危機で起こっているのはまさにそういうことらしい）。長期的には、蓄積された富の水準にすさまじい違いを作りだしかねない。その意味で、貯蓄に対するアニマルスピリットの影響は、経済の上下変動と成長見通しを理解するために是非とも見るべきものとなる。

長期的な影響と複利計算の力

金持ちになる方法はいろいろだ。ファックスを発明するとか、世界のコンピュータのほとんどで使われているOSの独占体制を確立するとか。生産コストが高すぎて廃坑になった金山を買って、黄金が一オンス一〇〇〇ドルにあがるまで待つ。全国一の外科医になる。法廷弁護士になって、でかい集団訴訟に勝つ。そういうことをやる人もいる。だがほとんどの人にとって、自分やご同輩たちがこんな方法で金持ちになるのは、よっぽどツイてないとだめだ。

だがこれまでは、ほとんどの人が少なくともそこそこ金持ちになれる方法が一つあった。貯金をたくさんすることだ。そしてそれを長期で株式市場に投資すればいい。株式市場では、インフレ調整後の収益率は年率七％だった。

たとえばクリスティナとデヴィッドの貯蓄計画を考えよう。それぞれ二〇代の一〇年にわたり、年額一万ドルずつを積み立てている。そしてそれを引退後のために株式市場につっこんだ。その後、働いている間中は一銭もそこに投下しなくても、引退時には悠々自適だ。株式市場が過去一世紀と同じ振る舞いを示すのであれば、六五歳時点で二人は三〇〇万ドル以上を手にすることになる。もちろん、三〇歳を過ぎても貯蓄を殖やし続けたら、この金額はずっと増える。

クリスティナとデヴィッドについていまやった思考実験には、保守派の大経済学者マーチン・フェルドスタインの経済学へのカギがある。フェルドスタインの個人的な目標は、個人や国全体としてもっと貯蓄するようながすことだ。複利計算の魔法のおかげで、ちょっと貯蓄を殖やすというかたちですこしでも犠牲を払えば（特に若いうちにそうすれば）、引退するときにはかなりの差が生じる。

実は著者の一人は、フェルドスタインの叡智の恩恵を直接被っている。一九七〇年代には、ハーバード大学に新任となった助教授たちは、すぐに退職年金の積立てを始めることになっていた。だがその受給者たちが積立金の投資方針を指示する書類に記入しないと、そのお金にはまったく利息がつかないのだった。書類記入はかんたんで、三〇分ほどですむ。だがフェルドスタインは、ほとんどの助教授がその書類に記入するのは五、六年後のハーバード大学退職時点だということに気がついた（助教授から終身教授になれる人はわずかだ）。アカロフの妻ジャネット・イェレンは、一九七〇年代にハーバード大学で助教授をしていた。フェルドスタインの忠告に耳を傾けたおかげで、その期間の累積の利息だけでわれわれはいまや一五万ドル余計に豊かになっている。三〇分の書類作業の見返りとしては大したものだ。そしてこれは複利計算の力を示す教訓にもなっている。

だが若い学生と複利計算の力について議論すると、みんなちっともピンとこないようだ。引退後の暮らしぶりがよくなるというのは理解してくれるが、実際にどうよくなるのか、なかなか想像がつかないのだ。老いた自分を十分に想像できないから、自分がどんなお金の使い方をしたがるかもわからない。

たくさん貯蓄をしたら、孫にひと財産残してやれるけれど、でもその孫たちはそんなにお金を相続してどうするんだろう、と生徒たちは公然と語る。そういう富は孫たちにとってすばらしい機会となるだろうか、それとも甘やかすことになって、人生の目的を見失わせることにはならないだろうか？　孫たちは自分たちに大感謝してくれるだろうか、それとも全然考えてくれないだろうか？

生徒たちは、複利計算が自分たちのために作り出してくれる長期的な可能性について一度も考えたことがないようで、各種の事実を指摘してあげても、その問題を真剣に考えていくら貯蓄するか、きちんとした答えを出せない。どうやら貯蓄の究極的な目的、将来に備えるということに、はっきりした意味づけができないようなのだ。実際に若者とこういう議論をしてみると、かれらの行動について経済理論家たちが主張するように、現在の消費と将来の消費の便益を計算してバランスさせるなどというかたちでモデル化するのがいかにばかげているかがわかる。

こうした貯蓄の根本的な経済費用と便益になかなか目を向けられない人々は、いくら貯蓄するかについての示唆を別のところに求めるだろう――それがアニマルスピリットだ。その示唆は、安心、信頼、各種の警鐘や恐れ、そして人々が今日や将来の人生について語る物語に縛られていることだろう。

とすると、貯蓄率が国ごとに大きくちがうのもあまり驚くことではない。一部の国は、国民所得の三分の一が純貯蓄だ。一部の国は、純貯蓄がマイナスだ。アメリカの場合、個人貯蓄率は一九八〇年代初期には一〇％くらいだった。最近ではそれがマイナスになっている。消費者の破産申告は貯蓄率の暴落とともに急上昇、明らかに貯蓄率低下が原因だ。貯蓄率はまた人によっても大きくちがう。引退後の豊かさが大幅にちがうのは、かなりの部分が貯蓄性向の大きな差で生じている。(1)

この貯蓄率の幅は、現在の経済学で標準的な貯蓄理論にとっては謎だ。この理論に基づけば人々は貯蓄と消費をトレードオフにかけて、きっちりバランスを達成する。人生のあらゆる時点で、今日追加の一ドルを消費することから得る便益と、その消費を先送りにして得る便益とでバランスをとる。将来まで待てば、そのお金とそれについた利息分を消費することができるので便益が得られる。こういう理論も文脈次第では役に立つことはこれから見るし、それは確かに貯蓄の真の動機をある程度は反映している。だがこの理論は貯蓄についての多くの事実と真っ向から反していることも検討しよう。特に、これは貯蓄率変動についての謎にまったく対応できない。なぜ貯蓄はちょっとした出来事や、ちょっとした制度変化にこんなに敏感なのだろうか？　これを理解するには、既存理論にかなりの追加が必要となる。

心理的枠組みの役割

われわれに言わせると、貯蓄の一部は標準的で根本的な経済動機の結果だ。人々は引退したときのために蓄えが欲しい。子どもたち、あるいは教会や母校に何か残したい。だが標準理論は貯蓄に関する多くの細かい事実を説明できない。こうした細かい観察を理解するには、貯蓄が人生や将来について人々の語る物語、つまりは消費か貯蓄かという決断がどういう枠組みで行われるかに依存している、ということを理解しなくてはならない。その枠組みによって、人々が「この追加の一ドル（あるいは一元でも一ディナールでも）は貯蓄すべきか消費すべきか？」という疑問にどう答えるかが決まる。物語やその枠組みは変わり続けるので、貯蓄判断にアニマルスピリットの要素が入り込む。

この枠組みは、多くのレベルで影響をもたらす。ショッピングモールで人々がクレジットカードを取り出して、もう少し考えてみたらやめておいたはずの買い物を何も考えずにやってしまうときにも作用している。消費か貯蓄かという人々の判断に、心理的な枠組みの変化がずばりどう影響するか見るために構築された経済学実験でも見られる。アメリカと中国といった、国ごとの消費のちがいにも見られる。また、アメリカでますます増加傾向にある個人破産にも見られる。これはますます、個人の失敗ではないという枠組みで語られるようになっているのだ。(2)

この枠組みの重要性には、共通の説明がある。人々はどれだけ貯蓄すべきか、なかなかわからないのだ。遠い将来の自分を思い描くのが下手で、その頃の自分がどれだけ消費する必要があるかないかが判断できない。自分は立場上そんなことを考えるに値しないとさえ思っているかもしれない。したがって、貯蓄判断をするときに各種のヒント——どのくらい消費してどのくらい貯蓄すべきかを告げるようなヒント——に大きく左右されやすい。こうしたヒントは、他人の行動や観点から出てくる。たとえば各種行動から、愛国的なアメリカ人（または愛国的な中国人）はどのくらい消費すべきだとか貯蓄すべきだとかいう示唆が出てくる。また、自分の年齢や環境の人物はどう考えるべきかという認識からくるヒントもある。たとえば、アメリカでは貯蓄は老後のためということになっており、若者がそんな先のことまで考えること自体が変だとされている。あるいはもっと即物的なヒントもある。たとえばクレジットカードは「使って！　使って！」と語りかけるかのようだし、あるいは年金の積立義務や天引額は、どのくらいをどんなかたちで貯蓄すべきかという示唆に見える。

人々の貯蓄へのアプローチは、このように目先に見えるものにだけ注目するかたちになっている面があるので、それが各種ヒントに対する流されやすさと組み合わさると、貯蓄は大きく変動する。多くの政策提言――おおむね標準的な貯蓄理論、つまりは経済のファンダメンタルズに基づいており、したがってこうしたヒントについては何も語らない――がしばしば単純にまちがっているのも、無理のないことだろう。

経済学者のハーシュ・シェフリンとリチャード・セイラーによる実験は、まさにそうした目先のものに飛びつく傾向を実証している。かれらは被験者に、次の三つの状況枠組みの中で予想外の一時収入が二四〇〇ドル入ってきたとき、どのくらいを支出するか尋ねたのだ。

最初の枠組みだと、追加の収入は仕事での新しいボーナスで、一年かけて月に二〇〇ドルずつ支払われる。被験者の回答のメジアンは、月に一〇〇ドルを消費して、総額一二〇〇ドルを使うというものだ。二つ目の枠組みだと、追加の収入は今月まとめて二四〇〇ドルが入ってくる。メジアンの回答は、四〇〇ドルをいますぐ使って、その後一一カ月にわたり毎月三五ドルずつ使う。つまり合計で七八五ドルしか消費されない。第三の枠組みは、二四〇〇ドルが相続でもらえるがそれは利子のつく銀行口座に五年間置かれる。五年経ったら、被験者は二四〇〇ドルと利息をすべて受け取ることになる（だからその現在価値は二四〇〇ドルだ）。被験者たちの回答のメジアンは、今年はその相続分のうち一銭も使わないというものだった[3]。

合理的経済理論なら、どの枠組みでも被験者たちの使う割合はまったく同じになるはずだ。シェフリンとセイラーに言わせると、こうした結果が示しているのは人々が各種の収入や富を別々の「心理口座」――この場合だと現在の収入、資産、将来の収入といった口座――に入れるかのような行動をするということだ。そして人々はそうした口座をまったくちがった心理で扱うので、各口座からの消費の仕方はまったくちがう。いくら消費するかは、「いくら貯蓄すべきだろう？」という問題をどういう枠組みで考えるかに大いに左右される。

こうした結果を一般化してみると、貯蓄を決めるに当たっては、文脈や観点がきわめて重要になってくるのは明らかだ。心理的な枠組みを考えれば、学生たちやハーバード大学の助教授が何を考えているかも見当がつく。両者の貯蓄に対する反応は自分がどんな存在であるべきかという目下の見方を反映している。新任のハーバード大学助教授を考えよう。博士課程を（やっとこのことで！）終えたので、当然ながら誇らしく思っている。しかも職場はハーバード大学――世界の大学の頂点だ。考えるのは何よりも、ハーバードに採用してくれた期待に応えることだ――はるか将来の、こともあろうに引退後の話を云々している書類書きなんかどうでもいい。学生たちも似たようなことを内心で考えている。かれらが考えているのは、世界に華々しく打って出ることだ。その時点での思考の枠組みだと、貯蓄率について考えるなどというのは何か変なのだ。キャリアが始まってもいないのに老後を考えるなんて不適切に思えるわけだ。

貯蓄判断の気まぐれさや、貯蓄比率についての各種ヒントにどれだけ敏感かを裏付ける証拠はほかにもある。セイラーとシュロモ・ベナルツィは、労働者が貯蓄を先送りにしたがる傾向を克服するための「明日もっと貯蓄（Save More Tomorrow）」という貯蓄プランを考案している。そしてそれは実際に採用されている。従業員たちは、貯蓄プランに参加しようと言われる。この計画だと、加入時点で自分の現在の賃金や給料の一部を一定比率で天引き貯蓄することになる。そして、今後の賃金や給料の増分についても、異なる比率で貯蓄にまわす。このプログラムの影響を、セイラーとベナルツィは中規模製造業企業で詳細に分析した。こんなわずかな変更でも、貯蓄率はかなり変わった。現在の所得について、貯蓄にまわす比率は比較的少なかった。だが将来の賃金や給与増分については、ずっと多くの割合をみんな貯蓄にまわそうとしたのだ。ごく短期間で、平均貯蓄率は倍増した。(4)

別の観察もまた、貯蓄積立てと貯蓄判断の枠組みとの関係を示唆している。行動経済学者たちの主張を主な理由として、税制優遇付きの401(k)貯蓄計画が一九九八年に改正された。このときアメリカ議会は企業に対し、従業員たちをこうした貯蓄プランに自動的に加入させ、デフォルトである貯蓄水準を天引きすることを認めた。もちろん書類一枚でそのデフォルト水準はいくらでも変えられる。それ以来、アメリカの企業はますますこの方式を従業員たちのために採用するようになった。こうした自動参加方式だと、労働者たちの参加率はずっと上がり、もともと七五％だったのが、八五〜九五％まで上昇した。[5] そして重要な点だが、ほとんどの労働者は積立金の水準をデフォルトのままにしてある。[6] みんな自分がどれだけ貯金すべきか知らないかのようだ。そこでデフォルト値に自分のやるべきことを決めてもらうというわけだ。

アンナ・マリア・ルサルディとオリヴィア・ミッチェルの行った調査では、貯蓄判断に明確な計画が貢献することはほとんどない。ほとんど計画が行われていない以上、貯蓄が人々のやるべきこと、やるべきでないことの示唆に対しきわめて敏感なのも驚くことではない。ルサルディとミッチェルは、アメリカ健康引退調査に引退計画のモジュールを追加した。この調査は五〇歳以上のアメリカ人をランダムにサンプリングする。回答者がみんな五〇歳以上だったことを考えると驚くべきことだが——実際すでに多くの人は引退していた——そうした計画を立てようと思ったことのある人は、三一％しかいなかった。[7] そしてその三一％のうち、実際に計画を立て終えた人はさらに五八％だけ。[8] 成人になってからの生活の相当部分をどうやってやりくりするか、という計画を立てるのに必要な一時間ほどの時間と手間を、実際にかけた人がこれだけしかいない——それもかなり高齢なのに——というのは驚異的に思える。なんといっても、引退してからの人生は長い。現在の生命表によれば、五〇歳の人は確率四八％で八〇歳になる。五〇歳の女性は、確率六二％でもう三〇年生きるのだ。女性なら九〇歳まで生きることも珍しくない（二六％はそうなる）。[9]

従来の貯蓄理論のまちがい

こうした事実——一見すると落ち着かない貯蓄の性質、人々が貯蓄できないこと、貯蓄が枠組み次第で敏感に変わること——はすべて、経済学者たちが現在、貯蓄判断について語っていることから逸脱しているという点で驚くべきものだ。

ケインズは、ほとんどの人はどれだけ貯蓄するかほとんど考えないと思った。かれの見方では、人々は所得の変化に自動的に反応するだけだ。「人々は、一般に平均で見れば、所得が上がるにつれて消費を増やすが、でも所得の増分全額が消費にまわるわけではない」[10]。こうした消費の見方と、本書の焦点である貯蓄変動性の謎とは矛盾していない。むしろケインズが慎重にも「一般に平均で見れば」という一節を入れたのは、まさに貯蓄決定がそんな厳密なものではないという認識を反映してのことに思える。だがケインズ以後、経済学者たちの消費観は硬直化し、貯蓄が合理的な最適化判断の結果だという想定が、じわじわと経済学に戻ってきてしまった。経済学者たちは、自分の計量経済学研究の基盤となるもっと厳密なモデルを探していた。生まれつつあった、最適制御とダイナミック・プログラミングの理論から、かれらは、個人が期間ごとの消費から生じる追加便益を厳密にバランスさせるのだという概念を発達させた。これはいまや、マクロ経済学のみならず経済学の各種分野で、根本的なパラダイムとなっている[11]。

もちろん貯蓄には、人々の経済的な動機が原因となる部分もある。この動機だけを考慮するような理論は、消費の最も簡単に観測できる面を、確かに――正しくきちんと――予測できる。その予測できる部分とは、生涯を通じての消費行動の変化だ[12]。この理論は、アメリカでもどこの国でもほとんどの人は、若いころに貯蓄して虎の子を貯めこみ、老いたらそれを使い果たす、ということを予測する。本章の主題になっている、いい加減な計画者たちの場合ですら、これは当然といえば当然だ。いい加減な計画者ですら、行動に多少は合理的な部分があるから、こうしたパターンの説明としては十分だ。だが標準理論は、なぜ貯蓄がこんなにバラバラなのかについてほとんど何も言えない。重要な点でこの理論は不完全か不正確なのだ。

標準的な経済学の枠組みは、貯蓄の決断が最適化されていると想定する。だから、標準的な理論は貯蓄について人々が懸念する問題の一部を検討するのに使えないのだ。人々の貯蓄をめぐる意思決定が、前提として最適化されているなら、何が起ころうとかれらの貯蓄はずばり正しいはずだ。でもこれはもちろん、勝手な前提をたてることで問題を消し去っただけだ。いま描いた図式によれば、人々は自分の貯蓄行動についてまともに考えたりしない。むしろ貯蓄は各種の制度的、心理的な枠組みから大きなヒントを得ている。そして結果として、平均で人々は貯蓄が足りない。おかげでみんな、老後には経済的に弱くなってしまう。

ほとんどの先進国では、みんな自分の貯蓄が足りないと思っている。アメリカのある調査では回答者の七六％が、自分の貯金は足りないと述べている。別の調査では、二つの質問が登場する。「いくら貯蓄していますか？」、「どのくらい貯金すべきだと思いますか？」。両者の間には、所得額との比率でおよそ一〇％の開きがある。つまり人々は、自分がもっとずっと貯金すべきだと思っているわけだ[13]。この失敗を補うべく、ほとんどの先進国は高齢者の老後を大幅に補助する。また多くの企業は、従業員に年金積立てを義務づけてそれを補助する。各種の貯蓄には課税優遇措置が与えられる。でもこうした後押しがあっても、多くの世帯は老後に消費を維持するために必要な金額に比べて貯蓄が大幅に不足している[14]。

実際、こうした問題は国の政策の核心に存在することも多い。ブッシュ政権が各種の提案をしたとき、最初は大した抵抗にあわなかったが、社会保障制度を民営化しようとしたときはちがった。このときはじめて、国民は抵抗した。一般人は、財政計画を立てるのは下手かもしれないが、少なくとも自分が歳をとったら社会保障のお世話になることくらいは心得ている。ブルッキングス研究所のゲーリー・バートレスは、どのくらい社会保障のお世話になるかを研究した[15]。かれは六五歳以上人口を収入に応じて五分位に分けた（二〇％ずつの集団に分けたということだ）。下の四つの五分位（最下位から八〇パーセントまでのところ）のそれぞれでは、賃金以外の収入の半分以上が社会保障年金からくる。特にその比率は、下の三つの五分位で顕著だった。人口の相当部分が社会保障年金に依存するということで、ブッシュ政権の民営化提案に対して人々が抵抗したのは説明できるし、また社会保障がプログラムとして人気がある理由もわかる。人々は、自分の老後用貯蓄がとても少ないからこそ社会保障に頼るのだ。

著者の一人（アカロフ）として、個人的な付記を。アカロフは二〇〇四年大統領選で民主党のケリー候補の経済諮問委員会（小さなものだが）に参加していた。選挙時点まで、二週間ごとに電話会議が開かれたが、その初回からアカロフは、ケリーが社会保障制度を現状のまま維持すると約束すべきだ、と主張し続けた。最後近くになると、オースタン・グールスビー（現在はバラク・オバマ大統領の有力顧問の一人だ）は冗談でこういうようになった。「では最後にジョージから一言、ケリーが社会保障問題についてデマゴーグを流すべきだとのご発言です」。ケリーは、外部からの資金注入なしに現在の年金支払い額を維持できるような計画を考案できなかったので、ブッシュの民営化計画に対する攻撃を控えた。われわれもその時点でその問題は理解していたが、でも大した問題だとは思わなかった。ブルッキングス研究所の推計によれば、社会保障を現状で維持すれば、課税所得の二％くらいの支出ですむからだ。[16] ケリーが落選したのはこれが原因だったとわれわれは当時も思ったし、いまもそう思っている。

貯蓄と国富

ここまでは、個人の貯蓄判断について話してきた。なぜ貯蓄がさまざまなのか、それが人々の老後の福祉に重要であるというのが論点だ。だが、貯蓄をめぐっては別の話がある。国富には大きな格差がある。一人当たりで見ると、最貧国と最富裕国との間には二〇〇倍以上の開きがある。ルクセンブルグとブルンジを比べると、その差は一〇〇〇倍近い。[17] 所得と富は、その国の交易の自由度、人々の技能、地理的条件、過去や現在の戦争、政治や法的な制度などに依存する。最近では経済学者たちは、経済成長の主要な決定要因として、技術変化の役割を強調するようになった。だがアダム・スミスのような古典派経済学者は貯蓄からくる資本蓄積を重視した。

今日ですら、特に東アジア諸国などはスミスの主張を真剣にとらえている。かれらは、貯蓄により貧困脱出を果たす戦略を採用した[18]。なかでも顕著なのがシンガポールだ。一九五五年には中央積立基金（ＣＰＦ）が開始された。セイラーとベナルツィの「明日もっと貯蓄」プログラムと同じだ——が、この場合には人々にかわって政府が選択を下している。当初これは、従業員や雇用主に対して従業員の賃金収入の五％をこの基金に積み立てろと義務づけるものだった。でもその積立比率は急増した。一九八三年までにそれが徐々に増え、従業員も雇い主も、それぞれ二五％（あわせて五〇％！）を積み立てろと義務づけられた。積立率はかなり複雑な経路をたどったが、今日ですら二五歳から五〇歳の高賃金従業員は三四・五％を払い、その雇用主は二〇％を支払っている[19]。日本やアメリカなどの年金は、そのときの加入者がそのときの受取人分を負担する（ペイ・アズ・ユー・ゴー）方式になっている。だがシンガポールの方式はこれとはちがい、集められた資金は本当に投資されている。おおむねＣＰＦのおかげで、シンガポールの総貯蓄率は何十年にもわたり五〇％近い[20]。

この計画の考案者は、シンガポール首相を長く務めたリー・クアンユーだが、二〇世紀の経済思想家として最も重要な人物の一人かもしれない。かれの高貯蓄経済は中国のお手本となった。中国はシンガポールの貯蓄成果をまねて、いまや数十年にわたりめざましい経済成長を遂げている。中国とアメリカの貯蓄の差は、貯蓄についての態度の両極端だが、貯蓄行動になぜ国ごとにこんなに差があるかをよく示してくれる。当然ながら、両国で貯蓄をする人々は、消費と貯蓄についてまったく異なる態度を持っている。

中国の貯蓄率は世界でも最高の一つで、それより上は最近だとシンガポールとマレーシアしかない。中国の一九八〇年代初期からの奇跡的な経済の成功は、相当部分がこの高い貯蓄のおかげだ(21)。中国の家計貯蓄（個人による貯蓄）、企業貯蓄（企業の貯蓄）、政府貯蓄（支出を上回る税収という形での政府の貯蓄）を合計した総貯蓄（減価償却含む）は、最近ではＧＤＰの半分近くになっている。中国の個人総貯蓄は一九九〇年代にはＧＤＰの二〇％以上で、いまでもそこからほとんど下がっていない。

アメリカでも中国でも、政府は個人貯蓄を何十年にもわたって推奨してきた。一九五〇年代初期から、アメリカは特別な税制優遇で貯蓄を奨励してきた。たとえば確定拠出年金口座４０１(k)と４０３(b)、および貯蓄債キャンペーンなどだ。

共産主義中国では所得税がないから、貯蓄を殖やそうとする努力はプロパガンダの形をとった。一九五三年のポスターを見ると、うれしそうにほほえむ労働者たちが、中国人民銀行で現金と引替えに国債を受け取っている。一九九〇年のポスターだと、若きハンサムな英雄の雷鋒が、貯金箱ににこやかに「貯」という字を書いている。一九九〇年代には街頭に巨大な赤い横断幕が掲げられ「偉大貯蓄」と書かれていた。こうしたキャンペーンは貯蓄が万人の愛国的義務だと述べることで、今日の高い貯蓄率をもたらした。

中国の現代経済史は一九七八年、毛沢東主席の死後二年目から始まった。中国共産党第一一期中央委員会第三回全体会議における記念すべき演説で、鄧小平副主席は政府が中国での民間投資を支持することを明らかにした。中国経済の奇跡の幕開けだった。

中国の画渓村や六団鎮といった小さな村は、一九七〇年代末から郷鎮企業に驚くほど成功した投資を行ってきた。その成功が評判を呼んで、この村は中国全土のお手本となった。こうした村では郷鎮企業に提供された労働やお金というかたちでの貯蓄は、村の長老たちによってほとんど義務づけられたものに等しい。

われわれは生徒の一人アンディ・ディ・ウーを六団鎮に送り、村長シャオ・チャンズエにインタビューを行った[22]。村の企業を促進するにあたり、どうやって人々にそうした犠牲を奨励できたのか知りたかったのだ。シャオは何十年も村長を務め、村が貧しい社会主義のコミュニティから、中国全土にとっての倹約と起業家精神のお手本となるまでの変身をずっと率いてきた。

シャオはもともと一九七二年に自ら非合法の鋳物工房を始めることで、六団鎮のモデルを提供した。改革後にそれが合法になると、シャオは一九八二年にそれを村に寄贈した。村はこの事業所の株主になったのだった。アンディは、なぜすでにかなりの価値があった事業を村に寄贈したのかと尋ねた。村長はこう答えた。「理由はいくつかあります。いちばん重要な理由は、自分が村人たちの前で目立ちたくなかったということです。みんなが貧乏なのにわたしが物持ちだと気分がよくない。わたしは村人たちの前でいい格好をしたくない。ほかのみんなが貧乏なのに、一人だけいい暮らしをするわけにはいかないでしょう」。

アンディは村長の家の前にＢＭＷ７６５が停まっているのを見て、村長に対してその見方とあの車とがどうして相容れるのか説明してくれと尋ねた。村長答えて曰く「実はあの車は息子がくれたものなんです。それに、村人の多くはあんなＢＭＷくらいの車は買えます。でも、買わないんです。われわれ老人は派手なものを買うのは嫌いで、派手な車や派手な服を買いたがるのは若い世代です。われわれはいまでも昔の雷鋒の、倹約と厳しい条件との戦いの先例に影響されているのです」。

アンディは、村人に事業に貢献させるために、愛国精神や共同精神に訴えかけたりしたかと尋ねた。村長答えて曰く「はい確かに。基本的に三種類の議論を使いました。まず、国が変わりつつあるということです。鄧小平はこの国を対外開放し、われわれがやっているのは国を変えてもっとよい場所にすることです。第二に、村の事業は村自身にとってよいことであり、みんなにとってよいのだと説明しました。第三に、この事業はわたしがこっそり一〇年もやってきたものだから、どうすればいいかわかっている、と語りました。わたしの経営能力は信頼できるのです」。「みんなあなたを信用してくれましたか?」。「はい。みんなが信頼してくれたのは大変ありがたかった。六団鎮の人々はよい人々です。国と村を愛し、そこをよくするためなら喜んでなんでもします」。

こうした出発点と、そして六団鎮のような成功に示唆を受けて、国の物語が中国人民の想像力をつかむようになってきた。それは個人の努力と犠牲の物語だ。この努力と犠牲は個人のイニシアチブにより生まれたが、また中国の未来に関する共通の愛国的なビジョンにも動かされていた。大きな新しい歴史の画期が訪れつつあるという感覚があり、これで中国がいずれ再び人類文明の頂点に返り咲くような雰囲気があった。中国が、何世紀も昔の地位を取り戻すというわけだ。各人が自分なりの貢献をすることで、自尊心を高めることができる。いまのところ、中国では貧乏も恥ずかしいことではない。それが一時的なものだと見られているからだ。苦闘と犠牲の物語はいつの日か、喜びをもって孫たちに語られることになるだろう。

ショッピングモールとクレジットカード

アメリカでの見方はかなりちがっている。アメリカのシンボルはショッピングモールとクレジットカードであり、これは貯蓄に対するわれわれの散漫な態度をよくあらわしている――それは中国で見たものとは正反対だ。アメリカ人とクレジットカードとの蜜月関係を知るには統計を一つ見ればいい。アメリカ市民の持つクレジットカードは一三億枚以上。単にたくさんあるというだけではない。アメリカの老若男女すべてが、平均で四枚以上のクレジットカードを持っているということなのだ。これに対して中国人は人口一二億人なのに、全部で五〇〇〇万枚しかクレジットカードを持っていない。

一部の経済学者たちは、クレジットカードによる消費がアメリカの貯蓄低下に大きく貢献していると考えている。実験的な証拠をいくつか見てみよう。パーデュー大学で消費者科学と小売業の教授をしているリチャード・ファインバーグは、(自分のでない)クレジットカードが目についたら、消費したくなるかどうか被験者に尋ねた。被験者たちはクレジットカードが目に入ると消費額をかなり増やし、しかも消費速度も増えた。ここからファインバーグは、人々は「クレジットカードの刺激が消費と結びつく」ように条件づけられてきていると結論した。[23] 別の実験で、ドレイゼン・プレレックとダンカン・シメスターは、ＭＢＡ学生を対象に、ボストンの地元スポーツイベントのチケットを競売にかけた。一つの実験条件だと、支払いはクレジットカードだ。もう一つは現金払い。実験の設計により、支払いの手間はどっちの場合も無視できるものだとなっていた。ＭＢＡ学生たちはクレジットカードの支払いだと競りの額を六〇〜一一〇％も高めた[24]。

こうした実験の結果は非常に示唆的だ。でも歴史的に見たクレジットカードの増加が、貯蓄低下の原因かどうかを統計的に検証するのはむずかしい。貯蓄低下とクレジットカード利用とは、きっちり対応しているわけではない。だが経済全体で見ると、クレジットカード利用の上昇に伴って、消費に影響を与えるはずのことがほかにもいろいろ起こっている。たとえば一九九〇年代と二〇〇〇年代初期の株価やホームエクイティの価値高騰は、貯蓄を引き下げると考えられる。さらにクレジットカード負債の上昇の相当部分は、分割払いの減少で説明できる。だからアメリカの低い貯蓄率や貯蓄低下に対し、クレジットカードにどこまで責任があるのかは決してわからない。

だがクレジットカードに直接の責任がないにしても、そこには低くて低下する貯蓄率の大きな原因となるアメリカ人のアイデンティティの一面が反映されている。クレジットカードとショッピングモールに対するアメリカ人の献身は、アメリカ人が自分をどういう存在と考え、どう行動すべきだと考えているかというもっと広い見方の病状の一つなのだ[25]。

アメリカ国民のアイデンティティは、アメリカが世界で最も資本主義的な国だということを大いに誇りに思っている。第３章で資本主義の二重の性質について考察した。資本主義は生産者たちが、消費者の求めるものを作れば儲かるようにしてくれる。だが、生産者たちの手持ち製品を買いたくなるよう消費者を誘導できれば、それも儲かるのだ。資本主義と自分を同一視することで、アメリカ人たちは資本主義が提供する自分に買いたいと思わせる商品を入手することに、いささかのためらいも覚えない。クレジットカードを持つのは当然だ。ショッピングモールで気に入ったものを見かけたら、抵抗しないのが正しい。資本主義というのはそういうものだから。それが良きアメリカ人の努めだから。そんな価値観を持っていたら、アメリカ市民がやたらにクレジットカードを持っていて、アメリカの貯蓄率がこんなに低いのも無理はない。これはクレジットカードそのものが消費の直接的な刺激かどうかというのとは、また別の話だ。

驚異的な事実がこの見方を支持しているように思える。ここでも、例外がかえって一般則を証明しているかもしれない。今日、アメリカ人の中でクレジットカードを持たない人はごく少数だ。そして平均で見れば、持たない人は平均的なアメリカ人より大幅に貧しい。ということは、その金融資産が所得に比べてずっと低いと言うことになりそうな気がする。というのも豊かなアメリカ人は、貯蓄率も高いからだ。だが調べてみると、そうはなっていないのだ。正反対。クレジットカードを持たない人は、所有金融資産が所得に比べてずっと高い。クレジットカードを持たないことでアメリカンドリームに反抗する人々は、別のかたちでも反抗しているようだ——貯蓄率を高めることで。[26]

国にとっての意義

国の貯蓄政策は多くの影響をもたらす。何よりも、それは人々が老後に貧困と闘わなくても、幸せに暮らせるかどうかを決める。社会保障に関する適切な政策は、人々が財政上の予定を立てたがらないということを反映したものになる必要がある。予定がなければ、かれらの貯蓄判断はまわりからのヒントに左右される。社会保障がなければ人々は大幅な貯蓄不足になる。国の貯蓄政策は、かれらの失敗を補正するという重要な役割を持っている。現在の社会保障制度がとても人気があるのは、まさにそうしたニーズを満たしてくれるからだ。人々は、自分の判断に任されてしまったら老後の貯蓄が不足するのではないかと恐れているし、その恐れは正当なものだ。アメリカでは、社会保障を民営化して人々の老後を各個人の計画に任せたら、ひどいことになってしまう。かれらは計画なんか立てないのだから。同時に、政府は貯蓄を増やすヒントを奨励し、消費をうながすヒントは押さえるようにすべきだ。

だがアメリカと、それには負けるが西欧は、多くの文化の一つでしかない。それは、人々がお金を消費すべきだと語る文化なのだ。東アジア諸国――たとえばシンガポールや中国――は、消費と貯蓄についてどんなふるまいをすべきかについて、異なる文化的な理解を採用してきた。そしてこの両国ともに、きわめて高い貯蓄率を活用して驚異的な経済成長を実現した。これまで見たように、貯蓄政策もその国の経済成長を左右するカギとなるのだ。

アニマルスピリットは、貯蓄のいい加減さと変動性の謎を説明できる。そしてこうしたアニマルスピリットを理解することは、貯蓄に関する政策設計においてもきわめて重要となるのだ。

第11章 なぜ金融価格と企業投資はこんなに変動が激しいのか？

株価などの金融価格のすさまじい上下動について、合理的に筋の通った説明ができた人はいない。こうした変動は、金融市場それ自体と同じくらい昔からある。[1] だがこれらの価格は投資判断に不可欠な要素で、投資判断は経済にとって根本的なものだ。企業投資は総ＧＤＰよりずっと変動が激しい。こうした事実を認識すると、またもや経済の上下動にアニマルスピリットが中心的な役割を果たしているという証拠が出てくる。

アメリカの株式市場の実質価値は、一九二〇年から一九二九年にかけて五倍増した。そして一九二九年から一九三二年にかけて、もとのところまで降りてきた。株式市場の実質価値は、一九五四年から一九七三年にかけて倍増した。それからまた、もとのところまで降りてきた。一九八二年から二〇〇〇年にかけて、株式市場の実質価値はほとんど八倍増近くなった。でも二〇〇〇年から二〇〇八年にかけて、その値は半減した。[2]

問題は、こうした出来事を事前に予測する方法にとどまらない。もっと深いのだ。それが起こったあとですら、だれもなぜそうなったかを合理的に説明できないのだ。

経済学者たちが市場の効率性の旗を振るときに示す自信たっぷりな様子を見ると、株式市場全体の動きについて信頼できる説明を持っていて、それを内輪で隠しているだけなんじゃないかと思うかもしれない。もちろん個別企業の株価変化については、それを説明するような例は挙げられるだろう。でも、株式市場全体については、それは無理なのだ(3)。

長年にわたり、経済学者たちは株式市場全体の動きについて、経済的なファンダメンタルズをもとに納得のいく説明をつけようとしてきた。でもだれ一人として成功していない。金利の変化、将来の配当や収益、その他どんなものでも説明がつかないようなのだ(4)。

「経済のファンダメンタルズはいまもしっかりしています」というのは、株式市場が大暴落するたびに、世間の安心を回復させようとして当局が毎回繰り返す決まり文句だ。なぜそう言えるかといえば、論理的に株式市場に影響するべき要因だけを見ていたら、あらゆる株式市場暴落はまったく説明不能に見えるからだ。ほぼ常に、変わったのは株式市場そのものに見える。ファンダメンタルズは変わっていない。

どうして市場の変化はファンダメンタルズから生じないのか？　株価がファンダメンタルズを反映するのは、そうしたファンダメンタルズが将来の株式からの収益を予測するのに使えるからだ。理論的には、株価というのはその株からくる将来収入（これは将来の配当や将来の売却益）の割引価値となる。だが株価はあまりに変動しすぎる。株価が予測しているはずの、配当（または収益）ストリームの割引価値よりはるかに変動するのだ(5)。

株価がそうした将来の見返りに関する情報を人がどう利用するかで決まるというフリをするのは、ノイローゼの気象予報士を雇うようなものだ。その町の気温はかなり安定しているが、この予報士の予報だと、ある日は一五〇度になりあるときはマイナス一〇〇度になる。その予測の平均値は正しい水準かもしれないし、その大げさな予測は、少なくとも比較的暑くなるか寒くなるかを当てるという意味では正確かもしれない。それでもそんな予報士はクビにすべきだ。気温がまったく変わらないと予測してくれたほうが、平均の予報としては正確だ。同じ理由で、株価が将来の収益に関する経済的ファンダメンタルズに基づいた予測を反映している、という発想は捨てるべきだ。なぜか？　株価はそんなものよりずっと変動が大きいからだ。

これほどあからさまな事実ですら、効率的市場の支持者たちにその理論のまちがいを認めさせることはできない。それでも株価変動は合理的かもしれない、とかれらは指摘する。前世紀やその前の世紀にたまたま偶然生じなかったような、ファンダメンタルズに関わる大事件の可能性に関する新情報を反映しているのかもしれない、と。この見方では株式市場はいまだに将来の株価収益について最高の予測だということになる。そのめまぐるしい変動が起こるのは、ファンダメンタルズに何か起こった可能性があったからだ。単にそれが実際には生じなかったという事実だけでは、市場が不合理だったということにはならない、というわけだ。かれらは正しいのかもしれない。株式市場が不合理だったとはっきり証明することはできない。だがこの論争を通じてずっと、だれも株価変動が合理的だというまともな証拠を何一つ提示できていない(6)。

株価変動はむしろ、どうも各種の社会変化と相関しているようだ。アンドレイ・シュレイファーとセンディル・ムライナタンは、メリルリンチの広告に見られる変化を観察した。株式市場バブル以前の一九九〇年代初期、メリルリンチは孫と釣りをするおじいさんを広告に使っていた。キャプションはこうだ。「ゆっくり豊かになる――そんなやり方もあるかもしれない」。市場が二〇〇〇年にピークを迎えたあたりだと、メリルの広告はまったく変わった。絵は、闘牛のような形のコンピュータチップだ。そしてキャプションは「時代はインターネットとともに……さあ強気でいきましょう」。その後、市場価格が調整されると、メリルはおじいさんと孫の広告に戻った。かれらはまたもや、辛抱強く釣りをしている。キャプションは「一生の所得」となっていた(7)。もちろん、こうした広告を思いつくマーケティングのプロたちは、自分たちが劇的に変動する世間の考え方を密接に追いかけているのだと信じている。かれらのプロとしての見解にだって、ファイナンスの教授や効率市場仮説の支持者たちの見解と同じくらい耳を傾けてもいいのでは?

美人コンテストとデリシャス種の比喩

一九三六年の著書でケインズは株式市場の均衡を、当時人気のあった新聞のコンテストになぞらえた。参加者は、写真一〇〇枚の中からいちばんの美人六人を選べと言われた。賞金をもらえるのは、参加者全員の選択の平均にいちばん近い選択をした人だ。もちろん、こういうコンテストに勝つためには、自分が美人だと思う顔を選んじゃいけない。ほかの人が美人だと思いそうな顔を選ぶべきだ。でもその戦略ですら最高とはいえない。というのも、ほかの人だって同じ戦略を使っているだろうから。ほかの人が、ほかの人がいちばん美人だと思うだろうと思うはずの顔を選べればもっといい。あるいは、この発想をあと二歩か三歩先に進めたほうがさらにいいかもしれない[8]。株式投資もそんな感じになることが多い。美人コンテストと同様に、短期的に勝つのは、長期的に成功しそうな会社を選んだ人ではない。短期的に高い市場価値を持ちそうな会社を選んだ人なのだ。

同じ理論のたとえとしては、デリシャスというリンゴの話がある。デリシャスというのは、おいしいという意味だが、いまやデリシャス種のリンゴの味が本気で好きだという人はほとんどいない。それなのに、このリンゴはいたるところにある。カフェ用や食堂用それにフルーツバスケット用にリンゴを選ぼうとしたら、デリシャス種しかないことも多い。実はデリシャス種のリンゴは、一九世紀にはもっとおいしかった。まったくちがった種類のリンゴが、デリシャスという名前で売り出されていたのだ。デリシャス種は一九八〇年代までにはアメリカでベストセラーとなった。だがリンゴ好きの人々がほかの種に浮気をしはじめると、リンゴ農家は自分たちの利益を守ろうとした。デリシャス種のリンゴを別の市場ニッチに移したのだ。デリシャス種のリンゴは、ほかのみんなが好きだと思うリンゴ、あるいはほかのみんなが好きだとほかのみんなが思っている、安いリンゴになってしまった。ほとんどのリンゴ農家は味をよくするのをあきらめた。収量が高くて日持ちのする品種に切り替えて、このリンゴを安っぽくしてしまった。リンゴが個別に熟すのを待たず、果樹園を丸ごと、完熟のものも未熟なものもいっしょくたに収穫することで、さらに安っぽくした。もはやデリシャス種のリンゴはおいしいから売れているわけではなくなった。ならばおいしくするために余計な手間をかけることもあるまい？　世間の人々は、リンゴをここまで安っぽく作れるとは想像もしていない。また、あまりおいしくもないのにこんなに普及している理由も、普通の人は想像もつかないのだ。[9]

似たような現象が投機的な投資でも生じる。多くの人は、ある名前の企業が時間を追うにつれてどれほど買われるものか、あるいはその価値を台なしにする方法がどれだけあるか、まったくわかっていない。だれも真価を信じていないけれど、なぜか株価の高い企業というのは、投資界のデリシャス種だというわけだ。

疫病と、投機市場における安心乗数

投資家たちは明らかに、市場が急上昇しているときには手っ取り早く金持ちになりたがる。市場がダレているときには、なるべく価値を温存したがる。これは市場の振る舞いに対する心理的な反応だ。人々が株価の上昇に反応して買い、株価の下落に反応して売る傾向を持つなら、過去の価格変動に対する反応は同じ方向の価格変動をさらに強化する可能性が高い。これは「価格から価格へのフィードバック（price-to-price feedback）」と呼ばれる。[10] これが悪質な円環を作り、この循環をさらに（少なくともしばらくは）継続させる。いずれは価格上昇、つまりバブルは破裂せざるをえない。それはさらなる価格上昇の期待に支えられているだけだからだ。永遠には続かない。価格から価格へのフィードバックだけでは、現実に見かけるような大規模な資産価格バブルを作り出せるほど強力ではないかもしれない。だがこれから見るように、価格から価格へのフィードバック以外にも、他のフィードバックがある。特に、バブル中の資産価格と実体経済との間にフィードバックがあるのだ。この追加のフィードバックが周期の期間をひきのばし、価格から価格への効果を増幅する。

これが単に物珍しいだけのものなら、資産価格での投機的な動きだとして一蹴すればいい。だがそれはどうでもいいものではない。実体経済にフィードバックされると、それはそのゲームの参加者だけでなく、そんなゲームに加わった覚えのない人にまで影響が及ぶ。平均的なアメリカ人——たとえばペオリア市にあるキャタピラ式トラクターの工場で警備員をしていたのに、景気後退でクビになった人物——は株なんか買ったためしがない。株を買うか他の投資をするかは経済的最適化による判断よりも、その人物の所属する社会集団に大きく左右される。(11) 社会集団内でも、株保有は価格変動に応じて大きく変わる。

資産市場から実体経済へのフィードバックの源は、少なくとも三種類ある。株価と住宅価格が上昇すると、人々が貯蓄すべき理由が減る。前より金持ち気分だから、消費も増える。またその株価の上昇や住宅価格上昇分も自分の貯蓄の一部として数えるようになるかもしれない。消費に対する資産価格の影響は、消費に対する資産効果と呼ばれる。

資産価格はまた、投資を決めるのに重要な役割を果たす。株式市場の価値が下がると、企業は新規の工場や設備に対する支出を減らす。次の章で論じるが、戸建て住宅の市場価値が下がると、建設会社は住宅着工計画を中止する。

ビジネス投資であれ住宅投資であれ、これらの支出は倒産から大きな影響を受ける。資産価値が下がると、負債者は返済できない。すると通常は負債金融を提供している金融機関が危うくなる。こうした機関が、自分自身が倒産したり、資金集めに苦労したり、市場の調整で自分自身も融資にもっと慎重になったりするためにそれ以上融資をしたがらなくなると、それがさらに資産価値の低下をもたらす。

あれやこれやで、資産価格の動きは世間の安心に働きかけ、経済に影響する。そんなわけで、価格から収益から価格へ、というフィードバックが生じる。株価が上昇基調なら、そのフィードバックは安心を高める。人々はもっと買い物をするようになる。そこで企業の利益も増える。それがこんどは株価を引き上げる。この正のフィードバックは、相互に強化するような形で生じることが可能だが、一時的なものでしかない。下降期に入ると、このフィードバック――そして経済――はどちらも反対方向に動く。

フィードバックはまた、レバレッジのフィードバックとレバレッジ周期によっても拡大する。[12] 担保率というのは、貸し手が投資家に貸す金額が、担保として提出された資産価値に対してどのくらいの比率かを示す。周期の上昇期には、担保率は上がる。たとえば戸建て住宅市場では、上昇期には銀行が物件価格のどの割合まで融資してくれるかという比率は上がる。このレバレッジの上昇は、資産価格の上昇にフィードバックされる、ますますレバレッジを増やすように動く。同じプロセスが、資産価格の下落時にはマイナス方向に作用することになる。

レバレッジ周期が生じるのは、一部は銀行の資本規制のためだ。資産価格が上がると借入のある金融機関の資本は、規制で必要とされる水準よりも高くなるため、かれらはもっと資産を買える。

そういう反応をする金融機関が多ければ、手持ち資産に対してきわめて多くのポジションを取れるので、資産価格はさらに上がり、おかげで自由になる資本がさらに増える。こうしてフィードバックループが生じ、資産価格をますます高く吊り上げる。さらにもし資産価格が下がると、借入れのある金融機関は資本要件を満たすために資産を売却せざるを得ず、業界全体で一斉にそうした売りが出ると、資産価格は下がってしまい、おかげで金融機関の資本比率はさらに下がる。したがってさらなる資産売却を余儀なくされ、下方へのフィードバックが生じかねない。[13] 極端な場合には、このフィードバックはきわめて低い価格や「投げ売り」価格を引き起こす。[14] 銀行の資本要件基準を定めるバーゼルⅠ（一九八八年）とバーゼルⅡ（二〇〇四年）の各綱領では、こうした経済全体でのフィードバックの可能性についての認識は比較的薄かったようだ。[15] だがこの種のフィードバックと、およびそれをマクロのプルーデンス政策で減らそうとする試みが、最近ますます厳しく検討されるようになりつつある。[16]

ほとんどの人は、大きなフィードバックについてなかなか考えられない。そういう人にとって、株式市場の高騰に伴う実質収益の増加（たとえば一九九〇年代に見られたもの）は、そのブームが合理的だという「証明」だ。その収益増が、株式市場の上昇の一時的なあらわれでしかないという可能性はほとんど頭に浮かばない。住宅価格ブームにおける家賃（賃料）の上昇（二〇〇〇年代初期のアメリカ住宅ブームで、実質賃料はちょっと上昇した）があると、賃料増で住宅価格上昇が正当化されると考える。賃料の上昇が、物件価格上昇の一時的なあらわれでしかないという可能性は考えない。

フィードバックとアニマルスピリット

株価を動かすフィードバックがどんなものかを示す実例を考えてみよう。それを見ると、アニマルスピリットがフィードバックの一部として機能する様子がもっと広く示される。この例は、そのフィードバックがいかに多面的なものかを教えてくれる。それはアニマルスピリット理論の多くの要素がからんでくる——安心だけでなく、公平さや、後押しや尻込みをもたらす物語の発生なども登場する。

その例とは、一九三三年創業のトヨタ自動車の歴史と、一九五五年創業のアルゼンチンはインダストライアス・カイザー・アルヘンティナSA（IKA）の歴史との比較だ。双方の自動車会社の株は、まったく異なる歴史を持つ。トヨタの普通株は、執筆時点で時価総額一五七〇億ドルで、同社は最近『フォーブス』誌上で（総売上、利益、資産、市場価値から見て）世界第八位の企業だとされている。一方のIKAは、何年も失敗に失敗を重ねたあげく、一九七〇年にフランスのルノー自動車に売却されてすでに存在しない。

だが結局のところ、なぜこの両企業の運命はこんなにちがってしまったのだろう？　日本でこれだけの株式市場価値を作り出したのは何で、アルゼンチンでこんなにダメになってしまったのはなぜなのか？　アナリストなら、多くの細かい原因に注目するかもしれないが、最終的な原因はアニマルスピリットのからんだフィードバック機構であり、それがこの両国ではちがった方向に向かったということなのだった。

トヨタ自動車を創業したのは、自動織機運営業の一家だった(17)。創業時点では、これは単なる自信のあらわれにとどまるものではなく、ほとんど病理的な自信過剰の見本に思えたはずだ。一九二〇年代には、欧米の自動車メーカーはすでに何十年も自動車生産の歴史を持っていた。そして日本にもすでに組立て工場を持っていた。さらに日本には、ゼロからの自動車生産を支えるような裾野産業はまったくなかった。たとえば鋼板成形に必要なプレス機のメーカーはなかった。それどころか、そもそも鋼板そのもののメーカーすらなかったのだ。自動車産業そのものと並行して、こうした産業も日本国内で育成しなくてはならなかった。トヨタの創業は、個人の大胆さが伝統的な常識に勝利した見事な例だ。ある意味でそれは、日本をまちがったかたちで一九三一年に満州侵略へと押しやった、楽観主義と愛国心を反映したものだったとも言える。

だがこの種の自信過剰は、日本文化にしばらく前から見られるようになっていた。それは特に福沢諭吉が発展させた国家哲学の一部となっていた。福沢諭吉は現代日本の創始者の一人とされる(18)。かれは自立と外国から学ぶことについての物語を奨励し、外国の成功を精力的にまねても恥ずかしいことは何もないと論じた。他人のまねを、日本人の創意と知性のシンボルにしたのが福沢だ。

これに対し、一九五五年にＩＫＡが強い政府支援で創業したときには、日本のような個人の強いやる気も、必ず成功するという自信もアルゼンチンではははっきり表明された哲学として存在しなかった。アルゼンチンには福沢諭吉はいなかった。それどころか、ＩＫＡの経営陣はアルゼンチン人ではなく、アメリカから連れて来られたのだった。この事業が生まれたのは、アルゼンチン政府が自動車産業を作りたいと思ったからだ。そこで政府はヘンリー・カイザー――すでにアメリカで自動車生産者として失敗した実績があった――に対し、強い関税保護を提供した。コルドバ州はかれに、一〇年間の免税措置を与えた[19]。

政府プロジェクトとして生まれたIKAは、経済保護のおかげで生き延びただけで、みんなそれを知っていた。自動車労働者たちも、共有された信頼や共有された使命感も持っていなかった。一九六三年に労働者九〇〇〇人に対して一週間のレイオフが発表されると、会社にとって公平さの問題が致命的となった。労働者たちは「即座に暴動を起こし、工場を占拠して塗装工房に現場監督や警備員一五〇人を閉じ込めた。ガソリンの缶を掲げつつ、高官たちが閉鎖命令を撤回しないと工房に火を放つと彼らは脅した。経営陣捕虜たちの安全を恐れたカイザー・アルヘンティナ社長ジェイムズ・F・マクラウドはついに折れた」。一九六九年と一九七二年にも、IKAでは暴力的で破壊的なストが起きた。一九七二年には、工場を守るために政府は軍を出動させなければならなかった。

こんな状況では、投資家たちがそれ以上資金を入れたがらなかったのも無理はない。「経済的な観点からすると、ラテンアメリカで自動車を作るなんてナンセンスもいいところだ。関税さえなければ欧米のほんの数百ドル増しで車は輸入できる」とある大企業の財務担当者は述べている[20]。この見方は、物語として広く共有され、株価を押し下げただけでなく、IKAの労働者たちをも失望させた。唯一の希望は、政府補助が続いて事業が続くことだけだった。

もちろん日本でも、自動車産業は政府の補助を受けた。一九三六年の自動車製造事業法で、自動車製造業は税制と関税の優遇措置を受けられるようになった。だがトヨタ自動車と日産自動車の成立は、この法律よりはるか以前だ。ＩＫＡとは対照的に、トヨタ自動車の創立と躍進は自尊心と自信のたまものだった。日本人は、個人的にも集団的にも野心を抱いていた。かれらはなぜか、この偉大な国の未来には絶対に自動車産業がなくてはならないと感じていたのだった。池上英子は現代日本文化の台頭についての研究で、外からは礼儀正しく格式張って見える独特な社会秩序がどのように日本で生まれたかをたどっている。[21]だがその同じ文化が、個人の自我を脅かしたり、不公平さを感じさせたりするような心配なしに、人々が野心的で審美的な試みのために力を合わせることを、きわめて容易にしてくれるのだった。こうした試みは、相互に弱い結びつきしかもたない人々を広範に集めることができる。

俳句が現在のようなかたちで生まれる前に、日本の文芸には連歌なる運動があったと池上は述べている。これは多くの詩人による長い詩で、それぞれの詩人は独立して俳句になるような一部をもって貢献するだけなのだが、でもその一部は、全体の中の一部としてのみ評価されるのだ。比喩的にいえば、日本の大企業はこうした連歌なのである。

第二次世界大戦が終わるまで、労働組合という概念はほとんど日本では認識されていなかった。[22]労働組織は確かに存在したが、それはストをしたり経営陣と団交したりはしなかった。[23]戦後のアメリカ占領の影響を受けて、まともな労組や全日本自動車産業労働組合（全自）が一九四〇年代末に誕生した。だが日本人の国民性は、やはり組合や、特にストという発想をなかなか受け入れられなかった。全自が手を組んだ共産主義の指導者たちは、日本社会の相当部分から反感を受けていた。労働組合に対する広範な世論の反発、そして特に人々の共産主義に対する恐怖を受けて、日本政府は一九五三年の日産争議の後で、強い反労組的な立場をとるようになった。つまるところ、既存の労組を解体させた。そして日産の協力で新しい企業労組の設立を援助した。しばらくして、日産は従業員に終身雇用を提示したのだった。

これに対し、アルゼンチンの労働運動は、少なくとも一九一〇年の鉄道スト以来きわめて強力で戦闘的だった。ブエノスアイレスでの暴動に対して政府はきわめて強硬な対応を見せ、市は「軍のキャンプ」に変わってしまったという[24]。その後、労使紛争はアルゼンチンの国民政治の大きな一部となった。一九四六年に、労働寄りのフワン・ペロン政権が選出され、労働者の権利を保証する新憲法が起草された。敵対的な労使関係がＩＫＡにも影響したのも当然だろう。同社では長きにわたりストが繰り返され、生産コストはますます上がっただけでなく、一日に自動車七〇台しか生産できない結果となったのだった[25]。

なぜ日本の労組はこんなに物わかりがよく、アルゼンチンはちがうのか？　根底にある要因の一つはアイデンティティの感覚の差だ。日本では、自動車労働者は自分たちが組織の一部だと考え、会社の行動をいちいち公平さに照らして解釈したりしなかった。会社の成功は自分の成功だと考えがちだった。終身雇用という方針は、労働者が企業と一体化するのを可能にした。日産は、共有された安心と信頼を促進したいと考えたのだ。その戦術は成功した。

ここで示した、日本とアルゼンチンにおける安心と公平さの感覚の対照ぶりは、ひたすら国民性の問題に思えるかもしれない。だが実はこうした要因が、国の中だけでなく一企業内部ですら、時代を追って変わると考えるべき理由はたくさんある。企業が成功して株価が変わるにつれて、その気分も変わるのだ。もしわれわれの世界が、価格からアニマルスピリットから価格へ、というフィードバックを持つシステムなら、これはとても予測しづらい世界だ。今日の日本やアルゼンチンの企業や人々は、いまここで述べた過去の人々とはいささかちがっているかもしれない――そして、果てしない経済フィードバックの一部として、この先も変わることだろう。

ほとんどの経済学者は、こういう心理的なフィードバックの話がお気に召さない。そんなのは人間の合理性という中核的な概念を脅かすものだと思うからだ。そしてもう一つ、かれらがこれを無視したがる理由がある。人々の心理を定量化する標準的な方法がないのだ[26]。こうしたフィードバックを定量化して、マクロモデルに導入しようという試みはあったが、ほとんどの人はそれがあまりに恣意的だと考え、納得してこなかった。

アニマルスピリットと原油価格変動

株価と同じく原油価格も大幅な上下動を見せる。これは一九七三年から一九八六年の石油危機で特に劇的だった。第一次オイルショックは石油輸出国機構（ＯＰＥＣ）が原油の生産調整を行った一九七三年から一九七四年まで続いた。原油価格は一九七三年にバレル三・五六ドルだったのが、一九七四年にはバレル一〇・二九ドルと、倍以上に上がった[27]。

表面的には、ＯＰＥＣの大臣たちは一九七三年中東戦争でアラブが敗北したことに対して報復していたのだった。だが、なぜかれらがあの時期に動いたかについては、あまり知られていない説明が別にある。一九七三年以前、テキサス鉄道委員会というアナクロな名前の委員会が、テキサス州の石油生産者が年のうちどれだけ原油を採掘できるかを規制していた。採掘を制限することは、原油価格を引き上げてテキサスの生産者を潤していた。一九七二年にこの委員会は、割当てを一〇〇%にして、実質的に割当制を廃止したが、だれもそんなことをほとんど気にしなかった[28]。だがこれはつまり、その後はOPECが好き勝手にできるということだった。かれらが生産を抑えて価格を押し上げても、アメリカでそれを相殺できる存在はないからだ。

原油価格が大幅に上がったのはこれが初めてだったが、一九七九年にもまた原油価格は高騰した。イラン・イラク戦争でペルシャ湾の原油供給が阻害され、原油価格は再び倍増した。それが一九八六年まで続いた。そして一九八〇年代初期のひどい不景気のおかげでOPECカルテルが崩壊し、原油価格は半分になった。

こうした重要な時期における石油市場の簡単なまとめを見ると、原油価格はファンダメンタルズで決まっているように思える。経済的なファンダメンタルズではないにしても、戦争と平和のような政治的、軍事的ファンダメンタルズで決まっているようだ。確かにこの時代の原油市場で圧倒的だったのは、こうした要因だっただろうし、それはいまも変わらない。それでも石油市場でさえ、株式市場と同様に、安心、生産、価格のフィードバックが作用しているのが見られるのだ（ただし株式市場ほど顕著ではないが）。

一九七〇年代の原油価格上昇は、人口爆発やそれがもたらす商品不足などに関するすさまじいレトリックを伴った。石油危機が一〇年後に終わったときには、このレトリックは消えはしないにしても、大幅に減った。OPECの生産調整のちょうど一八カ月前、マサチューセッツ工科大学の研究者チームが、ジェイ・フォレスターの指導下で警鐘的な報告を発表した。フォレスターは二〇年ほど前に、初の普及型大型コンピュータであるIBM650の磁気メモリシステムを設計したコンピュータ科学者として有名だった。かれの報告は、世界の天然資源が枯渇しつつあると結論づけていた。

この研究は『成長の限界――人類の命運に関するローマクラブのプロジェクト報告』と題されており、世界的に壊滅的な経済問題が訪れると予測していた。あるシナリオだと二一世紀末には、世界人口の四分の一から半分が死ぬ。天然資源のすさまじい不足で資源価格が高騰するため、やがて「死亡率は食料と保健サービスの不足により上昇する」[29]。批判者たちは、この報告の前提が怪しいと論じたが、フォレスターの名声でこの報告は世間的な信用を得た。だが『成長の限界』は当時の一般的な考え方の典型的な症例となっていた。そしてこの見方は、OPECの大臣たちがカルテルを組むための後押しとなった。いまの原油生産を減らせば、即座に価格が上がって報われるばかりではない。残り少ない原油を、万が一のために温存することになるし、そのときにはその値段はもっと高くなっている。そしてもちろん、OPECの決断は、ローマクラブの結果を信じる人々にとっては何よりの証拠となった。原油価格が目の前で三倍になったじゃないか、自分たちの理論の劇的な裏付けとしてこれ以上のものがあるか、というわけだ。

だがそこで考えられないことが起こった。一九八〇年代の深刻な不況の後で、原油価格は下がった。そして、しばらくの間ではあったが、資源枯渇の記事も減った。プロクエスト（ProQuest）の新聞記事検索で『ニューヨーク・タイムズ』、『ロサンゼルス・タイムズ』、『ワシントン・ポスト』から、確認埋蔵量と原油ということばを含む記事を検索してみると、それを確認できる。一九六五年から六九年の五年間では、これらのことばを含む記事は一八件のみ。一九七〇年から七四年だと、それが六〇記事。一九七五年から七九年では一一五件、一九八〇年から八四年では一三七件、そして一九八五年から八九年ではたった七三件。再生不可能資源ということばを含む記事で検索をかけても、似たようなパターンとなっている。

もちろんこれらの時期におけるOPECと石油産業の台頭と衰退においては、経済や政治的な問題も大きな役割を果たしている。そして――原油価格が二〇〇八年七月二日にバレル一四五・三一ドルというピークを迎えてから再び崩壊したことからも示唆されるように――確かに資源は有限だ。地球温暖化は脅威として迫っている。だが地球と原油生産をめぐるこうした長期的な見通しの中、原油価格やそれに関する物語は、株式市場やその神話と驚くほどにている。変動しすぎるのだ。ここでも、天気予報をしているのがだれであれ、そいつはクビにするべきだ。

投資を動かすものとしての市場

国の投資――新しい設備機器、工場の建物、新しい橋や高速道路、新しいソフトウェア、新しい通信インフラ――は、その国の経済的繁栄に大きく関係してくる。こうしたツールは、人々の単純な労働を、現代的で高度な産物に変える。ツールがよければ、生活水準も上がる。ある国が最新の機械やソフトを輸入できれば（あるいは自分でそれを作れればもっといい）、労働者たちは否応なく、最新の技術的な発想を維持し続けるような学習体験を余儀なくされる。投資は新技術についての実地体験を生み出す。慎重な研究により、こうした投資を増やした国は、生活水準も上がることが確認されている[(30)]。

それでも今日の政府は（わずかに例外はあるが）、その国の投資を決めたりはしない。それをやるのは事業主たちだ。そして事業主は財務的な条件に縛られてはいるが、かれらも自分の投資を信じなくてはならない。かれらの決断プロセスは、最後は直感的で心理的なものだ。したがって、ある国の未来は投資を決める事業家の手中にあり、そしてそれはかなりの部分で事業家の心理に左右されている。

ビジネススクールの生徒たちは、資本支出の数学や、最適投資判断理論を学ぶ。だが企業が実際に投資金額を決めるときには、投資判断の根底にある心理要因が大きな役割を果たす。資本支出理論を使うには、データがいる。投資で得られるキャッシュフロー予測、その企業の推定資本コスト、投資に対する株式市場の反応予測、他のリスクとの相関だ。さらに、これらは間接的に次のような多数の他の要因に依存する。企業がこうした体験から学ぶ機会、コネや流通経路を確立する機会、他の投資とのシナジー、企業の評判への影響、市場ニッチなどだ。こうした要因をどうやって定量化し、資本支出理論が必要とする数字を全部埋めるのか、簡単な手法はない。しかもこうした企業はきわめて競争の激しい環境で活動しているのが普通だ。手持ち材料ですばやく決断し、先に進まなくてはならない。

ここでジャック・ウェルチの自伝『わが経営』に戻ろう。そこではこうしたビジネスの心理的な観点が実際に働いているのを見られる。かれはこう書く。「われわれは単にGNPとともに成長するわけではない。GNPに追従する客車なんかではない。GNPを牽引する機関車であり、GNPに追従する客車なんかではない」。ウェルチは定量手法に対する不信を強調している。「わたしが何よりいやだったのは、いくつか主張をするためにあれこれ細かい質問に答えることだった。わたしから見れば『死んだ本』でしかないものをしょっちゅうひっくり返している連中は山ほどいた。キャリアを通じて、わたしは計画を説明してもらう以前に計画書を見たいなどと思ったことはない。計画の説明で重要なのは、書類じゃない。それはフェアフィールド（注：コネチカット州にあるGE本社）に来る人々の頭や心にあるものなのだ。わたしは深掘りして、バインダーの書類を超えて、その書類にこめられた考えに到達したかった。ビジネスリーダーのボディランゲージを見て、かれらが議論にかける情熱を見たかった」。ウェルチはある従業員の投資分析にどう反応したかを書いている。「わたしは最後の表の投資回収分析を横線で消した。OHPにバッテンを書いて、無限ということばを殴り書きし、われわれの投資に対する収益が永遠に続くのだということを強調した」[31]。

事業者たちは、未来について根本的な不確実性を抱えたまま決断を下す。一九二一年にシカゴ大のフランク・ナイトが書いた『危険・不確実性および利潤』は、今日では古典と見なされている。ナイトは経済学者の考えるリスクと、ほぼあらゆる事業判断に伴うちがった種類の不確実性とを区別する。ナイトによれば、「リスク」とは数学的な確率ではかれるものだ。これに対し、「不確実性」というのははかれない。確率をあらわすための客観的な基準がないからだ。理論経済学者たちはそれ以来ずっと、人々がこうした真の不確実性にどう対処するか苦闘してきた[32]。時間が経つにつれて、かれらの努力はますます行動経済学に収斂しつつある。ジャック・ウェルチ自伝の原題にある「気合い一発」がそれをうまくまとめている。投資に影響する決断は、分析によるものというよりはむしろ直感によるものだ。その直感は、心理学の法則に従う社会的なプロセスだ――しかもそれは集団的な決定なので、社会心理学の法則が効いてくる。

事業――少なくとも成功事業――の原動力は、未来を創り出す興奮だ。そして経済全体にとって重要なのは、成功事業だ。成功事業を創り出した投資判断は、そのビジョンにとっては偶発的なものでしかない。事業の物語は、工場設備の購入といった経済学者によるありがちな話とはまったくちがった用語で語られる。なぜ資本支出が毎年変動するのかと尋ねるのは、なぜビールの消費量が宴会ごとに変動するのかと尋ねるようなものだ。わかるわけがないし、どのみちだれも覚えてなんかいない。そして、だれがそんなことを気にする？　投資は単に目的のための手段だ。なにやらでかいことが起きていたので、そのとき必要に思えたというだけだ。あるいは、他の問題が生じてでかいアイデアが延期されたから投資が減ったのかもしれない。頃合いが悪くてでかい投資の可能性は持ち出されもしなかっただけだ。

これまで論じてきた資産価格の投機的な変動を考えると、こうした変動の原因の一部は、資産価格の変化とそれに関連した信念にあるように思えてならない。ウェルチはこう述べる。「会社の雰囲気は、新聞記事の切り抜きや株価がどのくらい強気かで変化した。いい話があるたびに、組織は元気になるようだった。よくない記事はすべて、泣き言皮肉屋たちに希望を与えた[33]」。

発言には注意すべきだし、株価と投資の相関にはある程度の疑念があるということも示唆すべきだろう。経済学者のジェイムズ・トービンとその同僚ウィリアム・ブレイナードが考案した、トービンのqという簡単な物語がある。これは、株式市場と投資との間には厳密な相関があるべきだと述べている。[34] qというのは、会社の市場価値——株式の時価総額と社債の時価総額——が、その総資本に対してどのくらいの割合かを示す。資本というのはもちろん、機械設備や土地、在庫、ソフトウェアなどだ。この物語によると、企業の市場価値が総資本の価値をはるかに上回ったら、同じような会社を作ろうというインセンティブができる。つまりは資本を買うということだ。というわけでqが高いと投資も高い。そしてもちろん、投資をするのは新企業ばかりではない。古い企業だって拡張しようとする。qが高いほど投資インセンティブも増すというわけだ。[35]

トービンのqモデルはある程度まではあてはまるが、実はqと投資との相関は弱い。[36] 過去一〇〇年について投資(資本ストックに対する比率)とqを散布図に落としてみるとそれがわかる。一九二〇年代と一九三〇年代には、投資とqは見事な相関を示す。一九二九年の株式市場は高かった。そして投資も高かった。株式市場は崩壊して、一九三〇年代初期に底を打った。投資もそうなった。それから株式市場は一九三七年にピークを迎え、実質価値だと一九二九年に匹敵する水準となった。投資もそうだ。さらに一九九〇年代のミレニアムブームで、株式市場はかなり変動した。株式市場が上昇すると投資も増えた。それから二〇〇〇年以降にはいっしょに暴落した。だが大恐慌と近年の間には、株式市場が下がったのに投資は堅調だった重要な時期が二回ある。第二次世界大戦後、株式市場はどん底だったが、経済は強いままだった。この時期、経済は強くなりすぎて、インフレは一九四七年に一四パーセントを超えた。このときqは一を大きく下回ったが、投資はやはり高かった。そして、第一次オイルショックの後で株式市場は大幅に下がった。このときもまた、投資は強いままだった。何が起きていたのか？　このときもインフレだった。一九七四年にインフレ率は一一パーセントを超えた。第4章では、株式市場が通常はインフレにどう反応するかを論じた。貨幣錯覚があるから、株式市場は不合理にも下がってしまうのだ。

ここでのデータはあまり確実なことは語ってくれないが、どうも安心の喪失によって株式市場が下がると、投資も下がるようだ。だが株式市場がインフレのせいで下がっていて、経済のほかの部分がしっかりしているなら、投資もしっかりしている場合が多い[37]。このデータではあまり断言はできないものの、アメリカの過去一世紀に関するこの解釈は、われわれの理論やビジネスサイクルの中でのビジネス行動の細かい分析と、きわめて親和性が高いように思える。

野獣を飼い慣らす——人々のためになる金融市場とは

本章では、なぜ資本市場が変動しすぎるのか、そこに働く心理、そしてそれと実体経済との間に働くフィードバックを論じてきた。だがこれは経済政策についてはどういう意味を持つだろうか？　本章を通じて何度も出てきた主題が一つある。経済学者が経済全体の仕組みとして述べる理論は、単純すぎるということだ。ということは、天気予報士をクビにすべきだということになる。では実際問題として、その予報士をクビにするというのはどういうことだろう？　アメリカ経済の天気予報士を務める人々は、ますます自由市場翼賛の――そしてそれ以外に何も言わない――評論家や政治家になってきた。自由市場はすばらしいという見方は、株式市場や実体市場の高騰や暴落をあおってきた各種物語の一つでしかない。本書でもこれまで、資本主義のすばらしさについては声高に語ってきた――が、必ずちょっとの注意書きはつけてきた。資本主義は、人々の嗜好を満たす何千という商品で、スーパーマーケットの棚を満たしてきた。だが人々の嗜好がガマの油をお望みならば、資本主義はガマの油も作ってしまうのだ。

過去一〇年か二〇年ほどの間に資本主義が受けてきた絶賛のおかげで、この注意書きは忘れ去られてしまった。はいはい、資本主義はよいものです。でも、はい、そこには過剰もあります。だから見張りがいる。金融市場はなかでも特別に注意して見張るべきものだ。前章で、市井の人が自分の財務状況を見たがらないという話をした。社会保障がなければ、引退後に文なしになる人も多いだろう。そういう人がこうした問題に取り組めないのであれば、金融市場は特に慎重な規制が必要だということになる。なぜか？　それはこの分野でこそ、ほかのどこよりも市井の人がガマの油をつかまされる可能性が高いからだ。このガマの油がよくあらわれているのは、資産市場の過度の高騰と暴落だ。市井の人はそれを買う。だが何を買っているのか市井の人にはわからない。評論家や政治家――そして経済学者も――が資本主義についてますます妄信的な態度をとるようになってくると、怪しげな金融商品を作っては売る一大産業が生まれてきた。ほとんどの場合、市井の人が直接それを買ったわけではない。だが一般人は、自分の年金基金や４０１(k)口座、投資信託が、また大金持ちならばヘッジファンドのマネージャーたちが、こうした商品を買うことを認めてしまった。こうしたファンドのために取引をする仲介業者は儲かった――それも大幅に。だがババをつかまされたのは、あわれな市井の人々なのだ。

だがわれわれが心配しているのは、市井の人々のことだけではない。本書はマクロ経済学の本だ。われわれの懸念は、市井の人々がババをつかまされると、市場全般に対する安心感が失われ、そのために深刻な不景気が起こるということなのだ。

したがって、予報士をクビにするということは、資本主義が文句なしにいいという神話をあきらめるということだ。またそれは、資本主義の裏側にも取り組む必要があるということでもある。裏側というのは、自分が何を買っているか注意しないと、だれかにガマの油を売りつけられるぞ、ということだ。そろそろ資本主義がなぜ機能するかをきちんと理解すべきだろう。それは、市井の人が市場に投資したり、ローンを組んだり、車を買ったりするときには、その買っているものにある程度の保証をしてくれるような規制があるからこそ機能するのだ。一九三〇年代に、想像もつかないほどの規模と影響を持った危機が生じたために、ルーズベルト政権はこのメッセージを真剣に受け止めた。そして人々を資本主義の過剰から保護する仕組みを作った。これは特に金融と銀行の規制に関わるものだった。たとえば証券取引委員会、FDIC（連邦預金保険公社）などがある。七〇年以上にわたり、われわれは当時設立された安全装置の恩恵を被ってきた。こうした仕組みと、賢明な財政金融政策が、アメリカをひどい不景気から遠ざけてきたのだ。

だが金融市場は変わった。ますます複雑になった。アメリカでは、この複雑さはルーズベルト大統領とその支持者たちが設置したアルファベット頭文字機関の規制を逃れるための手口だった。天気予報士をクビにした以上、いまや市場で何が起こるかという新しい物語が必要だと言うことだ——そしてそれは、資本主義が常に晴れだと予測するようなものではないはずだ。すると、こちらも注意すべきだろう。人々が経済について内輪で語る物語は、誇張する。人々をこうした誇張から守るという新しい必要性がある。金融市場にも規制が必要だという見方を新たにしなくてはならない。そしてときには、そうした規制が失敗したときには、金融市場と実体経済とのフィードバックがあるので、慎重な、よく考えられた金融保険という政策が登場する余地が出てくる。金融消費者の保護を再生させることも、経済のトップ優先事項の一つとなるべきだ。

本当に不景気に陥った緊急時には、バックアップとして金融政策と財政政策がある。だがこうした政策やその有効性にも限界があるのはわかっている。いまや金融規制の設計を見直して、市場を動かすことの多いアニマルスピリットを考慮に入れ、市場がもっと効率よく機能するようにして、経済を窮地から救い出すために必要な事後的な救済措置が最小限ですむようにするべきだ。

第12章

なぜ不動産価格には周期性があるのか?

不動産価格は、株式市場並みに変動が激しい。農地、商業不動産、住宅やマンションの価格は、巨大なバブルを繰り返していて、人々が前回の教訓からいっこうに学ばないかのようだ。[1] 本章では、こうした出来事——特に近年の二一世紀初頭に見られた住宅価格のすさまじいバブル——は、経済のほかの部分で働いていたのと同じアニマルスピリットに動かされていたと論じる。そしていまやおなじみのアニマルスピリットのほとんど——安心、腐敗、貨幣錯覚、物語——は、不動産市場でも中心的な役割を果たしていたのだった。

どういうわけか、一九九〇年代末と二〇〇〇年代初期には、住宅やマンションへの投資はすばらしい投資だという発想が一般の想像力に深く根を下ろした。これはアメリカだけでなく、ほかの国でもそうだ。物件価格が上がっただけでなく、不動産投資について驚くほどの熱気が見られた。アニマルスピリットがそこらじゅうで機能しているのが見られたのだ。

これはアメリカ市場で最大の住宅価格高騰だった。一九九〇年末にはじまり、一〇年近く続いた。物件価格が倍増しかけたところで、二〇〇六年に下落が始まった。[2] この目覚ましい価格上昇は、それが続いている間はほかの国でも見られ、世界経済全体と株式市場を押し上げるのに一役買った。そしてそれが終わると、一九三〇年代以来最大の不動産危機、通称サブプライム危機が残された。そしてそれに伴い、いまだに全容がわからないほどの世界的な金融危機がやってきた。

だが何がこんな高騰と暴落を引き起こしたのだろうか? 人々の思考を本当に動かしたのは何なのだろう?

よい出発点が、トム・ケリー(ラジオ番組の司会者)とジョン・トゥチロ(全米不動産業協会の元チーフ・エコノミスト)による『なぜ二軒目の家が最高の投資なのか』だ。この本は二〇〇四年、物件価格の上昇が最も顕著だったときに刊行された。そこにはこうある。「こう考えてみましょう。住む家は一軒で十分だと思うにしても、ほかにもそう思う人はいるわけで、その人たちはその特権のためにお金を払うはずです。不動産投資、特にご自分でも楽しめる物件——別荘や引退後の住まい——は、一般のアメリカ人に手が届く最も収益性の高い投資なのです[3]」。この文章での説明以外には、この本はなぜ不動産が最高の投資なのかという議論が一切載っていない。

ケリーとトゥチロは、不動産投資は通常は借入れを伴う投資だと指摘する。でもそれは高い収益を保証するものではない。借入れを伴う投資は、価格が下がったときにはすさまじく悲惨なことになる。それはいまの金融危機で、住宅オーナーたちが思い知らされていることだ。全米の住宅価格が下がる可能性について、この本は一切触れていない。この種の発想はもちろん、投機バブルの特徴だ。投資の可能性について合理的な説明はない。

代わりに、この本は物語でいっぱいだ。たとえば、ハミルトン夫妻は生涯ペンシルバニアで暮らしてきた。何年もフロリダに家を持ちたいと夢見てきたが、行動を起こしたのは成人した息子のフレッドがそうした投資を奨めて、共同出資を申し出たからだった。不動産業者が、フロリダ州ネイプルスにあるいくつかの家それぞれに、何日かずつ滞在させてくれた。そのうちの一軒に惚れ込んでそれを買い、たいへん幸せになりましたとさ。このような一連の物語の中から、読者は自分に最もしっくりくる物語を探し、自分のモデルとなるものを選ぶわけだ。

明らかに著者たちは、なぜ住宅投資が最高か説明するまでもないと思ったようだ。だがなぜ投資家たちは、こんな本を読む以前から住宅投資を信じ切っていたんだろうか?

不動産に関する甘い直感的な信念

どうも人々は、あらゆる場所で住宅価格は上がるしかないという強い直感を身につけてしまったようだ。みんなこれを確信しきっていて、それを否定する経済学者になど耳を貸さない。説明を強要されたら、土地は増えないのだから不動産価格は常に上がってきたと答えるのが普通だ。人口増加と経済成長で、不動産価格はまちがいなく強力に押し上げられるという。こうした議論がまちがっていることはすぐ示せる。でもそれもおかまいなし。

人々が常にこんな見解を持つわけではない。特に住宅価格が何年、何十年も上がっていない場合はそうだ。「土地は有限／人口増加／経済成長」という物語は、普遍的な魅力を持つらしい。だがそれがもっともらしいのは、住宅価格が急上昇しているときだけだ。

この議論は魅力的なので、不動産ブームの物語にはつきものだし、それが口伝で伝わり、さらにブームに貢献する。ブーム期に住宅価格が上がる一方だとこの議論も伝染するというのは、その背後にある直感でさらに強化される。

だが実験によれば、人々はきわめて基本的な物理現象についてさえもまちがった直感モデルを持つことがわかる。一九八〇年に心理学者マイケル・マクロスキーたちが行った実験では、大学生たちが細い曲がった金属管の絵を示された。そして実験者は、その管から金属球を高速で発射したら、どういう軌跡を描くかと尋ねた。物理学を勉強したことのない学生のうち、四九％はそのボールが管の曲がり具合をそのまま続けて、曲がった軌跡を描くと考えた。大学で物理を習った学生でさえ、一九％は球が曲がった軌跡を描くと考えた(4)。

物体はまっすぐ動く傾向があるという基本的な物理原則くらい、日常体験で学べそうなものだ。だからこんなに多くの人がまちがえたのには驚かされる。実は誤答した学生たちになぜそう思うか説明するようマクロスキーらが求めると、回答は一四世紀の科学者ジョン・ビュリダンが述べた中世のインペトゥス理論と見事に対応していた(5)。かれらも中世の科学者と同じように、日常体験でそれらしいものを見かけて、思い込んでしまったのかもしれない。説明はどうあれ、こういう考え方をする心理学的な傾向が根底にはあるはずだが、マクロスキーらはその源をつきとめることはできなかった。

人々は、不動産価格の軌跡を予測するにあたっても、種類こそちがえ同じくらい説明のつかないゆがみを持っているようだ。物件価格が常に着実に上昇し、不動産投資が最高の投資だという発想は、なぜか魅惑的らしいのだ。だが、それがいつも表に出ているわけではない。ブーム期以外には、不動産価格が常に上がるなどという発言はなかなか見つからない。古い新聞記事検索で、一八八七年の新聞記事を見つけた――ニューヨークを含む一部のアメリカ都市で不動産ブームが見られたときのものだ。それがまさに、懐疑論者の声が高まる中でブームを正当化しようとして、同じ発想を使っている。「人口が増えると土地の需要は増える。土地は一定範囲からは拡大できないから、需要を満たす方法は二つしかない。一つは空中高くに建設することだ。もう一つは地価を上げることだ。(中略) 土地が常に価値あるものだというのはだれの目にも明らかであるがゆえに、この種の投資は永続的に高収益で人気が高くなったのである」[6]。一九五二年――アメリカ史上第二の住宅価格ブーム、第二次世界大戦後の「ベビーブーム」による物件価格上昇期の直後だ――にはこんな議論が見られた。「住宅や不動産物件ほど安定して安全な投資はほとんどないということは、ほかの人々も知っている。不景気だと土地や家屋の価値は下がるが、ますます増え続ける人口は、長期的なトレンドを一貫して上向きにしてきた」[7]。こうした発言が、住宅価格の高騰の最中または直後に見られるということは、この発想がブーム期には何度も再燃することを裏付けている。だがブーム期以外では、こうした発言はまれだ。

この結論はまた、ブームの説明としてはまったく無力だ。住宅価格は何度も下落しているので、それが常に上がるという理論はすぐに反証されてしまう。特に日本では(土地はほかの国に負けず劣らず希少だ)市街地の地価が下がっている。日本の主要都市の地価は、一九九一年から二〇〇六年にかけて実質価格で六八％も下がっているのだ[8]。

貨幣錯覚もまた、住宅がすばらしい投資だという印象の一部を構成しているようだ[9]。われわれは、はるか昔の住宅購入価格を聞かされる。人々は、それが五〇年前のことでも、自分が家をいくらで買ったか忘れない。だが、それをはるか昔のほかのものの値段と比べたりはしない。だから今日でも「第二次世界大戦から帰還したとき、この家を一万二〇〇〇ドルで買ったんだ」などという発言が聞かれる。これを聞くと家を買ってすさまじく儲かったような印象を受ける――だが当時に比べると、消費者物価そのものが一〇倍にもなっているのだ。この間の住宅価値は、実質では倍増したくらいかもしれない。つまりは年率一・五％ほどの価格上昇でしかない。

人々の無理解についての説明としては、いわゆるキャッシュフローの現在価値換算というものがある。アメリカの実質ＧＤＰは、統計の収集が始まった一九二九年から二〇〇七年までに年率三・四％で上昇したので、二〇〇七年の実質ＧＤＰは一九二九年の一三・三倍だ。経済成長が続くとすれば、固定量の資源である土地の価値も、同じ率で増えてもよさそうなものだ。仮にそうなるとしよう。では土地への投資がすばらしいということだろうか？　いいや。土地の収益率がＧＤＰに比例するなら、地価も三・四％で増えたことになる。だがこれは、株にくらべると大した収益率ではない。株の実質リターンは、過去一世紀で年率七％以上だ（二％は実質キャピタルゲイン、五％は配当収益だ）。土地の場合だと「配当」というのは、その土地で育てられる作物の価値、借地の地代、その他土地を所有したままで所有者が手に入れられる各種の便益だ。現在価値理論の教えでは、もしこうした配当が年率で三・四％成長すると期待されるなら、地価はこの配当にくらべてかなり高いところで均衡となり、土地所有の総収益は、他の投資と似たり寄ったりにしかならない。

もしすべてが現在価値理論どおりの値段になっていたら、価格がGDPと並行して成長しようとしまいと関係ない。収益は他の投資とまったく同じになる。この現在価値理論は、ファイナンスの学部生やMBAコースなどでは教えられる。だがこうした講義を受講した人以外となると、これを理解している人は少ない。また、アメリカでは土地の中でも農地の価格上昇は、過去一世紀でGDPに比べてずっと低かったということを指摘しておこう。その実質価値は、一世紀で二・三倍しか増えていない。年率〇・九%——GDP成長よりはるかに低い[10]。投資家にとっては、全体として悲惨な収益率だ。

農地の供給だって固定されているが、その価格が実質GDP成長に追いつかなかったのは、それがGDP成長の中で大した部分ではないからだ。国民所得・生産物計算によると、農林水産業は一九四八年にはアメリカの国民所得の八・三%を占めていたが、二〇〇八年にはそれがたった〇・九%になった。サービス産業がアメリカ経済のますます多くを占めるようになりつつあるので、すでに土地をたくさん使ったりしなくなっているのだ。さらにアメリカの実質住宅価格は一九〇〇年から二〇〇〇年にかけて二四%しか上がっていない。つまりは年率〇・二%[11]。明らかに土地は住宅建設の制約条件にはなっていない。だから住宅価格上昇分のうちで、地価上昇分は無視できるほどのものなのだ。

不動産の安心乗数

というわけで、不動産が一般によい投資だと期待すべき合理的な理由は何もない。時代と場所によってはよい投資だというにすぎない。人々は常に、土地が稀少だから不動産価格はだんだん上がると思い込みがちだ。だがこの思い込みがあっても、常に警戒して対応行動を起こすべきというわけではない。この思い込みを二一世紀に拡大させたのは、ブームの物語だ。そしてその拡大には多くの理由があり、文化的なものもあれば制度的なものもある。

前章では株について、価格から価格へのフィードバックや、価格からGDPから価格へのフィードバックを説明したが、これは不動産でも働いている。住宅価格上昇がますます大きくなるにつれて、不動産価格は上昇するという世俗知が強化されて、その世俗知はなにやらすさまじい機会が生じているという感覚をもたらした。このフィードバックはアイデアや事実の感染と相互に作用して、住宅価格は果てしなく上昇するという信念を強化したのだった。

一九九〇年代の株式市場バブルは、人々が自分自身について持つ見方を変えてしまい、かれらの自尊心は自分たちが賢い投資家だという感覚に動かされるようになった。人々は投資家たちの口ぶりや習慣を覚え、ますます投資雑誌を購読するようになり、さらに投資についてのテレビ番組を見たりするようになった。株式市場がだめになると、多くの人は投資を別のセクターに移そうと思った。不動産は魅力的に見えた。二〇〇二年以降の株式市場調整に伴う会計スキャンダルで、多くの人はウォール街不信となった。だが住宅、特に自分の住宅は、一般人でも理解できて、目に見えて触れるものだったのだ。

二〇〇〇年以降にブームが進むにつれて、人々の住宅に対する考え方が変わった。家を投資として考えようという新聞記事が激増した。住宅についての記事は、ますます住宅投資の話になった。「家を転がす」、「物件のはしご」といった新語が人気を博した（この二つは人気テレビ番組の題名にさえなった）。「家のように安全」という古い成句が新しい意味合いを持つようになった。この成句はどうやら一九世紀に、船と家との比較で生まれたようだ。暴風雨の中で乗客がおびえたら、船員は「心配しなさんな、この船は家のように安全なんだから」といってなだめた。だが二一世紀にこの用語が投資の文脈で使われると「心配しなさんな、この投資は住宅投資と同じくらい安全なんだから」という意味で使われるようになった。そしてブームはこの用語を次のような発想と結びつけたのだった。「……だから大量の借入れをして住宅に投資するとまちがいなく大もうけです」。

なぜ二〇〇〇年以後の住宅価格ブームが、それ以前のどれよりも大きかったのだろうか。住宅ブームがこれほどの規模になった原因の一部は、住宅に関連する経済制度の発達にある。

制度が変わったのは、住宅ブームに参加する機会が人口のあらゆる部分に公平に与えられていないという信念があったからだ。マーチン・ルーサー・キング三世（あの偉大な市民権活動家の息子だ）は、一九九九年に「少数民族の住宅ギャップ：ファニーメイとフレディマックの落ち度」なる論説で、少数民族《マイノリティ》がブームに取り残されていると嘆いた。

「住宅・都市開発省（ＨＵＤ）の調査によれば、アメリカ人の九割近くが借家より持ち家のほうがいいと信じている」[12]。少数民族だって、ほかのみんなと同じように、こういう金持ちになる機会に参加できてしかるべきだ、というわけだ。ブームに参加する機会が不公平だという糾弾は、ほとんど即座に無批判な政府の対応を引き起こした。HUDの長官アンドリュー・クオモは、これに呼応してファニーメイとフレディマックの融資対象を、恩恵を受けていないコミュニティまで大幅に広げた。かれは結果を求めた。住宅価格が将来下がる可能性があろうと、かれはどうでもよかった。かれは政治的に任命されただけの人物で、少数民族のために経済的な公正を確保するのが仕事であり、将来の住宅価格についてあれこれ意見する仕事ではなかった。そこでクオモはファニーメイとフレディマックに対して、融資基準を下げて借り手の書類提出要件をゆるめてもいいから、融資を増やせと命令した[13]。この政策が少数民族にとっていちばんいいことなのかについて、真剣な検討は一切行われなかった。

この雰囲気では、住宅ローン業者が貸出基準をゆるめるのも無理はない。こうした新参ローン機関は、根っから腐敗することになった。一部の住宅ローン業者は、融資審査などまったく考えずに、だれにでも貸していた。この種の腐敗は、人々が未来について高い期待を持っているときに花開く。あるいは腐敗というのは強すぎるかもしれない。いずれ債務不履行に陥りそうな融資をするのは、腐敗と言えるか？　なんといってもこちらが住宅ローンを無理強いしたわけじゃない。住宅ローン証券を買う投資家にだって、買えと強要したわけじゃない。だいたい、未来のことなんてだれがわかるものか？　多くの人に、自分がほしいと思っていたものを提供すればお金が儲かった。やめろという規制当局もいなかった。すでに見たとおりガマの油住宅の買い手と、その資金を提供したガマの油ローンの買い手とにはつながりがあったのだ[14]。

だから住宅価格上昇の疫病を作り出したフィードバックは、文化的、心理的な要因だけでなく、制度的な要因も持っていたわけだ。二〇〇〇年代の住宅ブームに対するサブプライム融資者の影響は、低価格住宅のほうが高価格住宅よりも値上がりが激しかったという事実からうかがえる。そして二〇〇六年以降、物件価格が下がったときには、低価格家屋の価格のほうが激しい下落を見せた[15]。

住宅市場を検討する中で、またもや経済の駆動装置としてのアニマルスピリットが重要だとわかる。住宅投資（もっぱら新規住宅着工および既存住宅の改修）は、一九九七年第3四半期にはアメリカのGDPの四・二%だったのが、二〇〇五年の第4四半期には六・三%となり、二〇〇八年の第2四半期には三・三%に下がった。このように、住宅投資は最近のアメリカ経済の好況とその後の下落にとって大きな要因となった。そしてこの振る舞いの原因は、アニマルスピリット理論のあらゆる要素——安心、公平さ、腐敗、貨幣錯覚、物語——と関係していたことがわかる。

第13章

なぜ黒人には特殊な貧困があるのか？

そしてそれが起きたとき、私たちが自由の鐘を鳴り響かせたとき、私たちがそれをあらゆる村やあらゆる集落から鳴り響かせたとき、あらゆる州とあらゆる都市から鳴り響かせたとき、あらゆる神の子どもたち、黒人に白人、ユダヤ人にキリスト教徒、プロテスタントにカソリックが、みな手を携えて古い黒人霊歌を歌うことができるでしょう。「ついに自由だ！　ついに自由だ！　全能の神に感謝を、われわれはついに自由になったのだ」。

マーチン・ルーサー・キング・ジュニア、一九六三年八月二八日

マーチン・ルーサー・キングがこのことばを語った二四カ月後、アメリカ白人はジェイムズタウン入植以来アメリカ史を貫いてきた、黒人と白人との正義のギャップをやっと認めることになる。(1)議会は投票権法を可決する。黒人は南部でも本当に投票が認められる。宿泊施設や他の商売における人種分離は禁止される。「個人の人種、肌の色、宗教、性別、出身」に基づく雇用差別は非合法

とされる。いまでも一部に残るアファーマティブ・アクション（差別撤廃措置）の発端すら見られるようになる。アメリカの大きなジレンマだった人種分離が、ついに克服されるという約束がやっとなされたのだ。[2]

夢見る人ならば、この演説の後に来る変化を期待しただろうし、予見すらできたかもしれない。だがその次に何が起こるかは、だれも予測できなかっただろう。その後四六年が経った。だが白人と黒人の差は、消えるどころか、もっとちがったものに変容してしまった。キング牧師の夢のとおり、いまや黒人中産階級が生まれ、それがますます成長している。いまや黒人の半分以上は、貧困線の倍以上の収入を得ている。基準の取り方にもよるが、これは中産階級だ。だがその成功の中で、多くの黒人は貧困のままだ。黒人貧困率は、二〇〇六年には二三・六％で、白人貧困率の三倍だ。黒人の失業は白人の倍だ。[3]

こうした統計はアメリカでの黒人と白人のギャップを示しているが、現実はこの統計の示すものよりはるかに陰惨だ。最貧黒人の問題は、ただの貧困にとどまらない。その問題には、異常な犯罪率、ドラッグやアルコールの中毒、私生児、女性が世帯主の家族、福祉依存などの高さなどが含まれる。収監統計を見ると、こうした問題の最悪のものでさえ、黒人の相当部分に影響していることがわかる。だからたとえば、一八歳から六四歳のアメリカ黒人のうち、七・九％は刑務所や牢屋にいる。[4] 黒人男性の収監率は、白人男性の収監率を八対一で上回っている。[5] やりきれないことだが、黒人男性の若者が生涯で刑務所に入る確率は二五％を超える――そしてこれは、地元の牢屋にしか入らない人を除外した数だ。[6] アメリカ先住民たちについても似たような数字を挙げられる。かれらは黒人よりもっと恵まれない立場にいるのだ。

こうした問題の解決は、アメリカがいまだに終えていない仕事だとわれわれは思う。この問題は実に広くて重要だから、マクロ経済学についての本がこれについての議論なしには済まされないだろうと考える。またこれから見るように、アニマルスピリットの二つ、物語と公平さが、こうした問題の永続化に大きな役割を果たしている。

黒人であるとは

かなりのマクロ経済的事象が、ほとんど必ずあらゆる人に等しくふりかかる。たとえば失業率が一パーセントか二パーセント変わると、あらゆる集団――老若男女、黒人、白人、ヒスパニック――の失業率は同じくらい上下動する。ウォール街が好調だった一年の最後に株のページを眺めたら、一つだけ下がった株というのはなかなか見つからない。そして悪い年だと、あらゆる株が下がっている。したがってアメリカ黒人の二極化――成功した中産階級、アメリカ大統領、二人の国務長官、法務長官、多くのCEOたちが片方にいて、一方では収監中の八〇万人がいる――は突出した出来事だ。[7] 何か説明が必要となる。

なぜかれらは取り残されたか

社会心理学者たちは、実験室で被験者たちが自分たちを「おれたち」と「あいつら」に分けるような集団分割を作り出すのが実に簡単だと言うことを示している。「おれたち」は、自分たちをひいきにして、「あいつら」には偏見を抱く。古典的な実験では、被験者たちは誕生日が偶数か奇数かで区分される。これほどくだらない無意味な集団分割であっても、奇数日に生まれた被験者は、仲間の奇数生まれをひいきにして、ライバルの偶数生まれどもに偏見を抱いた。[8] 子どもの絵本で有名なドクター・スースでさえ、これを種にしている。かれの『バター戦争物語』は、パンのバターを塗った面を上に向ける人と下に向ける人との間で起こる大戦争を描いている。[9]

もしこのような「おれたち／あいつら」集団を、実験室の最低限の環境ですら作り出すのが可能なら――実は可能どころか簡単なのだが――四〇〇年の人種分離を経てアメリカの白人と黒人がまさにそうした集団を形成するのも無理はない。こうした分割と偏見は、これまで論じてきた二つのアニマルスピリットと結びついている。「おれたち」と「あいつら」の区別を存在させるのが、まさに物語の結果なのは当然だ。だが実験室での実験のように、それはまた何が正義で公平かという感覚を作り出し、「おれたち」には何が公平で、「あいつら」には何が公平かといううちがった基準を作り出すのだ。

こうした区別、アメリカにおけるおれたちとあいつらの差という問題は、あらゆるアメリカの黒人にとって中心的な問題だ。[10]黒人は、自分たちが選んだわけでもなく、不公平だと考える経済システムにある心理的・物質的困難を、かきわけて進まなくてはならない。どれか、黒人の自伝を読んでみよう。こうした問題はまちがいなく中心的な課題となっている。社会学者ミシェレ・ラモントの『勤労者の尊厳』は、これが実際の生活でどういう意味かを示している。[11]ラモントは、白人と黒人の労働者階級の男性にインタビューした。彼女が求めていたのは、われわれがここで求めているものと同じだ。彼女はみんなの物語が知りたかった。朝起きて仕事に行こうという気にさせてくれるのは何？　彼女のインタビュー相手はみんな同じ問題に直面している。みんな、アメリカ社会の理想を実現する点で、そこそこ程度の成功しかおさめていない。お金でいえば、そんなに稼いでいない。名誉でいえば、あまり尊敬も受けない。尊厳を保つため、そして少ない報酬でむずかしくてきつい仕事を続けるために、かれらは世界観と、自分がそこにどうおさまるかという視点を持つ必要がある。

もちろん、すべての白人労働者やすべての黒人労働者が同じことを言うわけではない。同じ集団でもかなりの開きはある。だがそれでも、ラモントによれば、それぞれの集団が自分をどう見ているかを描く、様式的な物語があるのだ。まずは白人的な世界のあり方を見よう。かれらの見方だと、世界はきつい場所だ。競争も激しい。でも資本主義は可能なシステムの中で最高のものだし、自分たちはそこにおさまっている。かれらはこのシステムに独立人として貢献できていることを誇りに思う。いろいろ苦労はあるが、なんとか自分や家族の面倒をみているし、それを大いに誇りに思っている。自分の運命には自分個人が責任を負い、他人の相対的な成功や失敗は、他人自身の責任だと思っている。さらにかれらは、もっと社会的地位の高い人々に比べて、自分たちはお金をあまり気にせずに本当に大事なものを気にかけているので、自分たちのほうが人間的に優れていると思っている。これは自分で選んだ人生なんだし、それを生きる責任がある。かれらの世界観は、驚くことに、まさにミルトン・フリードマン&ローズ・フリードマンの『選択の自由』からそのまま出てきたようなものだ(12)。

これに対し、ラモントがインタビューした黒人たちは、ちょっとちがった物語を持っている。白人たちと同様、労働階級の黒人たちも、その自立性に誇りを抱いている。だがかれらの自立は、白人よりも厳しい状況の中で実現されたものだ。かれらは、資本主義のトランプから運の悪いカードを引いただけではない。白人たちは、自分が公正な社会に住んでいると信じ、自分の社会的地位が低いのは、単についてなかったか、あるいは自分で選んだ道だと思っている。だが黒人にとっては、自分たちが成功できないのは、自分たちが「あいつら」ではなく「おれたち」である結果なのだ。「あいつら」が仕事や給料といった社会の報酬を支払う。「おれたち」はそれを受け取る。実際、白人と比べると、黒人たちはもっと自立性が高くなければならない。というのも、黒人は「おれたち」がなじむ世界だけでなく、「あいつら」の敵対的な世界にも対処しなくてはならないからだ。このため黒人たちは、自分たちの中で連帯感を抱く。また自分たちが犠牲者であって、犠牲者は助けてもらえるべきだと思っている。成功できないのは、みんなが同じ機会を持つ中で運が悪かったとか、別のライフスタイルを選んだとかいうだけの話ではない。これが黒人労働者にとっては、自分が何者でどういう存在であるべきかという自己イメージの中核となる。

ラモントのインタビューでは、黒人だと予想どおり人種が中心的な役割を果たすが、白人でもそうなっている。白人は、自分たちの自立性を誇りに思い、自分たちを黒人ではないものとして定義づけ、特に生活保護を受けている黒人とはちがう存在だと自分を位置づける。これに対して黒人は、自分たちを白人との対照で定義づけるが、かれらから見た白人はケチで不公平だ。この二つの物語のどちら側にも、自分たちがどんな存在でどう振る舞うべきかについての脚本がある。また他人がだれであり、連中はどう振る舞って、しかもどんなちがう振る舞いをすべきかという脚本があるのだ。

成功しなかった人々

すると、黒人たちはアメリカ白人たちにはない問題を抱えていることがわかる。かれらは親のリソースや近隣のリソースという点で、悪い手札を配られている。そしてかれらはその悪い手札で、心理的に自分にとって厳しい世界で立ち回らなくてはならない。ディーラーがズルをしたのだ。道徳的に公正で公平だとは思えない世界でやっていくには、余計な心理的負担がかかる。ラモントが選んだ労働者階級の黒人のサンプルは、人生がきついにしても、ある程度は成功した人々だ。どんな戦争にも犠牲者はいる。そしてこうした労働者階級の生活が、実につらいものとして描かれているという事実を見ると、おそらく成功しなかった人々もいるにちがいないことが示唆される。

成功しなかった人々のエスノグラフィでは、ラモントが見せてくれたコインの裏側が見られる。

ラモントの意見では、アメリカ黒人の労働者階級は、自分たちの感情を抑えることで尊厳を保っている。成功しない人たちは、この心理的作業ができない。そして感情が爆発する。これを見るのによい場所は、エリオット・リーボウの『タリーズ・コーナー』だ。これはワシントンでいちばん荒れた近隣にある、持ち帰り式飲食店のまわりでうろつく男たちの人生を描いた古典的な記録だ[13]。記録されているのは一九六〇年代初期だが、時代を経ても価値は変わっていない。このエスノグラフィから得られる知見は、いかなる意味でも例外ではないと確信できる。インナーシティで成功できなかった人々のエスノグラフィはすべて、同じ感情を報告するだろう。

『タリーズ・コーナー』では、タリー、シーキャット、リチャード、リロイと、その他多くの助演者たちの人生を描いている。その全員について何よりも衝撃的なのは、その怒りだ。リーボウはこの怒りを「あらゆることの恥辱」のためだと表現する。それは各種の場面で各種のやり方であらわれる――爆発する。それは友人同士のけんかにあらわれる。たとえばリチャードが誤って、タリーが自分の妻と親密になったと糾弾したために起きた、ナイフでのけんかなどだ。機会を拒絶するときにもあらわれる。リチャードは不動産仲介業者から家を直す仕事を提示されるが、入札書類を書かないのだ。家族の崩壊や、長期的な関係を維持したがらないというかたちでもあらわれる。たとえばリチャードは、仕事をクビになって妻シャーリーとけんかする。自分があるべきかたちで家族を支えられないのがわかっているかれは、「コーナー」に引っ込んで同じ身の上の連中と傷をなめあうのだ。家に帰れば、家族がいやでも目に入って、自分の無力さを思い知らされてしまう。リロイは妻を家から蹴り出す。怒りは仕事を拒絶することばかりでなく、いきなり仕事を辞めることにも反映される。たとえばリチャードは、起きてきつい建設現場の仕事に出かけるはずなのに、そのまま寝過ごすことにする。もうそれ以上は無理だと感じたのだ。あるいはシーキャットの場合、不動産を相続して保険金も少し持っている二五歳の未亡人グロリアと関係を持つ。シーキャットは彼女が本当に好きだ。でも、自分のプライドのなさに耐えられず、そして自動車事故を起こしたときに、別の女といっしょなのがばれてしまう。仲直りしようとグロリアに会いにでかけたところで、シーキャットは彼女をひっぱたき、その後でコーナーに戻るのだ。

ひどい仕事、貧困、自尊心の探求がどのようにすべてあふれて怒りになるかの記述が欲しければ、無数のエスノグラフィが存在する。この怒りはさらに社会集団、この場合にはコーナーの男たちによって維持されたり容認されたりする。男たちは明言はしなくても、暗黙のうちに、そうやって自制心を失ってもいいんだよとお互いに語りかけているのだ。

この描写に目新しいことは何もないと願いたい。これは長きにわたる優れた学者たちの、アメリカの黒人研究における最先端の結論にずばり対応しているとわれわれは思う。そうした学者たちとしては、イライジャ・アンダーソン、W・E・B デュボイス、ウィリアム・ヘンリー・ゲイツ、グレン・ロウリー、リー・レインウォーター、ウィリアム・ジュリアス・ウィルソンなど多数いる。そのそれぞれの業績から、ここでわれわれの言っている内容をずばりそのままとめた一節を見つけることができるだろう。似たような物語を別の文脈で語ることもできただろう。男性ではなく女性の行動を記述することもできた。人々が成功しないほかの理由に注目することもできた——学校の低い成績、ギャングとの関わり、アル中やドラッグ中毒、若年での妊娠などだ。われわれの描いたものはあまりに一般的なので、中産階級や労働階級から脱落する黒人の詳細な生活記述にはすべて色濃く表れるはずだと信じている。

われわれの与えた解釈は、市民権運動の直後になぜ黒人家族と労働が予想外の崩壊を見せたかについて、説明を与えてくれる。市民権運動以前のアメリカ黒人は、一人残らず自分たちに対する不正を知っていた。だが少数の例外を除けば、白人たちはそれを見ようとしなかった。空の星と同じく、黒人たちは肌の色による境界線が不変でどうしようもないものだとして受け入れていた。システムがいかに不公平でも、それを疑問視することなど考えたこともなかった。そうすることはあまりに自爆的だからだ。

だがそこで世界が変わった。アメリカの黒人たちばかりか、白人も不正を認めた。それはアメリカの公式史の一部となり、マーチン・ルーサー・キング記念日で祝われ、アフリカ系アメリカ人歴史月間できちんと教わるものになった。はい、確かに新しい機会はできた。そしてこれまで見たとおり、そうした機会を活用した人々はたくさんいた。だが、不公平感を無視するのは——いやもっと正確には抑圧するのは——いまやずっとむずかしくなった。歴史を公然のものにすることで、不公平感は増した。だから一部の人には新しい機会があっても、多くの人はそれを活用できなかったのだ[14]。

対処療法

われわれの記述や分析のほとんどは、社会学と黒人研究の標準的な議論を反映したものかもしれない。経済学の標準的な見方は、黒人が貧しいのは技能が少なく、金融資産も少なく、差別に直面しているからだということになる。だがわれわれは、少数民族の経済学に関する通常の記述にかなりのものを加えた。貧困者の生活における物語の役割、「おれたち」対「あいつら」、自尊心の探求、公平さといった側面は、貧困の標準的な経済分析には登場しない。ここでもわれわれはアニマルスピリットの役割に注意を呼びかける。

なぜこの説明が重要だと思うかといえば、それが黒人たちの直面する多くの問題について、解決のヒントを提供してくれると思うからだ。アメリカの黒人たちはアメリカ史の多くの移民集団と同じだと考えるべきだろうか？　ほかの移民たちは、何の助けもなしに所得と栄誉のはしごを自力で登ってきたではないか。それともアメリカの黒人たち（そしてアメリカ先住民たち）は特別だと考えるべきだろうか？　われわれの意見では、かれらの歴史はちがうから、特別だと思う――かれらの歴史は不正と不公平の歴史だ。もちろん、あらゆる移民集団はそれなりの差別の物語を持っているが、アメリカの黒人とアメリカ先住民たちについては、その不正の質がちがう。実際ヒスパニックたちはアメリカの黒人たちとはかなりちがう。二五歳から三四歳のヒスパニック男性の失業率は、白人と同じくらいだ。収監中の人々をのぞけば、その失業率は一〇％くらい。一方アメリカ黒

人だと、失業率は二五%になる。(15)

歴史、公平さ、物語が果たす役割を考えると、アメリカ黒人とアメリカ先住民たちの貧困は何より、ただの個人の選択ではない。リソースがないから罠に捕らわれているだけではなく、他の集団よりもずっと「あいつら」と「おれたち」との特別な溝が深いからだ。黒人や先住民たちは、確かに特別な問題を抱えている――アメリカでの収奪の物語という特殊な物語を抱えて生きるという問題だ。そして、白人と黒人の両方に、自分たちが別々の「あいつら」と「おれたち」という集団なのだという考え方がある。この考え方はまさに日常の現実だ。この考え方こそが――金融資産や技能の低さと同じくらい――アメリカ黒人の貧困継続をもたらしているのだ。

ではどうすればいいだろう? 一九九〇年代には、黒人等の不平等是正用優先枠制度であるアファーマティブ・アクションについて大論争があった。同時期に重要な本が二冊刊行されたが、その結論はまったくちがっていた。アビゲイル・テレンストロムとステファン・テレンストロムは、アファーマティブ・アクションの詳細な歴史を書き、それが市民権運動からどのように派生したかを記述した。(16) かれらは自分の事実関係の記述や統計分析を誇りに思っている。だがテレンストロム夫妻は、エスノグラフィが明かしているものを決して理解しようとしなかった。かれらはその歴史の一部に、インナーシティでシーキャットやタリーやリチャードやリロイのような人々に起こることは決して含めなかった。かれらはこうしたエスノグラフィで明かされる感情を説明できない。そして、アファーマティブ・アクションを特別に支持する議論の根底にあるのは、こうした避けがたい感情なのだ。これに対し『ストレンジャーたちの国――アメリカの黒人と白人』で、記者デヴィッド・シップラーは黒人たちが自分とアメリカについて何を語るか探り出した[17]。かれの見方では、そこには本当の溝がある。「おれたち」と「あいつら」がいる。そしてアファーマティブ・アクションは、この二つのアメリカの間にある障壁を打破するのに大きな役割を果たせるのだ。

まず何よりも、そのシンボリズムがある。アファーマティブ・アクションは、白人が黒人を気にかけていると示す。この責任を白人が引き受けることで、アメリカが本当は二つの国で多数派の白人が少数派の黒人を気にかけないという見方を打ち消すことができる。反対論があるのは知っている。アファーマティブ・アクションは実施が難しく、公平さについて大きな問題を引き起こしている等々。だがわれわれは、黒人たちに「可能だよ、気にかけているよ」というメッセージを伝えるというアファーマティブ・アクションの役割に比べれば、こうした問題は二次的なものでしかないと考える[18]。

テレンストロム夫妻のような否定論者は、アファーマティブ・アクションがまちがっていて、黒人中産階級は増えているし、政府の手法は効果がなく、黒人と白人の格差問題は市場に任せるべきだと宣言する。でも否定論者たちは、黒人たちと連邦政府や地方政府との間に多くのインターフェースがあることを見落としている。そしてそのすべてのインターフェースでリソースを使えば、二つのアメリカという物語を変える機会が存在するのだ。

こうしたインターフェースでいちばんはっきりしているのは学校だ。黒人の子が学校に通う頃には、すでに自分が黒人なのを知っていて、黒人と白人にちがいがあるのも知っている。また白人よりも貧しくて、機能不全の親や親戚を持っている確率も高い。そして自分の家族に問題がなくても、貧しい近隣では機能不全の他人がいくらでもいる。タリーとその友人たちをご覧じろ。統計をご覧じろ。さらに学校は中産階級の機関で、中産階級の価値観を押しつける。最高の学校ですら、教師たちはどんな人種であれ、生徒たちが問題を扱いきれない緊張のために爆発することで生じる面倒を非常にいやがる。そして学校そのものがそうした問題の源かもしれない。カリフォルニア州バークレーの中学校での知覚研究では、教師たちが「アパート」の貧しい子どもたちが引き起こす混乱を恐れて、かれらが「丘の」中産階級の子どもたちと同じ振る舞いをしないと、罰を与えていることがわかった。[19] この待遇の差は、一二歳児や一三歳児たちの間に不公平感と怒りをもたらした。それはタリーやその仲間たちの感覚と同じものだ。

実は、まさに貧しい少数民族の教育で学校がこうした特殊な問題に直面しているからこそ、それに対処するためのリソースが特別に必要とされているのだ。そしてそうしたリソースが提供されれば、目覚ましいちがいが生まれているようだ。黒人が学校の質にきわめて敏感だという証拠はたくさんある。テネシー州でランダム化実験をした結果、幼稚園の学級サイズが黒人生徒には特にちがいをもたらすことが示された。テキサスでは教師の質が黒人の試験得点に影響することが示されている。[20] 無数の実験的な学校が、よい教育と正しいアプローチによって、すばらしい成功を収めている。[21] こうした実験では、生徒と先生の間に信頼が生まれ、それがコミュニティから校庭に飛び火しかねない怒りを静めたという。適切なリソースが与えられれば——そしてこうした問題の扱いを心得ている、適切な種類の親身な教師が、授業にあまり忙殺されていなければ——黒人学生たちは驚くほどの反応を見せる。慎重に的をしぼった、うまい設計のプログラムで、経済的成功への競争で取り残された人々を助けられる余地はかなりあるのだ。[22]

こうした教育上の試みは、政府と黒人のインターフェースにおいて機能するプログラムの一例にすぎない。別の例を挙げよう。黒人が中産階級へと進む大きな手段の一つは、公務員になることだった。最初それは学校の先生になることに限られていたが、人種分離が終わってから、軍や連邦政府、州や市の病院なども含む各種の仕事が出てきた。ブッシュ政権の悲劇であまり知られていないのが、低次の連邦職を系統的にアウトソーシングしてしまったことだ。通常なら、納税者にとっての節約には賛成だ。でもこのアウトソーシングは、黒人にとってのよい仕事ばかりがなくなるという結果を招いてしまったのだった。[23]

さらにもちろん、アメリカ黒人が警察の世話になる分野はある。刑務所や牢屋にいる黒人の数には驚愕させられる。こうした収監の多くは、いまのところ避けがたい。それどころかその多くは、黒人コミュニティ自体を守るためにも収監しておくことが必要だろう。[24]だが刑務所や牢屋の矯正能力は見失ってはいけないし、こうした施設が再出発の機会を与える可能性もあることを忘れてはいけない。全体の中から、学習意欲がある囚人を選り分ける創造的な方法がもっと必要だし、かれらのドラッグ中毒やアル中も治してやるべきだ。実は刑務所は、再出発と教育の機会として見ることができる。もっと深刻な犯罪を犯す方法を学ぶ場であってはならない。

やってみるのが大事

結論としてわれわれは多くの点で政府がリソースを動員すれば、白人の「おれたち」と黒人の「あいつら」、あるいは白人の「あいつら」と黒人の「おれたち」という物語を消し去れるように思う。本書の中では、人々が自信さえ持てば奇跡に近いことを実現してきた歴史的な事例をいろいろ見てきた。人種の分裂は、いまだに続くアメリカの大きなジレンマだと思うが、もし本腰を入れて取り組めば、多くの点で人種的なちがいをなくせる方法はいろいろあるはずだ。やってみるだけの自信を持たなくてはならない。

われわれは本書を通じて、善かれ悪しかれ市場の力は認めてきた。だがわれわれは、ここでの問題の解決を成り行きと市場にだけ任せようとする否定論者には賛成できない。

第14章 結論

われわれのアニマルスピリット理論は、大論争に答えを提供する。その大論争とは、どうしてわれわれのほとんどがいまの経済危機を予見し損ねたのか、というものだ。何の原因もなくいきなり空から降ってきたような危機を、どうやって理解すればいいのか？　なぜそれを抑えようとする対応策が不足で、しかも経済当局はそれが効かなかったことに驚いたりしているのか？　これからの数カ月で実施される経済政策にいささかでも安心感を抱きたければ、これらの問題に答えなくてはならないのだ。

本当の問題は、これまで何度も見たように、現在の経済学の相当部分が根底に持っている通念だ。マクロ経済学やファイナンスの専門家のあまりに多くが、「合理的期待」や「効率市場」の方向性を推し進めすぎて、経済危機の根底にある最も重要な力学を考えなくなっている。アニマルスピリットをモデルに導入しないと、問題の本当の原因が見えなくなってしまうのだ。

今回の危機は予想外のものだし、まだ一般世間や多くの重要な意思決定者にすら、完全には理解されていない。それは、伝統的な経済理論にアニマルスピリットに関する原理がないからだ。伝統的な経済理論は、危機をもたらすような思考パターンの変化やビジネスのやり方の変化を排除する。信頼や安心の喪失さえ排除してしまう。経済を安定させられる賃金や価格の柔軟性を阻害してしまうような、公平感も排除する。価格高騰期の腐敗やクズ商品販売の影響も排除するし、バブルが破裂したときにそれが暴露されたらどうなるかも考えない。また経済を解釈する物語の役割も排除する。経済のふるまいに関する伝統的な説明からこれほど多くのものが排除されていることが、標準理論についての慎重論をまっ殺する結果につながり、現在の危機を引き起こした。また現在のわれわれが、起きた危機に対してどう対処すべきかわからないのもそのせいだ。

金融市場の卵は割れた。ハンプティ・ダンプティに世界の仕組みについて正しい見方があれば、そもそも壁から落ちるようなことはなかっただろう。同じく、資産の購入者たちが経済の本当の仕組みに気がついていれば、資産購入にもっと慎重になっただろうし、経済も転落しなかっただろう。だがいまなお、世界の仕組みに関するまちがった感覚があるので、多くの政策アナリストや特に世間の多くは、ハンプティ・ダンプティは修理できないので交換しなくてはいけないことを理解できていない。だからこそこれまで取られてきた対策が、完全雇用に見合うくらいの信用流通を維持できずにいるのだ。

マクロ経済学理論はどう対応すべきか

経済の本当の仕組みを理解するには、マクロ経済学理論にアニマルスピリットを組み込む必要がある。この点で過去三〇年のマクロ経済学はまちがった方向に進んでしまった。マクロ経済学をきれいにして科学的にしようとする中で、標準のマクロ経済学者たちは、人々が経済的な動機しか持たず、完全に合理的に行動したら経済がどう動くかにだけ専念することで研究の構造と規律を課してきた。四角を四つの箱に区切り、経済的な動機と非経済的な動機、合理的な反応と不合理な反応に分けてみよう。現在のモデルは、左上の区画しか満たさない。それが答えるのは、人々が経済的な動機だけを持ち、合理的な反応しかしないときに経済はどう動くか、ということだ。だがこれはすぐに、さらに三つの質問につながる。それは空白の三つの区画に対応する質問だ。経済は非経済的な動機と合理的反応の下でどう動く？　経済動機と不合理反応なら？　非経済動機と不合理反応なら？

われわれは、マクロ経済のふるまいとそれが変な動きをしたときの対応を巡る最も重要な質問の答えは、もっぱらこの空白の三区画にあると信じている。本書の狙いはそれを埋めることだ。

テスト

本書を通じてわれわれは、われわれの経済の記述が定性的な事実の面でも定量的な事実の面でも、不合理な行動や非経済動機を除外するマクロ経済学よりもうまくあてはまると強調してきた。ときには統計も使ったが、もっぱら歴史と物語にたよってきた。

われわれの主張が正しいことを証明する、簡単でやさしいテストがあると思う。正しいだけでなく、現在の主流マクロ経済学で空白になっている、三つの質問に答えられないようなモデルに比べても正しいことが示せるはずだ。経済の仕組みに関するわれわれの記述は、ほとんどあらゆるビジネスサイクル（景気循環）にあてはまると思う。直近のビジネスサイクルは、二〇〇一年に始まっていまも続いているものだが、アニマルスピリットを中心に据えたわれわれの記述は、実際に起こったことを驚くほどよく表現していると思う。

現在のアメリカの経済サイクルを考えよう（別にほかの国でもいいのだが）。そして本書のテーマがどのように展開したかを見てみよう。記述の中心にくるのはアニマルスピリットの役割だ。

お話は、基本的には二〇〇〇年と二〇〇一年に始まる。二〇〇〇年には経済が、ドットコム時代の不合理な熱狂から目を覚ましたので、ものすごい株式市場暴落があった。実質GDP成長率は、一九九九年と二〇〇〇年前半には四％だったのが、二〇〇一年前半にはたった〇・八％になった。[1]

ブッシュ政権はこの景気後退を口実に、大規模な永続的減税を主張した。その最初で最大のものは、二〇〇一年六月に法制化されて発効した[2]。FRBもそこに加わった。二〇〇〇年後半には六%だった公定歩合は、二〇〇二年一一月にはたった〇・七五%まで引き下げられた[3]。こうした手法は多くの点できちんと機能したようだ。経済は回復した[4]。金利引き下げは意図したとおりの効果を持った。前のブームは、資本設備への支出でトップヘビーになっていた[5]。設備とソフトへの投資は、二〇〇〇年問題の恐怖直前だったので特に高かった。この新しいブームでは、刺激は住宅から来た。二〇〇一年から二〇〇五年までの四年間で、GDPは一一・二%しか上がらなかったのに、住宅支出は三三・一%も増えた[6]。

だがすでに指摘したとおり、変なことが起きはじめた。これはブームの中でみんなが安心しすぎると起きるようなことだ。人々は、これが住宅を手に入れる最後のチャンスとでもいわんばかりに家を買いあさりはじめた（住宅価格が手の届かないところまで上昇すると思ったからだ）。そして投機家たちが住宅に手を出しはじめた。まるでほかの人たちも、この先家には手が届かなくなるからいまのうちにどんな値段でも買っておこうと思っているかのようだった。住宅価格は、二〇〇〇年の第1四半期から二〇〇六年第1四半期までの短期間で、ほとんど三分の二も上昇した[7]。ロサンゼルス、マイアミ、サンフランシスコなどの上昇は、それよりずっと激しかった[8]。広大な農地がほとんど一夜にして住宅開発された。住宅投機熱の時代だったのだ。

もっと驚くことだが、この熱に浮かされたのは住宅の買い手だけではなかった。金融市場——本来はきわめて慎重であるはず——がこのプロセスを支え、悪化させた。もちろん不動産屋とローン業者は、この熱に冷や水をかけるべき理由などなかった。かれらは仲介手数料が入ればよかったのだから。そして取引が活発だったので、手数料は巨額になった。いちばん驚かされるのが、帳簿の反対側にいる人々はそんなローンを引き受けて、住宅の買い手たちが愚かな投機をするのに必要な巨額の資金を提供したということだ。

なぜ買い手がそんなローンを引き受けたのかという単純な理由がいくつかある。一つの要因として、通常のローンの買い手たちである各種の銀行は、融資手数料で大もうけできるうえ、そのローンを自分の帳簿に載せなくていいということに気がついた。これまで見たように、銀行はニワトリを切り売りするのと同様に、ローンをいろいろな部分に切り刻める。そしてそのローンを買った人々は、自分が何を買っているか知らなかった。かれら自身はローンそのものを持たず、その切れ端を大量に寄せ集めたものを巨大なパッケージとして持っていただけだ。そして実際問題として、そのベースにあるローン自体について調べるのは難しいか、不可能だったのだ。さらに、証券化されたローンは、各種の格付機関が格付けをしていた。格付機関は、ローンの返済滞りの確率を推定するとき、住宅価格の最近のトレンドを前提にした——そしてこれはしばらく上がり続けていた。かれらはそれに応じた格付けをした。だからこの場合には、債務不履行を恐れる理由はほとんどないようだった。格付機関でだれかが、話がちがうぞと思っても——住宅価格が下がる可能性も考慮すべきだと思っても——警鐘を鳴らした人は、手っ取り早く金持ちになっている大量の手数料業者たちに冷や水を浴びせたということで、すさまじい不評を買うことになってしまっただろう。

これで今回の金融危機で起こったことを手短にまとめた。それは、経済的な上下動を引き起こすのが何かというわれわれの説明と対応している。安心の過剰に続いて安心の過小がやってくるのが原因だ。今回の物語は、住宅価格が下がったことはなく（これはただの物語で、実際にはウソだ）、したがってこれからもひたすら上がり続けるというものだ。だから失うものはないとみんな考えた[9]。

これがわれわれの時代の物語だ。それは二〇〇一年に始まったビジネスサイクルの物語だ。いまの下降期がいつ終わるかはわれわれも知らない。だが本書の論点とその理論の評価としては、他のほとんどあらゆるビジネスサイクルについても、アニマルスピリットとその作用の説明を使ってほぼ同じ話か似たような話ができる、ということを考えてほしい。アメリカなら、一八三七年の土地投機や国有銀行破綻に伴う崩壊に戻っても、似たような話ができる。あるいは大恐慌でもいい。ビル・クリントン候補が大統領ジョージ・H・W・ブッシュを経済軽視だと糾弾したときの、一九九一年不況でもいい。その他アメリカ史上において、あらゆる周期的な石油がらみでない平和時の高騰と暴落についても、同じ話ができる[10]。また同じ理論を使って、一九九〇年代の日本が苦しんだデフレスパイラルも記述できるし、いまのインドの経済ブームも記述できるのだ。

どんな時代の、どんな国でもいい。そこのマクロ経済ではほぼまちがいなく、本書の主題であるアニマルスピリットが活躍しているはずだ。

でも結局どういうこと？

われわれの経済解釈がこのテストに合格することを見た。それはほとんど普遍的に展開しているし、マクロ経済の現在のモデルに新しい洞察を加えている。だが、結局それはどういうことだろう？

それがどういうことか理解するために、アニマルスピリットを考慮しないマクロ経済の説明に戻ろう。われわれから見ると、このモデルはきわめて不備だ。それは多幸症に続いて悲観論がやってくるのを説明できない。

だがこの見方は驚くほど人気が高い。それも専門の経済学者に人気があるだけでなく、世間一般でも人気が高いのだ。この資本主義観は、先進経済の消費者たちに、前世紀までは夢にも見なかったような莫大な富をもたらした。平均的なアメリカやヨーロッパや日本の消費者は、中世の王さまより高い生活水準を持っている。食事はずっといい。家は王さまの城ほど広くないにしても、冷暖房はずっと快適だ。テレビやラジオは、ボタンを押すだけでずっと優れた多様なエンターテインメントをもたらしてくれる。こうした比較はいくらでもできるだろう。さらに、いまこれを書いている間にも、他の国――ブラジル、中国、インド、ロシア――も急速にＧＤＰのはしごを登っているのだ。

資本主義のすばらしさについては、われわれも異論はない。でもだからといって、資本主義が一つとは限らないし、資本主義の種類がちがえばその特徴も便益もちがってくる。どんなかたちの資本主義がいいかという論争は、アメリカ史でははるか昔からあるし、それがしょっちゅう正反対に変わったのも特徴的だ。一九世紀初めには、アメリカ経済における政府の役割を巡って激論があった。民主党は政府介入に反対し、ホイッグ党は政府こそが健全な資本主義の舞台を整えるべきだと考えた。連邦政府にとって、これはつまり国道網の整備を始めるということだった。アンドリュー・ジャクソンと、後にはマーチン・ヴァンビューレンもこの計画に反対した。これに対し、ジョン・クインシー・アダムスとヘンリー・クレイはこれを支持した。(11)

そしてこの論争は、それ以来何度か、行ったり来たりを繰り返している。最後に大きな変化があったのは、一九七〇年代にマーガレット・サッチャーがイギリスで選出され、一九八〇年代にアメリカでロナルド・レーガンが選出されたときに起きた。それまでの三〇年間は、ニューディール政策が一般に受け入れられたので、政府は資本主義社会のインフラを提供する重要な役割を担っているというのが政策立案者の主流の考え方だった。このインフラというのは物理的な高速道路や教育システムや科学研究支援だけでなく、各種の規制、特に金融市場の規制も含むものだ。一九八〇年代末には、われわれの経済システムはどんな嵐でも乗り切れる見事な適応ぶりを見せていた。たとえばS&L(貯蓄貸付組合)が大量に破綻しても、政府保護のシステムがマクロ経済への被害を抑えてくれた。こうした破綻で納税者はかなりの負担を強いられたが、でもそれで失業したという人はほとんどいなかった。

だがそこで――そしてこれもわれわれのお話の一部だが――経済が、いつものように、変わった。各種の規制に適応してしまったのだった。一九八〇年代以降、資本主義では何でもありだという信念が受け入れられて、競技場は変わったのに、ゲームのルールはそれに適応しなかった。これがどこよりあからさまだったのは、金融市場の分野だ。いま説明した住宅市場の話がこれを見事に示している。昔は、住宅ローンには自然な限度というものがあった。商業銀行や貯蓄銀行は、ローンの承認に慎重になるべき理由があった。そのローンを自分で持ち続ける場合がほとんどだったからだ。だがそこですべてが変わった。銀行はローンを出すが、それを持ち続けないようになった。でも規制は金融構造の変化に応じて変わらなかったのだ。

規制に対して世間がいい顔をしないことも、この失敗の根底にある原因の一つだ。アメリカは資本主義の新しい見方にどっぷり浸かっていた。われわれは資本主義ゲームについて、一切の留保なしの解釈を信じ切っていたのだった。一九三〇年代に苦しい思いをして学んだ教訓を忘れてしまった。その教訓とは、資本主義はあらゆる可能な世界の中で最高のものを与えてくれるが、それが可能なのは政府がルールを決めてレフェリー役を務める競技場がある場合だけだ、ということだ。

だがいまのわれわれは、資本主義の危機を迎えているわけではない。単に、資本主義もそれなりのルールの下で動くべきなのを認識しなければならないだけのことだ。そして経済全体に対するわれわれの見方は、アニマルスピリットの作用も考えて、なぜ政府がそうしたルールを設定すべきかを示している。古典派モデルでは確かに完全雇用がある。だがわれわれの見方では、楽観論と悲観論の波が総需要の大きな変化をもたらす。賃金はおおむね公平さへの配慮で決まってくるので、こうした需要変動は賃金や価格の変動ではなく、雇用の変化として効いてくる。需要が減れば失業は増える。政府はこうした変化のためにクッションを用意しなくてはならない。

そしてこれまで言ったことを強調すると、われわれの見方では、資本主義は人々が本当に求めるものを売るだけではない。人々が欲しいと思っているものも売るのだ。特に金融市場では、これは過剰につながり、経済全体の破綻につながる倒産をもたらす。こうしたプロセスはすべて物語で動かされる。人々が自分に言い聞かせる物語、自分についての物語、他人の行動についての物語、そして経済全体の動きに関する物語も、すべては人々の行動に影響する。こうした物語は一定ではなく、時間とともに変わるのだ。

こうしたアニマルスピリットの世界は、政府が踏み込む機会を与えてくれる。政府の役割は、アニマルスピリットを創造的に活用して、もっと大きな善に奉仕させることだ。政府はゲームのルールを設定しなくてはならない。

経済は何でもありで、政府は最小限しか関わらないのがベストで、政府のルール設定も本当に最小にとどめるべきだと考える人々がいる。かれらとわれわれの根本的なちがいはここにある。そのちがいは、経済に対する見方がちがうために生じている。もし人々が完全に合理的であり、完全に経済的な動機だけで行動するなら、われわれだって政府は金融市場にほとんど口を出すなと思うだろうし、総需要水準を決めるときにすらあまり手を出すなと考えるだろう。

だが実際には、こうした各種のアニマルスピリットが、時に応じて経済をあっちに押しやりこっちに押しやる。政府が介入しないと、経済は雇用の大変動に苦しむことになる。そして金融市場だって、ときどき大混乱に陥ってしまうのだ。

八つの問題

われわれのビジョンを採用すべきなのは、それがマクロ経済史を説明できるからというだけではない。資本主義経済の細かい働きを説明してくれるから採用すべきなのだ。最初の五章で説明したアニマルスピリットの証拠は大量にある。安心、公平さ、腐敗、貨幣錯覚、物語。これらは本物の人々の本物の動機だ。それは普遍的なものだ。それが何ら重要な役割を持たないという主流マクロ経済学の想定は、われわれにはばかげているとしか思えない。

本書の後半で挙げた資本主義経済の八つの基本的な謎を解明するにあたり、こうしたアニマルスピリットが重要な役割を果たすことを考えると、こうした想定は二重にばかげているように思える。なぜ経済は不況に陥るのか？　なぜ中央銀行は力を持つのか？　なぜ非自発的失業があるのか？　なぜ長期的にはインフレと失業とでトレードオフの関係があるのか？　なぜ未来への貯蓄はこれほどいい加減なのか？　なぜ株式市場はこんなに変動が激しいのか？　なぜ住宅価格の周期はこんなに大きいのか？　なぜ黒人の貧困は続いているのか？

アニマルスピリットを考慮すれば、こうした問題に答えるのは簡単だ。いまの主流マクロ経済学では、答えるのは不可能かほぼ不可能なのだ。

なすべきこと

本書は経済の仕組みを語る。個人のレベルでも、経済についての正確な見方は、正しい判断をするのに必要だ。たとえばどのくらい貯蓄すべきか、どこに投資すべきか、どんな家を買うべきか、雇い主（あるいは社会保障）が年金を払ってくれると信じていいか。そして経済の仕組みを正確に理解するのは、公共的な意思決定のレベルではもっと重要となる。

本書は人々が経済の見方を考え直しているらしき時期に刊行される。近年の経済混乱は、これまで解決済みだと思われた多くの問題をまた俎上に引き戻した。いまや人々は新しい答えを急いで探している。それは新聞でも見かける。シンクタンクや会議や、経済学部の廊下でも見かけるものだ。

民主主義はときどき、われわれが何者であり、何者であるべきかという物語をどうやら大幅に変えるようだ。こうした変化に伴って、経済の仕組みについての物語も変わる。アメリカはこれまでこうした大変化を六回経験してきたと考えていいだろう。独立革命のとき、アンドリュー・ジャクソンと、後にエイブラハム・リンカーンが大統領に選ばれたとき、南北戦争終結後の再建期、大恐慌期、ロナルド・レーガン選出期。歴史家はこうした物語の変化の細部について異論があるかもしれない。だが歴史というのはほとんどがこうした変化をめぐるものなので、そういう変化が存在すること自体についてはおそらく異論はなかろう。

また、そうした変化のいちばん最近のものが、ロナルド・レーガン選出の頃のものだということにも異論はないだろう。当時、経済の仕組みに関する説明は、本書の冒頭で述べた保守的なイメージに変わった。いわゆる「見えざる手」だ。この変化はもちろん、アメリカだけの現象ではなかった。イギリスでは一八カ月前にマーガレット・サッチャーが選ばれていた。インドや中国、カナダといった他の国も後に続き、ときには本家顔負けの熱心さを示すことさえあった。

「見えざる手」とその影響の物語は、政府の役割に関して驚くほど詳細な処方箋を与えてくれる。

ときにはずいぶん具体的な問題にまで、答えが出てくる。だがいまや人々はこの質問を問い直している。そうした質問の例をちょっと挙げよう。能力も金融的な知識もさまざまな人々が、「ガマの油」をセールスマンに売りつけられることなく、投資の嗜好を表明するにはどうしたらいいだろうか？　投資機会に関する深い直感を考慮するようにしつつ、投機的なバブルやその破裂を避けるにはどうしたらいいだろうか？　だれをどんな場合に「救済」すべきか決めるにはどうすればいい？

被害にあって不当な目にあった個人の事例はどう扱うべきだろうか？　銀行の資本比率はどのくらいがいい？　金融政策や財政政策による刺激はどんなかたちでどんな規模で行うべきか？　金融政策や財政政策の対応が早すぎたり遅すぎたりするのは問題だろうか？　刺激策は一度にまとめてやるのがいいか、長期的に小出しにするべきか？　預金保険の設計はどうあるべきか？　たとえば銀行の整理を最小コストで行うべきなのはどういうときか？　預金者すべてにペイオフを適用すべきなのはいつ？　ヘッジファンドにはどんな規制をかけるべき？　銀行持ち株会社の規制は？　経済全体のリスクを考慮すると破産法はどう改正したらいい？　こうした質問へのいままでの答えは機能していないようだ。経済学者とそのお仲間が集うところでは、みんなが新しい答えを模索している。

本書はこうした質問に対する詳細な答えは出さない。本書でのわれわれの意図は、経済の働きやそこでの政府の役割は、単に経済的動機だけを考えるのでは記述できない、ということだ。あるべき記述は、安心や公平さ、腐敗の機会、貨幣錯覚、歴史の手渡す物語などについて詳細な理解を必要とする。したがってこうした問題に対する答えは、ここに書ききれないくらいの情報を必要とする。だが本書はそうした回答すべてを捻出するための背景となる物語を提供している。そして本書は、いますぐ必要とされている金融制度改革や規制を開発するための委員会や理事会を急いで設立すべきだと主張する。

何よりも本書は、われわれの思考と政策の中でアニマルスピリットにきちんと敬意を表さなければ、われわれは経済問題に対する解決策に到達できないのだと語っているのだ。

訳者あとがき

本書はGeorge A. Akerlof and Robert J. Shiller, *Animal Spirits: How Human Psychology Drives the Economy, and Why It Matters for Global Capitalism* の全訳である。翻訳に当たっては、ハードカバー版と著者たちから提供された電子ファイルをもとにしている。

著者について

著者二人は、どちらもアメリカの経済学界では押しも押されもせぬ重鎮だ。ロバート・シラーは金融市場、特に投機的な市場の研究で知られており、著書『投機バブル　根拠なき熱狂』はアメリカ株式市場（当時）がバブルであること、投資家たちの妙な思い込みなどがそれを牽引していることを一〇年前から指摘しており、出版当時もベストセラーとなったが、二〇〇八年の金融危機と株式市場暴落はその洞察の正しさを如実に示した。

一方のアカロフは、情報の経済学のさきがけであり、また限定合理性理論の創始者としても知られる。情報の経済学における業績として最も有名なのは「レモン（ポンコツ中古車）の市場」理論だ（アカロフ『ある理論経済学者のお話の本』〈ハーベスト社〉所収）。中古車には一定の割合でポンコツが混じっている。通常の価格理論だと、人々はそのポンコツ出現比率に応じて中古車の値付けを下げて普通に取引が行われるはずだ。だが実際の世界では、情報が非対称だ。中古車屋はどれが不良品か知っているけれど、買い手にはその見分けがつかない。すると買い手は、中古車屋にポンコツを押し付けられるのではないかと恐れるため、そのリスクまで織り込んだ低い値段しか払おうとしない。結果として需給が一致せず、市場が成り立たなくなる場合がある。この常識的な発想をもとに、かれは市場において情報が果たす役割の重要性を指摘し、新しい経済学の分野を開拓した。かれはこの業績で二〇〇一年にノーベル記念経済学賞を受賞した。

そしてかれのマクロ経済への貢献は、限定合理性の理論だ。従来の経済理論は、人々があらゆる瞬間に一円一銭の単位まで合理的で、将来のあらゆる可能性を完全に判断に織り込んで即座にそれを反映させると想定していた。だが実際には、人はよほどの大イベントでも起こらないかぎり、ほとんどのことについては放置して様子を見るだけで、多少の不合理にはこだわらない。人は合理的ではあるけれど、ほどほどにしか合理的ではない。でもこれはつまり、みんなが一斉に不合理になって、しかもそれに気がつかない可能性があるということだ。言われてみればこれまた当然のことを指摘することで、かれはこれまでとちがう経済理論の可能性を開拓した。

二人とも、既存の完全な合理性と市場効率性に基づく経済理論については、かねてから批判的な理論家だ。そうした批判を集大成し、いまのマクロ経済学理論の主流となっている完全合理的な個人を想定したのでは説明のつかない現象をまとめ、今後のマクロ経済学理論への示唆を行ったのが本書『アニマルスピリット』だ。

アニマルスピリットと本書の想定読者

これはもともとケインズが『一般理論』の中で使った用語で、邦訳では「血気」という訳語が当てられている。ケインズは人が行動するときの度胸一発という意味でこれを使っているし、「血気」という訳語は実にうまいとは思う。ただ本書のアニマルスピリットは、ライオンやキングギドラやマストドンのような荒々しく行動的なアニマルだけでなく、ヒツジやネズミやプラナリアのような行動しない臆病な弱々しいアニマルも含む、合理的でないものすべてを指す。付和雷同の優柔不断を「血気」と呼ぶのも変なので、本書ではカタカナでアニマルスピリットとしている。

ケインズは『一般理論』でアニマルスピリットの役割を十分に認識していた、と著者たちは述べる。しかしその後のマクロ経済学は、そうした不合理な部分を切り捨てることで理論的な発展を遂げており、それを極端に進めすぎてケインズ以前の古典派経済学に戻ってしまっている。この認識をもとに、著者たちはマクロ経済を大きく左右するアニマルスピリットの例を五つ挙げる。そしてそれらが実際にいまの主流経済理論では説明のつかない形で現実経済を左右している八つの現象を採り上げて、アニマルスピリットを軽視することの危険性を訴えている。

さてこれだけだとあまり目新しく思えないかもしれない。現在の経済学が、あまりに現実離れした合理性を想定していることはたびたび批判される。通俗経済評論家はしばしばそれを指摘して自分が現代経済学の一大矛盾を発見したかのような大風呂敷を広げるし、特に日本では能力の枯れてしまった年寄り経済学者が、自分が最近の理論についていけないのをごまかそうとして経済学や合理的人間のトンデモ批判を展開して悦に入る例はよく見られる。そうした批判は、通常は「合理性」というのと「目先のお金のことしか考えない」、「弱肉強食」といった話を混同し、人々が合理的になりすぎ、お金にばかり目の色を変えたから二〇〇八年の金融危機（あるいはその他、そのときどきの流行の社会問題）が起こった、といった支離滅裂なものになっていることが多い。だから冷たい合理的な人間ではなく、温かく優しい人間味ある経済を、というわけだ。

こうした批判は往々にしてかなり浅はかなものでしかない。長期的な利益や、お金以外の効用を含めれば多くはひっくり返る。そしていまの経済学でも、そのくらいは十分にできているのだ。

本書はそのようなおまぬけなシロモノではない。本書でも人間は合理的ではなく、不合理なアニマルスピリットを持つと指摘される。だが、それは冷たい計算高さに対する温かい人情というようなものではない。アニマルスピリットはむしろ、人々が最適な選択をするじゃまをする困ったシロモノだ。つまり本書で指摘されているのは、人間は合理的になりきれないバカだということだ。人間がもっと合理的に行動してくれたら、こんなに結構なことはないのである。インフレにまどわされず、額面の数字にとらわれずにお金の実質的な価値をちゃんと認識し、デフレなら給料が下がっても納得し、投資の損はすっぱりあきらめ、他人と比べてどうだろうと自分の利益だけをきちんと考え、流行や無内容なお話や空気に流されることなく、常に冷静に自分なりの判断を下せるのであれば、不動産や株式市場のバブルは相当部分なくなるし、失業も楽に解消される。アニマルスピリットのせいで、それができないから苦労する。問題は、そういう人間のバカさ加減を政策的にどう補うか、ということだ。二〇〇八年の金融危機ですら、損得勘定だけの合理的な人々のせいではなく、不動産投資に関する物語に流された人々や、付和雷同の気分だけで一斉に貸し渋りに走った銀行のアニマルスピリットによる不合理な行動が引き起こしているのだ。

そして本書は、既存のマクロ経済学理論が不十分だとは言う。だが、それがかなり役に立つもので有効であることもきちんと認めている。大恐慌においてすら、アメリカ人の大多数には職があった。それは既存理論がきちんと説明できる部分だ。本書は既存のマクロ経済学理論の力を認めたうえで、それをどう補うか、というのを問題にしている。

だから本書が想定している基本的な読者は、そうした既存のマクロ経済学理論の中にどっぷり浸り、それを空気のように当然のようなものと思っている人々となる。このため、一般人が普通に本書を読むと、当たり前のことが延々と書かれていて不思議に思ってしまうかもしれない。人は安心や物語に左右される？　こんにゃくゼリー騒動やバナナダイエットブームなどにあきれた人々なら、言われるまでもないことだろう。世の人はバカで忘れっぽくて、テレビのワイドショーで芸人が何か言えばすぐにそれに群がる愚かな連中ばかり。経済学者はそんなことも知らなかったの？

いやもちろん、経済学者だってそういうことは現象としては知っている。ただ、それをきちんと理論に取り込む方法をだれも思いつけなかったので、そっちのほうは長いことお留守になって、理論が不均衡な発展を遂げ、理論の中では忘れられてしまっているのだ。本書は理論家たちに、その盲点を思い出させようとしている。

したがって本書はきわめて重要なポイントを指摘してはいる。が、その一方でいささか誤解を招きやすい点もあるので、ちょっと触れておこう。

一般人が読む際の注意書き

まずそもそものアニマルスピリットだ。本書の書き方からすると、ケインズはさぞかし『一般理論』でアニマルスピリットの働きを重視していたんだろうと思えるし、それを黙殺し去った弟子どもやその後の経済学者たちはなんたるあんぽんたんか、と思ってしまうのが人情だろう。が……実際に『一般理論』を見ると、実はアニマルスピリットという言葉は二回しか使われていない。かれは確かに、人間の行動や心理をよく観察してそれを理論に組み込んでいる。だが『一般理論』原著を見ても、Animal Spiritという用語は巻末の索引にさえ登場しない。ケインズ自身もそれほど重視していない概念だったわけだ。それを採り上げなかったからといって、ヒックスたちが「歪曲」とか「去勢」と言って責められるのはあまりにかわいそうだ。

そして本書で批判されているからといって、ヒックスたちによるIS-LMモデルによるケインズ経済学の整理が無意味だとは、絶対に思わないでほしい。繰り返すが、いまのマクロ経済理論がかなりの部分は有効だということは著者たちも認めるとおり。アニマルスピリットにかまけて、機能している部分まで捨ててはいけない。その点、本書は冒頭での注意書きにもかかわらず、途中で「予報士をクビにしろ」とか言ってしまうのは少し不用意だとは思う。

たとえばアメリカ発のサブプライム問題に端を発する二〇〇八年の金融危機は、本書が指摘するとおりアニマルスピリットの働きが絡んでいるかもしれない。でも、いまの日本の不景気は、マクロ経済学理論がアニマルスピリットを考慮しなかったせいで起きているのではない。日本銀行をはじめ経済官僚たちが、従来のマクロ経済学理論――不景気になったら金融緩和しましょうというもの――を普通に適用しなかった（いまだにしていない）せいで起きている。普通の政策は普通にやりましょうよ。アニマルスピリットを考慮しないから既存理論はダメだ、よって既存理論どおりに行動しなくてもいいという変な免罪符に本書が使われないことを祈るばかり。

少し脱線するが、マクロ経済は、合成の誤謬がいたるところに出てくるから、ミクロな会社経営や家計簿の常識を単純に適用すると、とんでもないまちがいに陥るのはほぼ保証されているといっていい。アカデミズム的には、ＩＳ-ＬＭは理論として粗雑すぎるとして批判はされている。だがそれは理論家のお作法論争的な面も大きい。新理論でＩＳ-ＬＭとまったくちがう答えが出るようなことはほとんどないようだ。アニマルスピリットはどうあれ、経済全体のおおざっぱな仕組みとしてのＩＳ-ＬＭすら知らない輩は、そもそもマクロ経済をあれこれ語ってはいかんのである。ホント、一時間かそこらあれば簡単に理解できる程度のものなので、手間を惜しまずに勉強してほしいなあ、と思うんだが。

本書の価値

本書は、既存の経済理論があまり目を向けてこなかった部分の重要性を改めて指摘し、それがいかに大きな影響をもたらす場合もあるのかを具体的に指摘した点で重要な本だ。ただ残念ながら、処方箋は弱い。アニマルスピリットが重要だというのはわかった。でも……これまでの経済学がアニマルスピリットを考慮しなかったのは、別に経済学者がそれを知らなかったからではない。ただ、それをどう理論モデルに含めるべきかわからなかったからだ。

本書も、アニマルスピリットを具体的にどうやってモデル化するかについては、何らヒントをくれない。シラーとアカロフという偉大な学者二人が、ここまで正面切っていまのマクロ経済学理論を批判する以上、もう少し具体的な提案を期待したいと思うのだが。

実は経済学者たちもバカではないから、こうした指摘は本書が初めてというわけではない。行動経済学の知見を取り込む試みはすでにかなり行われている。ゲーム理論と組み合わせたり、情報収集の制約から群衆の気分を説明したり、活発な動きはあるのだ。本書がそれらに触れていないのは少し意外だった。本書の問題提起でこうした研究がもっと注目され、いずれ理論的突破口が開かれることを期待したい。

だが理論自体の改良にはすぐにつながらなくても、それを政策に応用するときには、本書の指摘は十分に役に立つだろう。経済政策の話をするときにはすべて最先端のＤＳＧＥモデル（動学的確率的一般均衡モデル）で分析しなくてはまともな検討とは言えません、という風潮も一部にはある。だが本書の注でも指摘されているとおり、DSGEモデルも本書の批判から逃れられてはいない。既存理論の歪みを指摘し、具体的な政策では理論だけに頼らずアニマルスピリットを考慮した補正を加えるべきだ、という本書の指摘は傾聴すべきものだ。

そしてそれを具体的に行った本書の白眉が、第7章とそのおまけ（付記）の、中央銀行の役割に関する部分だ。二〇〇八年の金融危機の際、アメリカのFRBは立て続けにいろんな施策を実施し、各種のなんとかファシリティというのが何を意図したものなのか、結構混乱した議論も見られた。本書はそれを実に手際よくまとめてくれる。また歴史的にもそれが中央銀行の道を踏み外すものどころか、そもそも中央銀行制度本来の狙いなのだということも明らかにしてくれる。そして日本でも問題になった貸し渋り問題にきちんと対応しないとダメだということをアニマルスピリット的な分析も交えて説明し、それに対する政策対応まで描き出した部分はすばらしい。

その他の部分については、それぞれの重要性についての評価は分かれるだろう。それは読者がそれぞれに判断していただければ幸甚。しかしながらいずれにしても、現在の理論から出てくる政策的な処方箋の不備は明らかにされている。

願わくは、政策立案者は本書を読んで、いたずらに理論偏重にならず、人間の弱さと愚かさを補う社会経済政策を考えるようになりますように。そして経済学者は、既存理論の精緻化やツール化も結構だけれど、その弱みについてもきちんと理解して、自分のモデルの結果とそこから導かれる政策的なインプリケーションに、どのくらい留保をつけるべきかということもきちんと考えてくれますように。もちろん特にわが国では、そういうことを問題にできるほど、理論に基づくマクロ経済運営がそもそもできているのか、という大きな問題が残るのではあるが……。

翻訳にあたっては、一部の訳語について同僚の荻本洋子氏よりコメントをいただいた。感謝する。本書は東洋経済新報社の佐藤朋保氏が担当された。文中の誤脱などがあれば、http://cruel.org/books/animalspirits で随時発表する。お気づきの点があれば、ご一報いただければ幸いである。

二〇〇九年四月末日　プノンペン／東京にて

山形浩生
hiyori13@alum.mit.edu

動にゆらぐ都市コミュニティに生きる人びとのコード』(奥田道大・奥田啓子訳，ハーベスト社，2003).
Ando, Albert, and Franco Modigliani. 1963. "The Life-Cycle Theory of Saving: Aggregate Implications and Tests." *American Economic Review* 53(1): 55–84.
Andrews, Edmund L. 2008. "Fed Acts to Rescue Financial Markets." *New York Times*, March 17.
Angeletos, George-Marios, David I. Laibson, Andrea Repetto, Jeremy Tobacman, and Stephen Weinberg. 2001. "The Hyperbolic Consumption Model: Calibration, Simulation, and Empirical Evaluation." *Journal of Economic Perspectives* 15(3): 47–68.
"Applaud Idea of Lowering City Salaries." 1932. *Hartford Courant*, February 19, p.8.
Arkes, H., L. Herren, and A. Isen. 1988. "The Role of Potential Loss in the Influence of Affect on Risk-Taking Behavior." *Organizational Behavior and Human Decision Processes* 66: 228–36.
"Attitude of Waiting." 1902. *Washington Post*, December 21, p.22.
Bailey, Norman J. 1975. *The Mathematical Theory of Infectious Diseases and Its Applications*. London: Griffin.
Baker, Malcolm, Jeremy C. Stein, and Jeffrey Wurgler. 2002. "When Does the Market Matter? Stock Prices and the Investment of Equity-Dependent Firms." National Bureau of Economic Research Working Paper 8750, January.
Baker, Malcolm, Stefan Nagel, and Jeffrey Wurgler. 2006. "The Effects of Dividends on Consumption." National Bureau of Economic Research Working Paper 12288, June.
Barberis, Nicholas, and Richard Thaler. 2003. "A Survey of Behavioral Finance." In George Constantinides, Milton Harris, and René Stulz, eds., *Handbook of the Economics of Finance*. New York: Elsevier Science, pp.1053–128.
Barenstein, Matias Felix. 2002. "Credit Cards and Consumption: An Urge to Splurge?" Unpublished Paper, University of California-Berkeley.
Barrett, Wayne. 2008. "Andrew Cuomo and Fannie and Freddie." *Village Voice*, August 5.
Barro, Robert J. 1979. "On the Determination of the Public Debt." *Journal of Political Economy* 87(5): 940–71.
Barsky, Robert B., and Eric R. Sims. 2006. "Information Shocks, Animal Spirits, and the Meaning of Innovations in Consumer Confidence." Unpublished Paper, University of Michigan, October 30.
Bauer, Thomas, Holger Bonin, and Uwe Sunde. 2003. "Real and Nominal Wage Rigidities and the Rate of Inflation: Evidence from German Microdata." Institute for the Study of Labor Discussion Paper 959.
Becker, Gary S. 1968. "Crime and Punishment: An Economic Approach." *Journal of Political Economy* 76: 169–217.
Benabou, Roland. 2008. "Groupthink: Collective Delusions in Organizations and Markets." Unpublished Paper, Princeton University.
Benabou, Roland, and Jean Tirole. 2000. "Self-Confidence and Social Interactions." National Bureau of Economic Research Working Paper 7585, March.
Benoit, Bernard, Ben Hall, Krishna Guha, Francesco Guerrera, and Henry Sender. 2008. "US Prepares $250bn Banks Push; Global Rebound; S&P 500 Soars 11.6 % as Markets Cheer Europe's $2,546bn Move." *Financial Times*, October 14, p.1.

Berg, Lennart, and Reinhold Bergström. 1996. "Consumer Confidence and Consumption in Sweden." Unpublished Paper, Department of Economics, Uppsala University.

Bernanke, Ben S. 2008a. "Developments in the Financial Markets." Testimony before the Committee on Banking, Housing, and Urban Affairs, U.S. Senate. April 3. http://www.federalreserve.gov/newsevents/testimony/bernanke20080403a.htm

———. 2008b. "Reducing Systemic Risk." Speech at the Federal Reserve Bank of Kansas City Economic Symposium, "Maintaining Stability in a Changing Financial System," Jackson Hole, Wyoming, August 22. http://www.federalreserve.gov/newsevents/speech/bernanke20080822a.htm

Bernanke, Ben S., and Alan Blinder. 1988. "Credit, Money, and Aggregate Demand." *American Economic* Review 78(2): 435–39.

——— . 1992. "The Federal Funds Rate and the Channels of Monetary Transmission." *American Economic Review* 82(4): 901–21.

Bernanke, Ben S., Thomas Laubach, Frederic Mishkin, and Adam Posen. 2001. *Inflation Targeting: Lessons from the International Experience.* Princeton, N.J.: Princeton University Press.

Bernanke, Ben S., Jean Boivin, and Piotor Eliasz. 2005. "Measuring the Effects of Monetary Policy: A Factor-Augmented Vector Autoregressive (FAVAR) Approach." *Quarterly Journal of Economics* 120(1): 387–422.

Bernheim, B. Douglas. 1995. "Do Households Appreciate Their Financial Vulnerabilities? An Analysis of Actions, Perceptions, and Public Policy." In *Tax Policy for Economic Growth in the 1990s.* Washington, D.C.: American Council for Capital Formation, pp.1–30.

Bewley, Truman. 1999. *Why Wages Don't Fall during a Recession.* Cambridge, Mass.: Harvard University Press.

———. 2002. "Knightian Decision Theory. Part I." *Decisions in Economics and Finance* 25(2): 79–110.

Billett, Matthew T., and Yiming Qian. 2005. "Are Overconfident Managers Born or Made? Evidence of Self-Attribution Bias from Frequent Acquirers." Unpublished Paper, University of Iowa.

Blanchard, Olivier J. 1993. "Consumption and the Recession of 1990–1991." *American Economic Review* 83(2): 270–74.

Blanchard, Olivier, and Nobuhiro Kiyotaki. 1987. "Monopolistic Competition and the Effects of Aggregate Demand." *American Economic Review* 77(4): 647–66.

Blanchard, Olivier, and Lawrence Summers. 1987. "Hysteresis in Unemployment." *European Economic Review* 31(1/2): 288–95.

Blanchard, Olivier, Changyong Rhee, and Lawrence H. Summers. 1993. "The Stock Market, Profit, and Investment." *Quarterly Journal of Economics* 108(1): 115–36.

Blau, Peter Michael. 1963. *The Dynamics of Bureaucracy: A Study of Interpersonal Relations in Two Government Agencies.* Chicago: University of Chicago Press.

Blinder, Alan S., and Don H. Choi. 1990. "A Shred of Evidence on Theories of Wage Stickiness." *Quarterly Journal of Economics* 105(4): 1003–15.

Blinder, Alan S., Angus Deaton, Robert E. Hall, and R. Glenn Hubbard. 1985. "The Time Series Consumption Function Revisited." *Brookings Papers on Economic Activity* 2: 465–511.

Bond, Stephen R., and Jason G. Cummins. 2000. "The Stock Market and Investment in the

New Economy: Some Tangible Facts and Intangible Fictions." *Brookings Papers on Economic Activity* 1: 61–108.
Borio, Claudio. 2003. "Towards a Macroprudential Framework for Financial Regulation." BIS Working Paper 128, Bank for International Settlements, February.
Bowles, Samuel. 1985. "The Production Process in a Competitive Economy: Walrasian, Neo-Hobbesian, and Marxian Models." *American Economic Review* 75(1): 16–36.
Bracha, Anat, and Donald Brown. 2007. "Affective Decision Making: A Behavioral Theory of Choice." Cowles Foundation Discussion Paper 1633, November.
Brainard, William C., and George L. Perry. 2000. "Making Policy in a Changing World." In William Brainard and George Perry, eds., *Economic Events, Ideas, and Policies: The 1960s and After*. Washington, D.C.: Brookings Institution Press, pp.43–82.
Brainard, William C., and James Tobin. 1968. "Pitfalls in Financial Model Building." *American Economic Review* 58(2): 99–122.
Brock, William A., and Steven N. Durlauf. 2003. "Multinomial Choice and Social Interactions." Unpublished Paper, University of Wisconsin-Madison, January 27.
Brown, Lucia. 1952. "Individualistic Interiors Mark Dozen Exhibit Homes." *Washington Post*, September 7, p.H3.
Brown, Roger. 1986. *Social Psychology*, 2nd ed. New York: Free Press.
Brown, Stephen, William Goetzmann, Bing Liang, and Christopher Schwarz. 2007. "Mandatory Disclosure and Operational Risk: Evidence from Hedge Fund Registration." Unpublished Paper, New York University.
Brunnermeier, Markus K. 2009. "Deciphering the 2007–8 Liquidity and Credit Crunch." *Journal of Economic Perspectives*, forthcoming.
Brunnermeier, Markus K., and Christian Julliard. 2006. "Money Illusion and Housing Frenzies." National Bureau of Economic Research Working Paper 12810, December.
Buckley, F. H., and Margaret F. Brinig. 1998. "The Bankruptcy Puzzle." *Journal of Legal Studies* 27(1): 187–207.
Burton, Robert. 1632. *The Anatomy of Melancholy*. Oxford: Henry Cripps. 邦訳バートン『憂鬱症の解剖』(明石譲寿訳，昭森社，1936).
Caballero, Ricardo, and Arvind Krishnamurthy. 2006. "Flight to Quality and Collective Risk Management." Unpublished Paper, Massachusetts Institute of Technology.
"Callisthenes." 1931. "The Duty of Confidence." *The Times* (London), January 21, p.12.
Calomiris, Charles W. 2008. "The Subprime Turmoil: What's Old, What's New and What's Next." Paper prepared for the Federal Reserve Bank of Kansas City Economic Symposium, "Maintaining Stability in a Changing Financial System," Jackson Hole, Wyoming, August 22.
Calvo, Guillermo A. 1983. "Staggered Prices in a Utility-Maximizing Framework." *Journal of Monetary Economics* 12(3): 383–98.
Campbell, Carl M., III, and Kunal S. Kamlani. 1997. "The Reasons for Wage Rigidity: Evidence from a Survey of Firms." *Quarterly Journal of Economics* 112(3): 759–89.
Campbell, John Y. 2006. "Household Finance." *Journal of Finance* 61(4): 1553–604.
Campbell, John Y., and Angus Deaton. 1989. "Is Consumption Too Smooth?" *Review of Economic Studies* 56(3): 357–73.
Campbell, John Y., and Robert J. Shiller. 1987. "Cointegration and Tests of Present Value Mod-

els." *Journal of Political Economy* 97(5): 1062–88.

———. 1988. "Stock Prices, Earnings and Expected Dividends." *Journal of Finance* 43(3): 661–76.

Cantril, Hadley. 1951. *Public Opinion 1935–46*. Princeton, N.J.: Princeton University Press.

Card, David, and Dean Hyslop. 1997. "Does Inflation 'Grease the Wheels' of the Labor Market?" In Christina D. Romer and David H. Romer, eds., *Reducing Inflation: Motivation and Strategy*. NBER Studies in Business Cycles, vol. 30. Chicago: University of Chicago Press, pp.195–242.

Carlton, Dennis W. 1986. "The Rigidity of Prices." *American Economic Review* 76(4): 637–58.

Carroll, Christopher D. 2001. "A Theory of the Consumption Function with and without Liquidity Constraints (Expanded Version)." National Bureau of Economic Research Working Paper 8387, July.

Carroll, Christopher D., and Lawrence H. Summers. 1991. "Consumption Growth Parallels Income Growth: Some New Evidence." In B. Douglas Bernheim and John Shoven, eds., *National Saving and Economic Performance*. Chicago: University of Chicago Press, pp.305–43.

Carroll, Christopher D., and David N. Weil. 1994. "Saving and Growth: A Reinterpretation." *Carnegie-Rochester Conference Series on Public Policy* 40: 133–92.

Carson, Carol S. 1975. "The History of the United States National Income and Product Accounts: The Development of an Analytical Tool." *Review of Income and Wealth* 21(2): 153–81.

Case, Karl E. 2008. "The Central Role of House Prices in the Current Financial Crisis: How Will the Market Clear?" Paper prepared for the Brookings Panel on Economic Activity, Washington, D.C., September 11.

Case, Karl E., and Robert J. Shiller. 1988. "The Behavior of Home Buyers in Boom and Post-Boom Markets." *New England Economic Review*, November, pp.29–46.

———. 2003. "Is There a Bubble in the Housing Market?" *Brookings Papers on Economic Activity* 2: 299–362.

Cassino, Vincenzo. 1995. "The Distribution of Wage and Price Changes in New Zealand." Bank of New Zealand Discussion Paper G95/6.

Castellanos, Sara G., Rodrigo García-Verdú, and David Kaplan. 2004. "Nominal Wage Rigidities in Mexico: Evidence from Social Security Records." National Bureau of Economic Research Working Paper 10383, March.

Central Intelligence Agency. 2008. *The World Factbook*. https://www.cia.gov/library/publications/the-world-factbook/

Chapple, Simon. 1996. "Money Wage Rigidity in New Zealand." *Labour Market Bulletin* 2: 23–50.

Chari, V.V., Patrick J. Kehoe, and Ellen R. McGrattan. 2008. "New Keynesian Models: Not Yet Useful for Policy Analysis." National Bureau of Economic Research Working Paper 14313, September.

Chen, Keith, and Marc Hauser. 2005. "Modeling Reciprocation and Cooperation in Primates: Evidence for a Punishing Strategy." *Journal of Theoretical Biology* 235: 5–12.

Chernow, Ron. 1998. *Titan: The Life of John D. Rockefeller, Sr*. New York: Random House. 邦訳チャーナウ『タイタン――ロックフェラー帝国を創った男（上・下）』（井上広美訳，日

経BP社，2000）.
Christofides, Louis N., and Amy Chen Peng. 2004. "The Determinants of Major Provisions in Union Contracts: Duration, Indexation, and Non-Contingent Wage Adjustment." Unpublished Paper, University of Cyprus.
Clark, John Bates. 1895. "The Gold Standard of Currency in the Light of Recent Theory." *Political Science Quarterly* 10(3): 383–97.
Clark, Kenneth. 1965. *Dark Ghetto*. New York: Harper and Row.
Coibion, Olivier, and Yuriy Gorodnichenko. 2008. "What Can Survey Forecasts Tell Us about Informational Rigidities?" Unpublished Paper, University of California-Berkeley.
Colburn, Forrest D. 1984. "Mexico's Financial Crisis." *Latin American Research Review* 19(2): 220–24.
Cole, Harold L., and Lee E. Ohanian. 2000. "Re-examining the Contributions of Money and Banking Shocks to the U.S. Great Depression." *NBER Macroeconomics Annual* 15: 183–227.
———. 2004. "New Deal Policies and the Persistence of the Great Depression: A General Equilibrium Analysis." *Journal of Political Economy* 112(4): 779–816.
"Confidence Is Recovery Key, Sloan Asserts." 1938. *Chicago Daily Tribune*, January 1, p.17.
"Contract Bridge Favorite Game among Women." 1941. *Washington Post*, March 5, p.13.
Cooper, Russell, and Andrew John. 1988. "Coordinating Coordination Failures in Keynesian Models." *Quarterly Journal of Economics* 88(3): 441–63.
Crystal, Graef S. 1991. *In Search of Excess: The Overcompensation of American Executives*. New York: W.W. Norton.
Cusumano, Michael A. 1985. *The Japanese Automobile Industry: Technology and Management at Nissan and Toyota*. Cambridge, Mass.: Harvard University Press.
Davis, E. Philip, and Gabriel Fagan. 1997. "Are Financial Spreads Useful Indicators of Future Inflation and Output Growth in EU Countries?" *Journal of Applied Econometrics* 12(6): 701–14.
Deaton, Angus. 1992. *Understanding Consumption*. Oxford: Oxford University Press.
Degler, Carl N. 1967. *Age of Economic Revolution 1876–1900*, 2nd ed. Glenview, Ill.: Scott, Foresman.
De Long, J. Bradford, and Lawrence H. Summers. 1992. "Equipment Investment and Economic Growth: How Strong Is the Nexus?" *Brookings Papers on Economic Activity* 2: 157–99.
Delpit, Lisa. 1995. *Other People's Children: Cultural Conflict in the Classroom*. New York: New Press.
De Quervain, Dominique J.-F., Urs Fischbacher, Valerie Treyer, Melanie Schell-hammer, Ulrich Schnyder, Alfred Buck, and Ernst Fehr. 2005. "The Neural Basis of Altruistic Punishment." *Science* 305: 1254–64.
Descartes, René. 1972 [1664]. *Traité de l'Homme*. Paris: La Gras. English translation: T.S. Hall, *Treatise of Man*. Cambridge, Mass.: Harvard University Press. 邦訳デカルト『人間論』(『デカルト著作集　第4巻』所収，伊東俊太郎・塩川徹也訳，白水社，1973）
Dickens, William T., and Lawrence F. Katz. 1987. "Inter-industry Wage Differences and Industry Characteristics." In Kevin Lang and Jonathan S. Leonard, eds., *Unemployment and the Structure of Labor Markets*. New York: Blackwell, pp.48–89.
Di Tella, Rafael, Robert J. McCulloch, and Andrew J. Oswald. 2000. "The Macroeconomics of

Happiness." Unpublished Paper, Harvard Business School.
Dougherty, Peter. 2002. *Who's Afraid of Adam Smith? How the Market Got Its Soul*. Hoboken, N.J.: Wiley.
Du Bois, W.E.B. 1965. *The Souls of Black Folk*. Greenwich, Conn.: Fawcett. 邦訳デュボイス『黒人のたましい』（木島始・鮫島重俊・黄寅秀訳，未来社，2006）.
Dunlop, John T. "The Task of Contemporary Wage Theory." In John T. Dunlop, ed., *The Theory of Wage Determination*. New York: St. Martin's Press, pp.3–27.
Dwyer, Jacqueline, and Kenneth Leong. 2000. "Nominal Wage Rigidity in Australia." Reserve Bank of Australia Discussion Paper 2000–08.
Economic Report of the President. Various issues. Washington, D.C.: U.S. Government Printing Office.
Edmans, Alex, Diego Garcia, and Øyvind Norli. 2007. "Sports Sentiment and Stock Returns." *Journal of Finance* 62(4): 1967–98.
Eichengreen, Barry. 1992. *Golden Fetters: The Gold Standard and the Great Depression*. New York: Oxford University Press.
Eichengreen, Barry, and Jeffrey Sachs. 1985. "Exchange Rates and Economic Recovery in the 1930s." *Journal of Economic History* 45: 925–46.
Eichenwald, Kurt. 2005. *A Conspiracy of Fools: A True Story*. New York: Broadway.
"An Elastic Currency and Bankers' Bank." 1913. *The Independent*, December 25, p.565.
"Embezzlements of Last Year." 1895. *Chicago Daily Tribune*, January 1, p.4.
Engen, Eric M., William G. Gale, and Cori E. Uccello. 1999. "The Adequacy of Household Saving." *Brookings Papers on Economic Activity* 2: 65–187.
Englund, Peter. 1999. "The Swedish Banking Crisis: Roots and Consequences." *Oxford Review of Economic Policy* 15(3): 80–97.
Fair, Ray C. 1994. *Testing Macroeconometric Models*. Cambridge, Mass.: Harvard University Press.
Fang, Hanming, and Giuseppe Moscarini. 2002. "Overconfidence, Morale, and Wage-Setting Policies." Paper presented at the National Bureau of Economic Research conference on "Macroeconomics and Individual Decision Making," November.
Farkas, Steve, and Jean Johnson. 1997. *Miles to Go: A Status Report on Americans' Plans for Retirement*. Washington, D.C.: Public Agenda.
Farmer, Roger E. 1999. *The Macroeconomics of Self-Fulfilling Prophecies*, 2nd ed. Cambridge, Mass.: MIT Press.
Faulkner, Harold Underwood. 1959. *Politics, Reform and Expansion, 1890–1900*. New York: Harper and Row.
Federal Reserve. 2008a. "Factors Affecting Reserve Balances." Statistical Release H.4.1, July 24.
———. 2008b. "Reserve Requirements." http://www.federalreserve.gov/monetarypolicy/reservereq.htm
Fehr, Ernst, and Simon Gächter. 2000. "Cooperation and Punishment in Public Goods Experiments." *American Economic Review* 90(4): 980–94.
Fehr, Ernst, and Lorenz Goette. 2004. "Robustness and Real Consequences of Nominal Wage Rigidity." *Journal of Monetary Economics* 52(4): 779–804.
Feinberg, Richard. 1986. "Credit Cards as Spending Facilitating Stimuli: A Conditioning Inter-

pretation." *Journal of Consumer Research* 13(3): 348–56.
Ferguson, Ann Arnett. 2000. *Bad Boys: Public Schools in the Making of Black Masculinity.* Ann Arbor: University of Michigan Press.
Ferguson, Ronald F. 1998. "Can Schools Narrow the Test Score Gap?" In Christopher Jencks and Meredith Phillips, eds., *The Black-White Test Score Gap.* Washington, D.C.: Brookings Institution Press, pp.318–74.
Festinger, Leon. 1954. "A Theory of Social Comparison Processes." *Human Relations* 7: 114–40.
Finnel, Stephanie. 2006. "Once Upon a Time, We Were Prosperous: The Role of Storytelling in Making Mexicans Believe in Their Country's Capacity for Economic Greatness." Unpublished senior essay, Yale University.
Fischer, Stanley. 1977. "Long-Term Contracts, Rational Expectations, and the Optimal Money Supply Rule." *Journal of Political Economy* 85(1): 191–205.
Fisher, Irving. 1928. *The Money Illusion.* New York: Adelphi. 邦訳フィッシャー『貨幣錯覚』(山本米治訳，日本評論社，1930).
Fliegel, Seymour. 1993. *Miracle in East Harlem: The Fight for Choice in Public Education.* New York: Random House.
"Formal Addresses of Lehman, Smith, Root and Wadsworth at Repeal Convention." 1933. *New York Times*, June 28, p.16.
Fortin, Pierre. 1995. "Canadian Wage Settlement Data." Unpublished Paper, Universitéde Québec à Montréal, April.
———. 1996. "The Great Canadian Slump." *Canadian Journal of Economics* 29(4): 761–87.
Fostel, Ana, and John Geanakoplos. 2008. "Leverage Cycles and the Anxious Economy." *American Economic Review* 98(4): 1211–44.
Foster, James E., and Henry Y. Wan Jr. 1984. "Involuntary Unemployment as a Principal-Agent Equilibrium." *American Economic Review* 74(2): 476–84.
Frazier, Franklin. 1957. *The Black Bourgeoisie: The Rise of the New Middle Class in the United States.* New York: Free Press.
Friedman, Benjamin M. 1990. "Targets and Instruments for Monetary Policy." In Benjamin Friedman and Frank Hahn, eds., *Handbook of Monetary Economics.* New York: Elsevier Science, pp.1185–230.
Friedman, Milton. 1957. *A Theory of the Consumption Function.* Princeton, N.J.: Princeton University Press.
———. 1968. "The Role of Monetary Policy." *American Economic Review* 58(1): 1–17.
———. 1970. "A Theoretical Framework for Monetary Analysis." *Journal of Political Economy* 78(2): 193–238.
Friedman, Milton, and Rose D. Friedman. 1980. *Free to Choose: A Personal Statement.* New York: Harcourt Brace Jovanovich. 邦訳フリードマン＆フリードマン『選択の自由——自立社会への挑戦』(西山千明訳，日経ビジネス人文庫，2002).
Friedman, Milton, and Anna Jacobson Schwartz. 1963. *A Monetary History of the United States, 1867–1960.* Princeton, N.J.: Princeton University Press.
Fukuzawa, Yukichi. 1969. *An Encouragement of Learning*, 1876 edition translated by David A. Dilworth and Umeyo Hirano. Tokyo: Sophia University. 福沢諭吉『学問のすゝめ』(岩波書店，1978).
Galbraith, John K. 1997 [1955]. *The Great Crash: 1929.* New York: Houghton Mifflin. 邦訳ガル

ブレイス『大暴落1929』（村井章子訳，日経BP 社，2008）.
Gale, William G., and Samara R. Potter. 2002. "An Economic Evaluation of the Economic Growth and Tax Reconciliation Act of 2002." Unpublished Paper, Brookings Institution.
Gale, William G., J. Mark Iwry, and Peter R. Orszag. 2005. *The Automatic 401(k): A Simple Way to Strengthen Retirement Savings*. Washington, D.C.: Brookings Institution Press.
Geanakoplos, John. 2003. "Liquidity, Default, and Crashes: Endogenous Contracts in General Equilibrium." In Mathias Dewatripont, Lars Peter Hansen, and Steven J. Turnovsky, eds., *Advances in Economics and Econometrics: Theory and Applications, Eighth World Conference*, vol. 2. Cambridge: Cambridge University Press, pp.170–205.
Geisel, Theodor Seuss (Dr. Seuss). 1984. *The Butter Battle Book*. New York: Random House.
Gilboa, Itzhak, and David Schmeidler. 1989. "Maximin Expected Utility with Non-Unique Priors." *Journal of Mathematical Economics* 18: 141–53.
Glaeser, Edward L. 2002. "The Political Economy of Hatred." National Bureau of Economic Research Working Paper 9171, September.
———. 2005. "Should the Government Rebuild New Orleans, or Just Give Residents Checks?" *Economists' Voice* 2(4): article 4.
Goetzmann, William, Jonathan Ingersoll, and Stephen A. Ross. 2003. "High Water Marks and Hedge Fund Management Contracts." *Journal of Finance* 58: 1685–718.
Goldfeld, Stephen. 1976. "The Case of the Missing Money." *Brookings Papers on Economic Activity* 3: 683–730.
Gordon, Robert J. 1977. "Can the Inflation of the 1970s Be Explained?" *Brookings Papers on Economic Activity* 1: 253–79.
Gosselin, Peter. 2005. "The New Deal: On Their Own in Battered New Orleans." *Los Angeles Times*, December 4, p.A-1.
Gramlich, Edward M. 2007. *Subprime Mortgages: America's Latest Boom and Bust*. Washington, D.C.: Urban Institute Press.
Granger, Clive. 1969. "Investigating Causal Relations by Econometric Models and Cross-Spectral Methods." *Econometrica* 37(3): 424–38.
Greenlaw, David, Jan Hatzius, Anil K. Kashyap, and Hyun Song Shin. 2008. "Leveraged Losses: Lessons from the Mortgage Meltdown." Paper presented at the U.S. Monetary Policy Forum Conference, Chicago Graduate School of Business, February 29.
Groshen, Erica L. 1991. "Sources of Intra-Industry Wage Dispersion: How Much Do Employers Matter?" *Quarterly Journal of Economics* 106(3): 869–84.
Grossman, Sanford J., and Oliver Hart. 1980. "Takeover Bids, the Free-Rider Problem, and the Theory of the Corporation." *Bell Journal of Economics* 11(1): 41–64.
Grossman, Sanford J., Angelo Melino, and Robert J. Shiller. 1987. "Estimating the Continuous-Time Consumption-Based Asset-Pricing Model." *Journal of Business and Economic Statistics* 5(3): 315–27.
Hall, Robert E. 1978. "Stochastic Implications of the Life Cycle—Permanent Income Hypothesis: Theory and Evidence." *Journal of Political Economy* 86(6): 971–88.
———. 1988. "Intertemporal Substitution in Consumption." *Journal of Political Economy* 96(2): 339–57.
Hall, Robert E., and Frederic S. Mishkin. 1982. "The Sensitivity of Consumption to Transitory Income: Estimates from Panel Data on Households." *Econometrica* 50(2): 461–82.

Haltiwanger, John, and Michael Waldman. 1989. "Limited Rationality and Strategic Complements: The Implications for Macroeconomics." *Quarterly Journal of Economics* 104: 463–83.

Hannerz, Ulf. 1969. *Soulside: Inquiries into Ghetto Culture and Community*. New York: Columbia University Press.

Harmon, Amy. 2006. "DNA Gatherers Hit a Snag: The Tribes Don't Trust Them." *New York Times*, December 10, pp.A1, A38.

Harvey, Fred. 1929. "Stem 12,880,900 Share Run." *Chicago Daily Tribune*, October 25, p.1.

Hicks, John R. 1937. "Mr. Keynes and the 'Classics': A Suggested Interpretation." *Econometrica* 5(1): 147–59.

Higgins, Adrian. 2005. "Why the Red Delicious No Longer Is." *Washington Post*, August 5, p. A01.

Higgs, Robert. 1997. "Regime Uncertainty: Why the Great Depression Lasted So Long and Why Prosperity Resumed after the War." *Independent Review* 1(4): 561–90.

Hirt, Edward R., Grant A. Erickson, Chris Kennedy, and Dolf Zillman. 1992. "Costs and Benefits of Allegiance: Changes in Fans' Self-Ascribed Competencies after Team Victory versus Defeat." *Journal of Personality and Social Psychology* 63: 724–38.

Holzer, Harry J., Paul Offner, and Elaine Sorensen. 2004. "Declining Employment among Young Black Less-Educated Men: The Role of Incarceration and Child Support." Georgetown University, Institute for Research on Poverty, Discussion Paper 1281–04, May.

Howe, Donald W. 2007. *What Hath God Wrought: The Transformation of America, 1815–1848*. New York: Oxford University Press.

Hsieh, Chang-Tai, and Peter J. Klenow. 2003. "Relative Prices and Relative Prosperity." National Bureau of Economic Research Working Paper 9701, May.

Ikegami, Eiko, 2005. *Bonds of Civility: Aesthetic Networks and the Political Origins of Japanese Culture*. Cambridge, Mass.: Cambridge University Press. 池上英子『美と礼節の絆——日本における交際文化の政治的起源』(NTT出版, 2005).

Ip, Greg. 1994. "Routine No Longer Governs Crow's Life." *Financial Post* (Toronto), April 28, p.15.

Jacobs, Jane. 1961. *The Death and Life of Great American Cities*. New York: Random House. 邦訳ジェイコブス『アメリカ大都市の死と生』(山形浩生訳, 鹿島出版会, 2009).

James, Henry. 1983 [1904]. *The Golden Bowl*. Oxford: Oxford University Press. 邦訳ジェイムズ『金色の盃(上・下)』(青木次生訳, 講談社文芸文庫, 2001).

Juhn, Chinhui, Kevin M. Murphy, and Brooks Pierce. 1993. "Wage Inequality and the Rise in Returns to Skill." *Journal of Political Economy* 101(3): 410–42.

Jung, Jeeman, and Robert J. Shiller. 2005. "Samuelson's Dictum and the Stock Market." *Economic Inquiry* 43(2): 221–28.

Kahn, Richard F. 1931. "The Relation of Home Investment to Unemployment." *Economic Journal* 41(162): 173–98.

Kahn, Shulamit. 1997. "Evidence of Nominal Wage Stickiness from Microdata." *American Economic Review* 87(5): 993–1008.

Kahneman, Daniel, and Amos Tversky. 1979. "Prospect Theory: An Analysis of Decision under Risk." *Econometrica* 47(2): 263–92.

———. 2000. *Choices, Values and Frames*. Cambridge, Mass.: Cambridge University Press.

Kahneman, Daniel, Jack Knetsch, and Richard H. Thaler. 1986a. "Fairness as a Constraint on Profit-Seeking: Entitlements in the Market." *American Economic Review* 76(4): 728-41.

———. 1986b. "Fairness and the Assumptions of Economics." *Journal of Business* 59(4, part 2): S285-300.

"Kaiser Argentine Car Plant Hit by Faulty Parts, Strikes, Delays." 1958. *New York Times*, April 28, p.33.

Kashyap, Anil K., Raghuram G. Rajan, and Jeremy C. Stein. 2008. "Rethinking Capital Regulation." Paper prepared for the Federal Reserve Bank of Kansas City Economic Symposium, "Maintaining Stability in a Changing Financial System," Jackson Hole, Wyoming, August 22.

Katona, George. 1960. *The Powerful Consumer: Psychological Studies of the American Economy*. New York: McGraw-Hill. 邦訳カトーナ『消費者行動――その経済心理学的研究』(社会行動研究所訳, ダイヤモンド社, 1964).

Katz, Lawrence F. 1986. "Efficiency Wage Theories: A Partial Evaluation." *NBER Macroeconomics Annual* 1: 235-76.

Kelly, Tom, and John Tuccillo. 2004. *How a Second Home Can Be Your Best Investment*. New York: McGraw-Hill.

Keynes, John Maynard. 1940a. "On a Method of Statistical Business Cycle Research: A Comment." *Economic Journal* 50(197): 154-56.

———. 1940b. *How to Pay for the War: A Radical Plan for the Chancellor of the Exchequer*. London: Macmillan. 邦訳ケインズ『戦費と国民経済』(救仁郷繁訳, 東亜書局, 1940).

———. 1973 [1936]. *The General Theory of Employment, Interest and Money*. New York: Macmillan. 邦訳ケインズ『雇用・利子および貨幣の一般理論』(塩野谷祐一訳, 東洋経済新報社, 1995).

Kimura, Takeshi, and Kazuo Ueda. 2001. "Downward Nominal Wage Rigidity in Japan." *Journal of the Japanese and International Economies* 15(1): 50-67.

Kindelberger, Charles P. 1978. *Manias, Panics and Crashes: A History of Financial Crises*. New York: Basic Books. 邦訳キンドルバーガー『熱狂, 恐慌, 崩壊――金融恐慌の歴史』(吉野俊彦・八木甫訳, 日本経済新聞社, 2004).

King, Martin Luther, III. 1999. "Minority Housing Gap: Fannie Mae, Freddie Mac Fall Short." *Washington Times*, November 17, p.A17.

Kirchgaessner, Stephanie. 2008. "Bush Says Wall Street 'Got Drunk.'" *Financial Times*, July 23.

Klein, Lawrence R. 1977. *Project LINK*. Athens, Greece: Centre of Planning and Economic Research.

Knight, Frank H. 1921. *Risk, Uncertainty and Profit*. New York: Houghton Mifflin. 邦訳ナイト『危険・不確実性および利潤』(奥隅栄喜訳, 文雅堂書店, 1959).

Knoppik, Christoph, and Thomas Beissinger. 2003. "How Rigid Are Nominal Wages? Evidence and Implications for Germany." *Scandinavian Journal of Economics* 105(4): 619-41.

Kornbluth, Jesse. 1992. *Highly Confident: The Crime and Punishment of Michael Milken*. New York: William Morrow.

Krueger, Alan B., and Lawrence H. Summers, 1988. "Efficiency Wages and the Inter-Industry Wage Structure." *Econometrica* 56(2): 259-93.

Krueger, Alan B., and Diane M. Whitmore. 1999. "The Effect of Attending a Small Class in the

Early Grades on College-Test Taking and Middle School Test Results: Evidence from Project STAR." Unpublished Paper, Industrial Relations Section, Princeton University, September.

Kuroda, Sachiko, and Isamu Yamamoto. 2003a. "Are Japanese Nominal Wages Downwardly Rigid? I. Examinations of Nominal Wage Change Distributions." *Monetary and Economic Studies* 21(2): 1–29.

———. 2003b. "Are Japanese Nominal Wages Downwardly Rigid? II. Examinations Using a Friction Model." *Monetary and Economic Studies* 21(2): 31–68.

———. 2003c. "The Impact of Downward Nominal Wage Rigidity on the Unemployment Rate: Quantitative Evidence from Japan." *Monetary and Economic Studies* 21(4): 57–85.

Kydland, Finn E., and Edward C. Prescott. 1982. "Time to Build and Aggregate Fluctuations." *Econometrica* 50(6): 1345–70.

Laibson, David I., Andrea Repetto, and Jeremy Tobacman. 2000. "A Debt Puzzle." National Bureau of Economic Research Working Paper 7879, September.

Lamont, Michele. 2000. *The Dignity of Working Men: Morality and the Boundaries of Race, Class, and Immigration.* Cambridge, Mass.: Harvard University Press.

Lauck, William Jett. 1897. *The Causes of the Panic of 1893.* New York: Houghton Mifflin.

Lazear, Edward P., and Robert L. Moore. 1984. "Incentives, Productivity, and Labor Contracts." *Quarterly Journal of Economics* 99(2): 275–96.

Lebergott, Stanley. 1957. "Annual Estimates of Unemployment in the United States, 1900–1954." In *The Measurement and Behavior of Unemployment*, Conference of the Universities-National Bureau Committee for Economic Research, Princeton. Princeton, N.J.: Princeton University Press (for National Bureau of Economic Research), pp.213–41.

Lebow, David E., Raven E. Saks, and Beth Anne Wilson. 1999. "Downward Nominal Wage Rigidity: Evidence from the Employment Cost Index." Board of Governors of the Federal Reserve System, Finance and Economics Discussion Series 99/31, July.

Leeper, Eric, Christopher Sims, and Tao Zha. 1996. "What Does Monetary Policy Do?" *Brookings Papers on Economic Activity* 2: 1–63.

Lemieux, Thomas. 2006. "Increasing Residual Wage Inequality: Composition Effects, Noisy Data, or Rising Demand for Skill?" *American Economic Review* 96(3): 461–98.

"Lending on Collateral." 1893. *New York Times*, June 13, p.4.

LeRoy, Stephen, and Richard Porter. 1981. "Stock Price Volatility: A Test Based on Implied Variance Bounds." *Econometrica* 49: 97–113.

Leven, Maurice, Harold G. Moulton, and Clark Warburton. 1934. *America's Capacity to Consume.* Washington, D.C.: Brookings Institution Press.

Levine, David I. 1991. "Cohesiveness, Productivity, and Wage Dispersion." *Journal of Economic Behavior and Organization* 15(2): 237–55.

Levine, Madeline. 2006. *The Price of Privilege: How Parental Pressure and Material Advantage Are Creating a Generation of Unhappy and Disconnected Kids.* New York: HarperCollins.

Levitt, Steven D. 1996. "The Effect of Prison Population Size on Crime Rates: Evidence from Prison Overcrowding Litigation." *Quarterly Journal of Economics* 111(2): 319–51.

Liebow, Elliot. 1967. *Tally's Corner: A Study of Negro Streetcorner Men.* Boston: Little, Brown. 邦訳リーボウ『タリーズコーナー——黒人下層階級のエスノグラフィ』（吉川徹監訳，東信

堂，2001）.
Lindbeck, Assar, and Dennis J. Snower. 1988. *The Insider-Outsider Theory of Employment and Unemployment*. Cambridge, Mass.: MIT Press.
Littlefield, Henry. 1964. "The Wizard of Oz: Parable on Populism." *American Quarterly* 16: 47–58.
Lo, Andrew W. 2008. *Hedge Funds: An Analytical Perspective*. Princeton, N.J.: Princeton University Press.
Lohr, Steve. 1992. "Lessons from a Hurricane: It Pays Not to Gouge." *New York Times*, September 22.
López Portillo, José. 1965. *Quetzalcóatl*. Mexico City: Librería de Manuel Porrua.
Loury, Glenn C. 1995. *One by One from the Inside Out*. New York: Free Press.
Lowenstein, Roger. 2001. *When Genius Failed: The Rise and Fall of Long-Term Capital Management*. New York: Random House. 邦訳ローウェンスタイン『最強ヘッジファンドLTCMの興亡』（東江一紀・瑞穂のりこ訳，日経ビジネス人文庫，2005）.
Lucas, Robert E., Jr. 1972. "Expectations and the Neutrality of Money." *Journal of Economic Theory* 4(2): 103–24.
Ludvigson, Sydney C. 2004. "Consumer Confidence and Consumer Spending." *Journal of Economic Perspectives* 18(2): 29–50.
Lusardi, Annamaria, and Olivia S. Mitchell. 2005. "Financial Literacy and Planning: Implications for Retirement Well-being." De Nederlandsche Bank Working Paper 78, December.
Macaulay, Frederic. 1938. *Some Theoretical Problems Suggested by Movements in Interest Rates, Bond Yields and Stock Prices in the United States since 1856*. New York: National Bureau of Economic Research.
Madrian, Brigitte C., and Dennis F. Shea. 2001. "The Power of Suggestion: Inertia in 401(k) Participation and Savings Behavior." *Quarterly Journal of Economics* 116(4): 1149–87.
Mankiw, N. Gregory. 1985. "Small Menu Costs and Large Business Cycles: A Macroeconomic Model." *Quarterly Journal of Economics* 110(2): 529–38.
Mankiw, N. Gregory, and Ricardo Reis. 2002. "Sticky Information versus Sticky Prices: A Proposal to Replace the New Keynesian Phillips Curve." *Quarterly Journal of Economics* 117(4): 1295–328.
Marsh, Terry A., and Robert C. Merton. 1986. "Dividend Variability and Variance Bound Tests for the Rationality of Stock Prices." *American Economic Review* 76(3): 483–98.
Mason, Joseph R., and Josh Rosner. 2007. "How Resilient are Mortgage Backed Securities to Collateralized Debt Obligation Market Disruptions?" Unpublished Paper, Hudson Institute.
Matsusaka, John G., and Argia M. Sbordone. 1995. "Consumer Confidence and Economic Fluctuations." *Economic Inquiry* 33(2): 296–318.
McCabe, Kevin A., Mary Rigdon, and Vernon L. Smith. 2003. "Positive Reciprocity and Intentions in Trust Games." *Journal of Economic Behavior and Organization* 52(2): 267–75.
McCloskey, Michael, Alfonso Caramazza, and Bert Green. 1980. "Curvilinear Motion in the Absence of External Forces: Naive Beliefs about the Motion of Objects." *Science* 210(4474): 1139–41.
McDonald, Forrest. 1962. *Insull: The Rise and Fall of a Billionaire Utility Tycoon*. Washington, D.C.: Beard.
McDonald, Ian, and Robert M. Solow. 1981. "Wage Bargaining and Employment." *American*

Economic Review 71(4): 896–908.
Meadows, Donella H., Dennis L. Meadows, Jørgen Randers, and William W. Behrens III. 1972. *The Limits to Growth: A Report for the Club of Rome's Project on the Predicament of Mankind.* New York: Universe. 邦訳ドネラ，メドウズ他『成長の限界——人類の選択』（枝廣淳子訳，ダイヤモンド社，2005）．
"Miners Seem Hopelessly Divided." 1894. *Chicago Daily Tribune*, February 10, p.2.
Minsky, Hyman. 1982. *Can "It" Happen Again? Essays on Instability and Finance.* Armonk, N.Y.: M. E. Sharpe.
———. 1986. *Stabilizing an Unstable Economy.* New Haven, Conn.: Yale University Press. 邦訳ミンスキー『金融不安定性の経済学——歴史・理論・政策』（吉野紀・浅田統一郎・内田和男訳，多賀出版，1989）．
Mishkin, Frederic S. 2007. "Housing and the Monetary Transmission Mechanism." National Bureau of Economic Research Working Paper 13518, October.
Modigliani, Franco. 1970. "The Life-Cycle Hypothesis of Saving and Inter-Country Differences in the Saving Ratio." In W. A. Eltis, M. F. G. Scott, and J. N. Wolfe, eds., *Induction, Growth and Trade: Essays in Honor of Sir Roy Harrod.* London: Clarendon Press.
Modigliani, Franco, and Richard Brumberg. 1954. "Utility Analysis and the Consumption Function: An Interpretation of Cross-Section Data." In Kenneth K. Kurihara, ed., *Post-Keynesian Economics.* New Brunswick, N.J.: Rutgers University Press, pp.388–436.
Modigliani, Franco, and Richard A. Cohn. 1979. "Inflation, Rational Valuation and the Market." *Financial Analysts Journal* 35(2): 24–44.
Moffitt, Donald A. 1963. "Industrial Paradox: Latin America Attracts Auto Making Facilities Despite Lag in Sales." *Wall Street Journal*, August 6, pp.1,16.
Morck, Randall, Andrei Shleifer, and Robert Vishny. 1990. "The Stock Market and Investment: Is the Market a Sideshow?" *Brookings Papers on Economic Activity* 2: 157–215.
Morgenson, Gretchen. 2008. "Everyone Out of the Security Pool." *New York Times*, Sunday Business, November 16, p.BU-1.
Morris, Stephen A., and Hyun Song Shin. 2004. "Liquidity Black Holes." *Review of Finance* 8(1): 1–18.
———. 2008. "Financial Regulation in a System Context." *Brookings Papers on Economic Activity* 2.
"Mr. Lodge on Finance." 1908. *New York Tribune*, March 13, p.3.
Mullainathan, Sendhil, and Andrei Shleifer. 2005. "Persuasion in Finance." Unpublished Paper, Harvard University.
"Must Cut Prices if They Would Work." 1894. *Chicago Daily Tribune*, January 11, p.7.
Nickell, Stephen, and Glenda Quintini. 2001. "Nominal Wage Rigidity and the Rate of Inflation." London School of Economics Discussion Paper CEP DP 489.
"Not a Boom but Growth." 1887. *New York Times*, May 29, p.9.
"Notes Real Signs of Business Uplift." 1932. *New York Times*, September 23, p.2.
Noyes, Alexander Dana. 1909. *Forty Years of American Finance.* New York: G. P. Putnam.
O'Brien, Anthony Patrick. 1989. "A Behavioral Explanation for Nominal Wage Rigidity during the Great Depression." *Quarterly Journal of Economics* 104(4): 719–35.
"Out of the Trough of Depression: Lord Meston on New Trade Orientation." 1937. *The Times* (London), April 21, p.18.

Palley, Thomas I. 1994. "Escalators and Elevators: A Phillips Curve for Keynesians." *Scandinavian Journal of Economics* 96: 111–16.
Peebles, Gavin. 2002. "Saving and Investment in Singapore: Implications for the Economy in the Early 20th Century." In Koh Ai Tee, Lim Kim Lian, Hui Weng Tat, Bhanoji Rao, and Chng Meng Kng, eds., *Singapore Economy in the 21st Century: Issues and Strategies*. Singapore: McGraw-Hill, pp.373–400.
Phelps, Edmund S. 1968. "Money-Wage Dynamics and Labor-Market Equilibrium." *Journal of Political Economy* 76(4): 678-711.
Phelps, Edmund S., and John Taylor. 1977. "Stabilizing Powers of Monetary Policy under Rational Expectations." *Journal of Political Economy* 85(1): 163–90.
Phillips, A. W. 1958. "The Relationship between Unemployment and the Rate of Change of Money Wages in the United Kingdom, 1861–1957." *Economica*, n.s., 25(100): 283–99.
Polti, Georges. 1981 [1916]. *The Thirty-Six Dramatic Situations*. Boston: The Writer. First published as Les trente-six situations dramatiques.
Pratt, John W., David A. Wise, and Richard Zeckhauser. 1979. "Price Differences in Almost Competitive Markets." *Quarterly Journal of Economics* 93(2): 189–211.
Prelec, Drazen, and Duncan Simester. 2001. "Always Leave Home without It: A Further Investigation of the Credit-Card Effect on Willingness to Pay." *Marketing Letters* 12(1): 5–12.
"President Wilson Looks to Business Prosperity as He Signs Currency Measure." 1913. *Christian Science Monitor*, December 24.
Rainwater, Lee. 1970. *Behind Ghetto Walls: Black Families in a Federal Slum*. Chicago: Aldine.
Rees, Albert. 1973 [1962]. *The Economics of Trade Unions*. Chicago: University of Chicago Press. 邦訳リース『労働組合の経済学』(田村剛訳, 日本生産性本部, 1991).
———. 1993. "The Role of Fairness in Wage Determination." *Journal of Labor Economics* 11(1): 243–52.
"Reynolds Sees New Hope with Currency Law Changes." 1913. *Chicago Daily Tribune*, December 20, p.13.
Romer, Christina. 1986. "Spurious Volatility in Historical Unemployment Data." *Journal of Political Economy* 94(1): 1–37.
———. 1992. "What Ended the Great Depression?" *Journal of Economic History* 52(4): 757–84.
Romer, David. 2006. *Advanced Macroeconomics*, 3rd ed. New York: McGraw-Hill/Irwin. 邦訳ローマー『上級マクロ経済学』(堀雅博・岩成博夫・南條隆訳, 日本評論社, 1998).
Sah, Raaj K. 1991. "Social Osmosis and Patterns of Crime." *Journal of Political Economy* 88(6): 1272–95.
Samuelson, Paul A. 1997 [1948]. *Economics: An Introductory Analysis*, 1st ed. New York: McGraw-Hill (reprinted, with a new foreword). 邦訳サムエルソン『経済学——入門的分析』(都留重人訳, 岩波書店, 1971).
Sands, David R. 1991. "GAO Chief Says Banks Must Win Confidence." *Washington Times*, March 8.
Santayana, George. 1955 [1923]. *Skepticism and Animal Faith*. New York: Dover. 邦訳サンタヤナ『哲学逍遥——懐疑主義と動物的信』(磯野友彦訳, 勁草書房, 1966).
Sargent, Thomas J. 1971. "A Note on the 'Accelerationist' Controversy." *Journal of Money, Credit and Banking* 3(3): 721–25.

Sargent, Thomas J., and Neil Wallace. 1975. "Rational Expectations, the Optimal Monetary Instrument, and the Optimal Money Supply Rule." *Journal of Political Economy* 83(2): 241–54.

Schank, Roger C., and Robert P. Abelson. 1977. *Scripts, Plans, Goals and Understanding*. New York: Wiley.

———. 1995. "Knowledge and Memory: The Real Story." In Robert S. Wyer Jr., ed., *Knowledge and Memory: The Real Story*. Hillsdale, N.J.: Erlbaum, pp.1–85.

Schultze, Charles L. 1959. "Recent Inflation in the United States." Study Paper 1, Joint Economic Committee, 86th Cong., 1st sess., September.

Schumpeter, Joseph A. 1939. *Business Cycles: A Theoretical, Historical, and Statistical Analysis of the Capitalist Process*. New York: McGraw-Hill. 邦訳シュムペーター『景気循環論——資本主義過程の理論的・歴史的・統計的分析』（金融経済研究所訳，有斐閣，1985）.

Shafir, Eldar, Peter Diamond, and Amos Tversky. 1997. "Money Illusion." *Quarterly Journal of Economics* 112(2): 341–74.

Shapiro, Carl, and Joseph E. Stiglitz. 1984. "Equilibrium Unemployment as a Worker Discipline Device." *American Economic Review* 74(3): 433–44.

Shea, John. 1995a. "Union Contracts and the Life-Cycle/Permanent-Income Hypothesis." *American Economic Review* 85(1): 186–200.

———. 1995b. "Myopia, Liquidity Constraints, and Aggregate Consumption: A Simple Test." *Journal of Money, Credit and Banking* 27(3): 798–805.

Shefrin, Hersh, and Richard H. Thaler. 1988. "The Behavioral Life-Cycle Hypothesis." *Economic Inquiry* 24: 609–43.

Shiller, Robert J. 1981. "Do Stock Prices Move Too Much to Be Justified by Subsequent Changes in Dividends?" *American Economic Review* 7(3): 421–36.

———. 1982. "Consumption, Asset Markets and Macroeconomic Fluctuations." *Carnegie-Rochester Conference Series on Public Policy* 17: 203–38.

———. 1984. "Stock Prices and Social Dynamics." *Brookings Papers on Economic Activity* 2: 457–98.

———. 1986. "The Marsh-Merton Model of Managers' Smoothing of Dividends." *American Economic Review* 76(3): 499–503.

———. 1989. *Market Volatility*. Cambridge, Mass.: MIT Press.

———. 1997a. "Why Do People Dislike Inflation?" In Christina D. Romer and David H. Romer, eds., *Reducing Inflation: Motivation and Strategy*. NBER Studies in Business Cycles, vol. 30. Chicago: University of Chicago Press, pp.13–65.

———. 1997b. "Public Resistance to Indexation: A Puzzle." *Brookings Papers on Economic Activity* 1: 159–211.

———. 2000. *Irrational Exuberance*. Princeton, N.J.: Princeton University Press. 邦訳シラー『投機バブル　根拠なき熱狂——アメリカ株式市場，暴落の必然』（植草一秀監訳，ダイヤモンド社，2001）.

———. 2002. "Bubbles, Human Judgment and Expert Opinion." *Financial Analysts Journal* 58(3): 18–26.

———. 2005. *Irrational Exuberance*, 2nd ed. Princeton, N.J.: Princeton University Press.

———. 2008a. *The Subprime Solution: How Today's Global Financial Crisis Happened, and What to Do about It*. Princeton, N.J.: Princeton University Press.

———. 2008b. "Online Data: Stock Market Data." http://www.econ.yale.edu/shiller/data.htm
Shipler, David. 1997. *A Country of Strangers: Blacks and Whites in America.* New York: Knopf.
Shleifer, Andrei, and Robert W. Vishny. 1992. "Liquidation Values and Debt Capacity: A Market Equilibrium Approach." *Journal of Finance* 47(4): 1343–66.
———. 1997. "The Limits of Arbitrage." *Journal of Finance* 52(1): 33–55.
Sims, Christopher A. 1972. "Money, Income and Causality." *American Economic Review* 62: 540–52.
———. 2001. "Pitfalls of a Minimax Approach to Model Uncertainty." *American Economic Review* 91(2): 51–54.
Smith, Adam. 1776. *An Inquiry into the Nature and Causes of the Wealth of Nations.* London: Ward, Lock, Bowden & Co. 邦訳スミス『国富論（上・下）』（山岡洋一訳，日本経済新聞出版社，2007）.
Smith, Edgar Lawrence. 1925. *Common Stocks as Long-Term Investments.* New York: Macmillan.
Solow, Robert. 1979. "Another Possible Source of Wage Rigidity." *Journal of Macroeconomics* 1(1): 79–82.
Sorkin, Andrew Ross. 2008. "JP Morgan Pays $2 a Share for Bear Stearns." *New York Times,* March 17.
Soros, George. 2008. *The New Paradigm for Financial Markets: The Credit Crisis of 2008 and What It Means.* New York: Public Affairs. 邦訳ソロス『ソロスは警告する——超バブル崩壊＝悪夢のシナリオ』（徳川家広訳，講談社，2008）.
Souleles, Nicholas S. 2001. "Consumer Sentiment: Its Rationality and Usefulness in Forecasting Expenditure-Evidence from the Michigan Micro Data." National Bureau of Economic Research Working Paper 8410, August.
———. 2004. "Expectations, Heterogeneous Forecast Errors, and Consumption: Micro Evidence from the Michigan Consumer Sentiment Surveys." *Journal of Money, Credit and Banking* 36(1): 39–72.
Staiger, Douglas, James H. Stock, and Mark W. Watson. 1997. "How Precise Are Estimates of the Natural Rate of Unemployment?" In Christina D. Romer and David H. Romer, eds., *Reducing Inflation: Motivation and Strategy.* NBER Studies in Business Cycles, vol. 30. Chicago: University of Chicago Press, pp.195–242.
Steeples, Douglas, and David O. Whitten. 1998. *Democracy in Desperation: The Depression of 1893.* Contributions in Economic History, no. 199. Westport, Conn.: Greenwood Press.
Sternberg, Robert J. 1998. *Love Is a Story: A New Theory of Relationships.* New York: Oxford University Press. 邦訳スターンバーグ『愛とは物語である——愛を理解するための26の物語』（三宅真季子・原田悦子訳，新曜社，1999）.
Stoft, Steven. 1982. "Cheat-Threat Theory: An Explanation of Involuntary Unemployment." Unpublished Paper, Boston University, May.
Taleb, Nassim Nicholas. 2001. *Fooled by Randomness: The Hidden Role of Chance in the Markets and in Life.* New York: Texere. 邦訳タレブ『まぐれ——投資家はなぜ，運を実力と勘違いするのか』（望月衛訳，ダイヤモンド社，2008）.
Taylor, John. 1979. "Staggered Wage Setting in a Macro Model." *American Economic Review* 69(2): 108–13.

———. 1980. "Aggregate Dynamics and Staggered Contracts." *Journal of Political Economy* 88(1): 1–23.

Thaler, Richard H. 1994. *Quasi-Rational Economics*. New York: Russell Sage Foundation.

Thaler, Richard H., and Shlomo Benartzi. 2004. "Save More Tomorrow: Using Behavioral Economics to Increase Employee Saving." *Journal of Political Economy* 112(1, pt.2):S164–187.

Thernstrom, Stephan, and Abigail M. Thernstrom. 1997. *America in Black and White: One Nation, Indivisible*. New York: Simon and Schuster.

Thomas, Landon, Jr., and Eric Dash. 2008. "Seeking Fast Deal, JPMorgan Quintuples Bear Stearns Bid." *New York Times*, March 25.

Tobias, Ronald B. 1993. *20 Master Plots and How to Build Them*. Cincinnati: Writers' Digest.

Tobin, James. 1972a. "Friedman's Theoretical Framework." *Journal of Political Economy* 80(5): 852–63.

———. 1972b. "Inflation and Unemployment." *American Economic Review* 62(1): 1–18.

Turner, Frederic Jackson. 1894. *The Significance of the Frontier in American History*. Madison: State Historical Society of Wisconsin.

Tversky, Amos, and Daniel Kahneman. 1974. "Judgment under Uncertainty: Heuristics and Biases." *Science* 185(4157): 1124–31.

"A Twenty-Five Million Pool." 1907. *Wall Street Journal*, March 29, p.6.

Uchitelle, Louis. 2006. *The Disposable American: Layoffs and Their Consequences*. New York: Knopf.

"Unable to Weather the Gale." 1893. *New York Times*, July 1, p.9.

U.S. Bureau of Labor Statistics. 1951. *Union Wages and Hours: Motortruck Drivers and Helpers*. Bulletin 1052, July 1. Washington, D.C.

———. 2008. "Consumer Price Index: All Urban Consumers. Not Seasonally Adjusted." CUUR0000SA0. http://www.bls.gov/ro1/fax/9150.pdf

U.S. Census. 2008. *The 2008 Statistical Abstract*. http://www.census.gov/compendia/statab/index.htm

U.S. Department of Justice. 1996. "Correctional populations in the US 1996." http://www.ojp.usdoj.gov/bjs/pub/pdf/cpius965.pdf.html

———. 2008. "Prison and Jail Inmates at Midyear 2006." http://www.ojp.usdoj.gov/bjs/pub/pdf/pjim06.pdf

U.S. Department of the Treasury. 2008. "Statement by Secretary Henry M. Paulson on Treasury and Federal Housing Finance Agency Action to Protect Financial Markets and Taxpayers." September 7. http://www.treasury.gov/press/releases/hp1129.htm

U.S. Office of Personnel Management. 2004. "Demographic Profile of the Federal Workforce." https://www2.opm.gov/feddata/demograp/demograp.asp#RNOData

Utaka, Atsuo. 2003. "Confidence and the Real Economy: The Japanese Case." *Applied Economics* 35(3): 337–42.

Venti, Steven F., and David A. Wise. 2000. "Choice, Chance, and Wealth Dispersion at Retirement." National Bureau of Economic Research Working Paper 7521, February.

"Want Old Rate Restored." 1894. *Boston Daily*, February 10, p.10.

Warsh, David. 2006. *Knowledge and the Wealth of Nations: A Story of Economic Discovery*. New York: W.W. Norton.

Weinstein, Neil, and William M. Klein. 1996. "Unrealistic Optimism: Present and Future." *Jour-*

nal of Social and Clinical Psychology 15: 1–8.
Welch, Jack, with John A. Byrne. 2001. *Jack: Straight from the Gut.* New York: Warner. 邦訳ウェルチ&バーン『ジャック・ウェルチ わが経営（上・下）』（宮本喜一訳，日経ビジネス人文庫，2005）.
Wentura, Dirk. 2005. "The Unknown Self: The Social Cognition Perspective." In Werner Greve, Klaus Rothermund, and Dirk Wentura, eds., *The Adaptive Self: Personal Continuity and Intentional Self-Development.* Cambridge, Mass.: Hogrefe and Huber, pp.203–22.
Wilson, William J. 1987. *The Truly Disadvantaged.* Chicago: University of Chicago Press. 邦訳ウィルソン『アメリカのアンダークラス――本当に不利な立場に置かれた人々』（青木秀男監訳，平川茂・牛草英晴訳，明石書店，1999）.
――――. 1996. *When Work Disappears: The World of the New Urban Poor.* New York: Knopf. 邦訳ウィルソン『アメリカ大都市の貧困と差別――仕事がなくなるとき』（川島正樹・竹本友子訳，明石書店，1999）.
"Wilson Insistent." 1913. *Washington Post,* June 15, p.4.
Wolk, Carel, and Loren A. Nikolai. 1997. "Personality Types of Accounting Students and Faculty: Comparisons and Implications." *Journal of Accounting Education* 15(1): 1–17.
Woodford, Michael. 2001. "Imperfect Common Knowledge and the Effects of Monetary Policy." National Bureau of Economic Research Working Paper 8673, December.
Yellen, Janet L. 1984. "Efficiency Wage Models of Unemployment." *American Economic Review Papers and Proceedings* 74(2): 200–205.
Young, Roy A. 1928. "The Banker's Responsibilities." *Bankers' Magazine* 117(6): 973–76.
Youngman, Anna P. 1938. "Abrupt Industrial Slump Puzzles Business Experts." *Washington Post,* January 3, p.X22.
Zandi, Mark. 2008. *Financial Shock: A 360º Look at the Subprime Mortgage Implosion, and How to Avoid the Next Financial Crisis.* Upper Saddle River, N.J.: Pearson Education.
Zeldes, Stephen P. 1989. "Consumption and Liquidity Constraints: An Empirical Investigation." *Journal of Political Economy* 97(2): 305–46.

注

●序文

(1) James (1983 [1904], p.341). アカロフによるこのイメージの別の文脈での利用についてはWarsh (2006) を参照.

(2) 1982年にHyman Minskyは*Can "It" Happen Again?*を書いたが, ここでミンスキーの言う「It」とはもちろん大恐慌のことだ. かれもわれわれと同じく, 投機バブルの心理学に大いに関心があった. 本書のわれわれの考えは, ミンスキーのものと同じだ.

(3) ある出所は総死者数を5219万9262人としている. http://www.historyplace.com/worldwar2/timeline/statistics.htmを参照.

(4) フリードマンの引用は, *Time*の1965年12月31日号で, 表紙はケインズだった. フリードマンが後にこの発言を否定したことに関する議論はhttp://www.libertyhaven.com/thinkers/miltonfriedman/miltonexkeynesian.htmlを参照.

(5) Smith (1776).

(6) 特にLevine (2006) を参照.

(7) 加えてMinsky (1982, 1986), Galbraith (1997 [1955]), Kindelberger (1978) もバブルやパニックについて先駆的な歴史記述を提供している. Galbraithの*The Great Crash: 1929* (邦訳『大暴落1929』) は, 1929年の株式市場暴落に至る出来事の説明を記述しているが, 本書の分析ときわめて似た精神のものとなっている. キンドルバーガーは, 過去の熱狂やパニックについて見事な歴史を記述している. こうした現象が至るところで起こるというのは――われわれがここで明言しているように――その起源が人間の特性, つまりアニマルスピリットにあることを示唆している.

(8) Minsky (1982, p.138) に言わせると, 再構築されたケインズ理論が「退屈さ」に陥っているのは, それが「経済がどうやって失業均衡に入り込むかを説明しないからだ. (中略) それは破壊的な内部の動的プロセスの入る余地がない」.

はじめに

(1) 著書*Who's Afraid of Adam Smith?*でPeter Dougherty (2002, p.xi) は以下のように書いている. 「アダム・スミスの伝統に連なる経済的な発想は, 民主的資本主義にとってはコンピュータのオペレーティングシステムに相当する. 資本主義の可能性は, コンピュータと同じで実に多種多様であり, われわれがそれに何をさせるか次第だ. それは, それぞれのシステムを動かす命令によって善し悪しが決まってしまう」.

(2) Keynes (1973 [1936], pp.149-50, 161-62).

(3) アニマルスピリットという用語は古代に生まれ, 古代医師ガレノス (ca.130-ca.200) の著作が昔からその出所として引用され続けている. この用語は中世までは医学でふつうに

使われており，Robert Burtonの *The Anatomy of Melancholy*（1632）やRené Descartesの *Traité de l'Homme*（1972［1664］，邦訳『人間論』）まで続いている．スピリット（霊気）には3種類あるとされていた．心臓から生まれるとされる生命精気，肝臓から生まれる自然精気，脳から発する動物精気である．哲学者George Santayana（1955［1923］，p.245）は「動物信念」の中心性をもとに哲学大系を構築したが，かれのいう動物信念とは「純粋で絶対的な精気，知覚不能な認知エネルギーであり，その本質は直感である」．

(4) 通称IS–LMモデルは，マクロ経済学の思考にずっと影響を与え続けている．ケインズ派のマクロ計量経済モデルに対してその生涯を通じてきわめて批判的だったミルトン・フリードマンは，やがてキャリアも晩年になったとき，自分の見方を表すモデルを作ってみろと強要されることになった．かれが考案したのは現代の新ケインズ派ヒックス式IS–LMモデルとそっくりのものだった（Friedman 1970）．フリードマンの理論アプローチに対する批判の中でJames Tobin（1972，p.851）はこう語った．「フリードマン教授が新ケインズ派との決定的な理論的相違だと考えるものを知って，わたしは大いに驚いた」．フリードマンはたった1つ「欠けていた方程式」を新ケインズ派のIS–LMモデルにのせただけだった．生産と価格の短期的な関係を示す式だ．同じように，マクロ経済学の合理的期待形成革命は，マクロ計量経済モデルにはほとんど影響を与えないことが多く，単に自分のモデルの合理的期待形成「変種」を提示しただけだった．こうしたモデルはしばしば，同じIS–LMモデルをさらに変奏しただけのものにすぎなかった．たとえば古典的なサージェント=ワラス・モデル（Sargent and Wallace 1975）などがそうだ．

(5) Fischer（1977），Taylor（1979, 1980），およびCalvo（1983）．

(6) 最近のマクロ経済学的思考をずっと支配している別のアプローチは，Kydland and Prescott（1982）の伝統に連なる動学的確率的一般均衡モデル（DSGEモデル）だ．これらは重要な洞察に基づいてはいるが，現在のかたちでは，あらゆる人間行動が期間をまたがる効用を最適化するという想定に依存している．このモデルは金融政策のショックや生産性のショックなどを反映できるが，アニマルスピリットは取り入れられない．最近の論文でV.V. Chari, Patrick J. Kehoe, and Ellen R. McGrattan（2008, p.3）は，マクロ経済学がこうしたモデルを支持する方向でコンセンサスができつつあると結論づけており，「マクロ経済学者たちはまた，モデルとデータが合致するために含めることが必要な，誘導形のショックの性質についても合意しはじめている」と書く．だが，かれらの会合に出席した経済学者は合意しはじめているかもしれないが，経済学者全体や社会科学者全体ではまったく何のコンセンサスもない．DSGEモデルは経済思想史において重要なフェーズを示してはいるものの，その根本的な想定は見直すべきだとわれわれは考える．

●第1章　安心とその乗数

(1)“Attitude of Waiting.”また“A Twenty-Five Million Pool”も参照.

(2) 特にCooper and John（1988）はマクロ経済における2つの均衡の役割を強調している．

本章での安心の見方は，この解釈をさらに進めたものとなっている．われわれの安心の記述は，Benabou（2008）の先駆的な論文で提示されたものとなっている．Benabouにとって，安心という概念は，人々が手元の情報を十分に使わないような心理状態を指す．かれらは信用しすぎているのだ——こういう心理状態が過剰投資をもたらす．Blanchard（1993）もアニマルスピリットの性質について似たような見方をしている．かれはミシガン大消費者信頼感指数を使って，それが将来所得の変化を予測できているのは，それが将来の消費者の安心感についての消費者の予測を反映しているのではないかという区別をしている．ブランシャールはこうした消費者の信頼感や安心をアニマルスピリットだと解釈している．

(3) スポーツイベントの結果の分析は，イベントと安心の間に相関があること，したがってイベントの結果は経済行動にも影響を与えることを示している．大学生たちは，学校のバスケットボールチームが負けたときよりも勝ったときのほうが，自分の成績がよくなると予測する（Hirt et al. 1992）．地元チームが勝つと，宝くじの売上げが増える（Arkes et al. 1988）．さらにこうしたスポーツイベントは，経済の状況に影響することが知られている．1973年から2004年にかけて，42カ国で国際サッカー試合を調べたところ，その国の株式市場における1日の平均収益率は0.06％（年率換算で15.6％）だった．だがその国のチームが他国に負けた翌日の収益率は－0.13％で，トーナメントから脱落した翌日の収益率は－0.23％だった（Edmans et al. 2007）．

(4) Kahn（1931）．

(5) Hicks（1937）．

(6) Leven et al.（1934）．

(7) Carson（1975）．

(8) ヤン・ティンバーゲンとかれのモデル構築について，Keynes（1940, p.156）はこうコメントしている．「現段階でこれを任せるほど信用できる人がいるかどうか，あるいはこの種の統計的錬金術がまともな科学の一部となる期が熟しているかどうかについては，わたしはまだ納得していない．だがニュートン，ボイル，ロックはみんな錬金術に手を染めている．だからかれにも続けさせよう」．

(9) 安心変数がGDPを生じるか見るには，Clive Granger（1969）やChristopher Sims（1972）が先駆となった計量経済学手法を使うことができる．Matsusaka and Sbordone（1995）は，ミシガン大学消費者信頼感指数がアメリカでGDPに対してGranger誘因となることを発見；Berg and Bergström（1996）は，消費者の安心の指標がスウェーデンで消費に対してGranger誘因となることを発見；Utaka（2003）は別の消費者安心指標が日本でGDPに対してGranger誘因となることを発見している．だがこうしたテストは安心とGDPという2変数しか使っていない．他の人は，安心をもっと広い多変量自己回帰（VAR）の枠組みで検討しているが，成功の度合いはさまざまである．VARに多くの変数を入れ，観測時点が比較的少ないと，結果は安定しない．Bernanke et al.（2005, p.388）によれば「自由

度を維持するために，標準的なVARは6～8つ以上の変数を使うことは滅多にない．これほど少ない変数では，中央銀行が実際に使っている情報集合を使い果たすことはないだろう．中央銀行は通常は文字どおり何百というデータを追跡しており，金融市場の参加者やその他の観察者も同様である」．これらの著者たちは分析に安心変数を含めない．VARには他の変数を含めないと，計測をまちがえた信頼感指数の誤差をきれいにできない．また他の要因，たとえば金融政策変数などは安心と相関するが，安心とは別指標なので，これを入れる必要があるかもしれない．1つのアプローチは，VARを拡張しつつベイジアン事前条件を係数につけることで，次元問題を減らすやり方だが，ここでも結果はその事前条件次第となる．Leeper et al.（1996）は使用変数を18個に増やしたが，やはり安心指標は含めていない．安心の優れた包括的な指標があったとしても，マクロ経済を対象にする限り，含めたいデータ変数は時系列観測があるより多くなってしまうし，だからアナリストの事前条件は分析に大きな影響を持ってしまうのは避けがたい．ここでのわれわれの作業は，定量化の難しい広範な情報を使って，独自のベイジアン事前条件を開発する手助けだと見られるかもしれない．

(10) Davis and Fagan（1997）.

(11) Fair（1994, pp.303-11）.

(12) Blanchard（1993）．ブランシャールの観察から，消費者信頼感指数へのショックが本当に消費者の安心感をはかっているのか，それとも単に消費者の将来予測を反映しているだけなのかを扱った，かなりの論文が生まれている．Ludvigson（2004）がそうした論文のレビューを行っている．Barsky and Sims（2006）は，消費者信頼感指数へのショックは，主に情報によるという結論に達している．

●第2章　公平さ

(1) Rees（1973［1962］）.

(2) Rees（1993, pp.243-44）.

(3)「多彩な」というのはおそらく誤訳だ．多くの学者はこれが「袖のある」チュニックだったと考えている（訳注：日本聖書協会の聖書〈新共同訳〉では，「裾の長い晴れ着」となっている）.

(4) Kahneman et al.（1986a）.

(5) Lohr（1992）.

(6) Kahneman et al.（1986b, pp.S287-88）.

(7) Fehr and Gächter（2000）.

(8) Chen and Hauser（2005）.

(9) De Quervain et al.（2005）.

(10) エルンスト・フェールからジョージ・アカロフへの電子メール，2008年11月1日．フェールはまた，のどが渇いて水が欲しいときにも，怒って復讐を求めるときにも線条体

が活性化することを指摘し，人々は文字どおり「復讐を渇望する」のだと述べている．
(11) Brown (1986).
(12) Blau (1963).
(13) Akerlof and Kranton (2000, 2002, 2005, 2008).

●第3章　腐敗と背信

(1) Galbraith (1997 [1955], p.133) は，経済的背信の周期性を指摘している．かれは背信がブーム期には増え（“the bezzle grew apace”）それが崩壊後に発見されるのが増えることを指摘している．
(2) 本章の基盤となった材料のほとんどは，アカロフとポール・ローマーの共同研究による (Akerlof and Romer 1993).
(3) Jacobs (1961).
(4) Chernow (1998).
(5) この議論はAkerlof and Romer (1993) から．
(6) Welch and Byrne (2001, p.129).
(7) Wolk and Nikolai (1997, p.11).
(8) これは1993年ドルである (Akerlof and Romer 1993, p.36).
(9) Akerlof and Romer (1993).
(10) Grossman and Hart (1980) の議論による．
(11) Kornbluth (1992, pp.323-24).
(12) Crystal (1991).
(13) Sands (1991).
(14) S&Pケース・シラー住宅価格指数，http://www.metroarea.standardandpoors.com
(15) Eichenwald (2005).
(16) 証券取引委員会 (SEC) によるエンロンの財務的不整合に関する調査は，不景気のかなり進んだ2001年10月19日まで始まらなかったが（不景気は2001年の3月から11月まで続いた），エンロン疑惑はそれ以前からすでに山積しており，同社の株価も急落していた．ここでは，不況を取り巻く期間につきものの財務的不整合の一例としてエンロンを引用した．この期間は，2002年から2003年まで続いた弱い回復期までを含む．
(17) Case (2008).
(18) Mason and Rosner (2007, p.2).
(19) Shiller (2008a).
(20) Calomiris (2008, p.19).
(21) この見事な実例としてはKashyap et al. (2008, p.9) を参照．かれらによると，UBSではサブプライムローンを出した人々は非常に高い利益を計上できたという――そしてこれは，その人々のボーナスに反映された．

(22) Goetzmann et al.(2003) とLo(2008).

(23) ヘッジファンドの保有についてはあまり知られていない. かれらはそうした情報を公開する義務がないからだ. 経済全体のリスクを考えると, かれらに情報公開を義務づけたほうがいいだろう. 2006年にはアメリカで, ヘッジファンドのマネージャーが証券取引委員会でForm ADVという書類の提出を求められたことがあった. この書類はファンドの運用リスクを判断するのに関わる多くの情報を公開するものだったが, ファンドのポートフォリオに関する直接情報は含んでいない. もっと厳しい公開要件が効果を持ったという議論はあるが, その効果はごくわずかだったとされる(Brown et al. 2007を参照). ファンドの実際のポートフォリオが公開されたほうがいいだろう.

(24) Calomiris(2008).

(25) Becker(1968).

(26) Sah(1991).

(27) 1933年にニューヨーク州知事ハーバート・H・リーマン曰く「私見だが, いまや全国を覆う禁酒法廃止の動きは止めようがない. 偽善と詐欺と法軽視に対する戦いはほとんど勝利している. これは世論のおかげだ. 世論は知られる機会さえ与えられるなら, 奇跡をも実現できるのだ」("Formal Addresses of Lehman, Smith, Root and Wadsworth at Repeal Convention").

(28) "Contract Bridge Favorite Game among Women."

●第4章　貨幣錯覚

(1) だがそれでも世間がインデクセーション(物価スライド制)を受容するのを阻害する多くのバイアスが存在する(Shiller 1997b).

(2) Fisher(1928, pp.75–78). われわれのもっと現代的な計算によれば, 価格増は2倍に近いようだ.

(3) Ibid., pp.3–18.

(4) Keynes(1940b).

(5) Phillips(1958).

(6) Friedman(1968).

(7) もっと厳密には, かれらは自分たちの製品の価格を, 他の企業がつけている値段と相対で増やそうとする.

(8) たとえばGordon(1977, p.265)参照. インフレ期待が過去数年のインフレの移動平均として形成されるなら, フィリップス曲線の推計は, 何期か遅らせたインフレに対する係数の和が1になる結果を見せるはずだ. フィリップス曲線の多くの推計は, この合計が1になるという仮説を棄却できない. こうした発見の重要性を考えると, フィリップス曲線の時期, データ, 正確な仕様などに対する堅牢性が一度も厳しいテストにかけられなかったのは驚くべきことだ——とはいえ, フィリップス曲線についてのその他あらゆる面の推

計は，自然失業率自体を含め，かなり不正確だとは考えられているのだが．Akerlof et al.（2000）は賃金方程式と価格方程式を多くのちがった仕様でいろいろ推計してみた．こうした推計は，特に低インフレ期で推計すると，遅らせたインフレの係数の和が大幅に変動する．これらの推計が仕様に敏感だと示唆するもう1つの証拠としては，自然失業率自体の標準誤差がある（Staiger et al. 1997）．フィリップス曲線のもう1つの構成要素である自然失業率をこれほど低い精度でしか推計できないのに，遅らせた係数の和が厳密に推計できたらそのほうが驚きだ．ゴードン自身の推計も，この係数の合計についてまったくちがった値を示している．もちろん，なぜそうした和の推計値が堅牢でないかについては理論的な理由はある．インフレ期待の形成に，単純な機械的な理論を使うのではなく，合理的期待を使うなら，その合計が1になると考えるべき理論的な理由はないとSargent（1971）は示している．

(9) 標準誤差がきわめて高かった．

(10) フリードマン以前に，Edmund Phelps（1968）がフィリップス曲線の加速的な見方を実証している．2006年にかれは，もっぱらこの洞察のために遅ればせながらノーベル賞を授与された．

(11) Tobin（1972b，p.3）．

(12) Christofides and Peng（2004，Table 1，p.38）．

(13) Ibid.，note 19，p.11．

(14) 以下の研究はどれも，名目賃金の強い硬直性を発見している．アメリカについてはCard and Hyslop（1997），Kahn（1997），Altonji and Devereux（1999），Bewley（1999），およびLebow et al.（1999）．オーストラリアについてはDwyer and Leong（2000）．カナダについてはFortin（1996）．ドイツについてはBauer et al.（2003）およびKnoppik and Beissinger（2003）．日本についてはKimura and Ueda（2001）およびKuroda and Yamamoto（2003a–c）．メキシコについてはCastellanos et al.（2004）．ニュージーランドについてはCassino（1995）およびChapple（1996）．スウェーデンについてはAgell and Lundborg（2003）．スイスについてはFehr and Goette（2004）．イギリスについてはNickell and Quintini（2001）．

(15) Carlton（1986）．

(16) Modigliani and Cohn（1979）．

●第5章　物語

(1) このせりふはエドナ・セント・ヴィンセント・ミレーのものとされることが多い．「人生ってのはあれこれいろいろ降ってくるばかりじゃない．同じものが何度も何度も降ってくるだけなんだ」．だが彼女はそのずっと以前に使われたこの発言に反応していただけで，そのずっと以前の用法はつきとめられなかった．

(2) Schank and Abelson（1977，1995）．

(3) Taleb (2001).
(4) Sternberg (1998).
(5) Harmon (2006).
(6) Polti (1981 [1916]).
(7) Tobias (1993, pp.iii–iv).
(8) 物語を広めるにあたっての政治家の役割は，Edward Glaeser (2002) が強調している.
(9) Finnel (2006).
(10) Colburn (1984).
(11) Finnel (2006).
(12) Shiller (2000, 2005).
(13) Shiller (2000, 2005) はここ10年ほどの各国で最大の株価上昇を探し出し，各国ごとにその国内ニュースが上昇の原因をどう解釈しているか新聞記事を探した．ジャーナリストたちは，その国の経済に新時代が訪れようとしているという物語を語るときにきわめて創造的だということがわかった．だがこうした物語にもかかわらず，株式市場の上昇分はその後逆転することが多かった.
(14) 伝染病の古典的な数学モデルはBailey (1975) である.

●第6章　なぜ経済は不況に陥るのか？

(1) Shiller (2008b).
(2) たとえば“Must Cut Prices if They Would Work”あるいは“Miners Seem Hopelessly Divided”などを参照.
(3) “Want Old Rate Restored.”
(4) Lebergott (1957).
(5) Romer (1986).
(6) 短期金利は1893年に，1873年のパニック以来なかった水準に達した (Macaulay 1938, Table 10, pp.A142–60)．破綻をもたらしたのは，高金利だけでなく，「どんな金利でも借りられなかった」ことだ．信用不在のおかげで「風船がたくさん破裂した」(“Lending on Collateral”および“Unable to Weather the Gale”).
(7) Noyes (1909).
(8) Steeples and Whitten (1998).
(9) Faulkner (1959), Turner (1894), およびSchumpeter (1939).
(10) Clark (1895).
(11) Steeples and Whitten (1998, p.128).
(12) “Embezzlements of Last Year.”
(13) Degler (1967).
(14) ボームは1919年に他界したが，自分の本が複本位性のメタファーだと述べたことはな

かった．だが『オズの魔法使い』の中に複本位性論争との無数の類似性があることが指摘されている．Littlefield（1964）を参照．

（15）“Wilson Insistent.”

（16）“Reynolds Sees New Hope with Currency Law Changes” および “President Wilson Looks to Business Prosperity as He Signs Currency Measure.”

（17）Young（1928，pp.973 and 976）．

（18）「過熱した経済（overheated economy）」ということばをレクシスネクシス（LexisNexis）でニュースや主要紙について検索すると，1987件出てくる．

（19）1万本以上の学術論文を網羅したNBER（全米経済研究所）のワーキングペーパーシリーズすべてを全文検索したが，「過熱した経済（overheated economy）」ということばを使っている論文は1つもなかった．

（20）Di Tella et al.（2000）は，人生の満足度の実証的な指標がインフレや失業と負の相関を持つことを示している．

（21）Shiller（2000，2005）．

（22）McDonald（1962，p.278）での引用．

（23）Smith（1925）．

（24）Alexander Dana Noyes，http://www.newsbios.com/newslum/noyes.htm

（25）Eichengreen and Sachs（1985）およびEichengreen（1992）．

（26）U.S. Bureau of Labor Statistics（2008）．

（27）O'Brien（1989）．

（28）“Applaud Idea of Lowering City Salaries.”

（29）O'Brien（1989）．

（30）“Notes Real Signs of Business Uplift.”

（31）経済史家Harold ColeとLee Ohanian（2000，2004）は，ルーズベルト政権が，企業が実質的な共謀をして独占力という利点を確保できるようにしたことで，アメリカの大恐慌を悪化させたという．Cole and Ohanianによれば，アメリカの最高裁が1935年にNIRA（全国産業復興法）の競争ルールを廃止させた後も，政府は実質的に，労組の要求に屈して賃金を上げた企業に対し，反トラスト処分をしないことで，このルールを実質的に温存し続けたという．

（32）教科書的なケインズ派モデルによれば，極端な恐慌の場合には総需要曲線は垂直になる．名目賃金の硬直性があるので，実質賃金がこの水準の産出量と一貫性を持つように総供給曲線が物価水準を決める．

（33）Higgs（1997，p.568）．

（34）Cantril（1951，p.175）．1939年5月のアメリカ企業重役アンケートは，こんな質問をしている．「次の2つのうち，あなたが同意するものにいちばん近いのはどちらですか？ ①政権の政策が事業家の安心にきわめて大きな影響を与えたので，回復は深刻なほど遅れ

た．②事業家は不当にも自分の問題を政権のせいにしている」．回答者のうち，64.8％は①に同意し，25.6％は②，そして9.6％はわからないと回答した（p.64）．

（35）"Callisthenes"（1931）．

（36）"Out of the Trough of Depression."

（37）"Confidence Is Recovery Key, Sloan Asserts."

（38）Youngman（1938）．

（39）Romer（1992）．

（40）日本の消費者物価指数は，1990年には111.4で，1998年には122.2であり，本当のデフレが起きたのは1994～95年だけだった．だが1998～2005年は，ゆるやかとはいえ継続的なデフレを経験した．2006～07年にはインフレは実質的にゼロだった．*Economic Report of the President*（2008, Table B-108, p.350）を参照．

●第7章　なぜ中央銀行は経済に対して（持つ場合には）力を持つのか？

（1）Federal Reserve（2008a）．

（2）http://www.federalreserve.gov/releases/h41/Current/ この数字は桁を見るためだけに使うべきである．現在の金融危機の下で，これは絶えず変わっている．

（3）だがこの物語は理論家には魅力的ではあっても，中央銀行の任務について何か根本的なものを見落としている．Hyman Minsky（1982, p.250）は，これが仕事の核心だと思っている中央銀行家は「マネーサプライの目隠し」をつけているのだと述べた．

（4）Goldfeld（1976）．

（5）貸付資金市場理論についての議論はBernanke and Blinder（1988, 1992）を参照．

（6）正確な比率はその銀行の負債規模と種類によって変わる．Federal Reserve（2008b）を参照．

（7）説明がFriedman and Schwartz（1963, pp.156–68）にある．

（8）"An Elastic Currency and Bankers' Bank."

（9）"Mr. Lodge on Finance."

（10）"Aldrich Banking System."

（11）"Still Danger of Financial Panic."

（12）Morris and Shin（2004）およびBrunnermeier（2009）．

（13）Sorkin（2008）．だが後にJPモルガン・チェースは1株10ドルの支払いに合意した．もとの一夜取引はあまりに拙速だったとされ，再交渉が行われた（Thomas and Dash 2008）．

（14）Andrews（2008）．

（15）Bernanke（2008a）．

（16）Lowenstein（2001, pp.39, 40, 118, 191, 207）．

●付記　目下の金融危機とその対策

(1) アメリカの法律は，1946年雇用法から，政府の経済政策に2つの主要な目標を与えている．U.S. Code（合衆国法典），Title 15，Section 1021に書かれたように，政府は「働く能力があり，意志があり，仕事を探している個人すべてに対して，公平な報酬で有用な賃金労働に就く完全な機会の権利実現を国の目標として宣言するとともに確立する」．そしてさらに「議会はまたインフレが大きな国の問題であり改善された政府政策を必要とすると宣言する」（http://www.law.cornell.edu/uscode/15/1021.html）．危機時には，インフレ目標の実現はむずかしくないはずだ．

(2) GDPは1994年におよそ7兆ドルだった（*Economic Report of the President* 2001, Table B-1, p.274）．

(3) Federal Reserve Table B16, Commercial Paper Outstanding（http:// www.federalreserve.gov/DataDownload/Download.aspx?rel=CP&series=40f558ddc745a653699dbcdf7d6baef9&lastObs=24&from=&to=&filetype=csv&label=include&layout=seriescolumn&type=package）．

(4) 季節調整済みだと，2007年7月には1.21兆ドルだった．2008年10月には7250億ドルに下がった．

(5) 多くの住宅ローンはもちろんファニーメイとフレディマックに転嫁できる．

(6) Greenlaw et al.（2008）およびMorris and Shin（2008）．

(7) 信用目標は，中間的な目標と考えるのがいちばんいいかもしれない．これは完全雇用ほどはFRBの究極目標とはいえず，究極目標実現のための手段として使われているからだ．金融政策のための中間的な目標という概念はいろいろ議論されている．たとえばFriedman（1990）を参照．

(8) Bernanke and Blinder（1988, p.438）．

(9) Bernanke et al.（2001）．

(10) http://www.frbsf.org/news/speeches/2008/1014.html FRBはまた，プライマリー・ディーラー・クレジット・ファシリティ（PDCF）を開設し，またマネー・マーケット・ミューチュアル・ファンド（MMMF）用に流動性を提供する類似のファシリティも設けている．そして次の2つの顕著な事例では，大型金融機関の倒産を防ぐために融資をしている．ベアー・スターンズ（これは第7章で見た）とアメリカン・インターナショナル・グループ（AIG）だ．FRBによるこうした行動すべては，非伝統的なやり方とはいえ割引窓口の利用と見なすことができる．

(11) http://www.federalreserve.gov/newsevents/press/monetary/20081007d. htmおよびhttp://www.federalreserve.gov/newsevents/press/monetary/ 20081021b.htmを参照．

(12) Federal Reserveによる以下の説明を参照：http://www.federalreserve.gov/newsevents/monetary20081125a1.pdf

(13) U.S. Department of the Treasury（2008, p.2）．

(14) http://en.wikipedia.org/wiki/Fannie Maeを参照.
(15) 1990年代スウェーデンの銀行危機解決の見事なサーベイがEnglund (1999) である. 危機が終わると, 銀行は黒字に戻った (Figure 6, p.90).
(16) Morgenson (2008).
(17) Benoit et al. (2008).

●第8章 なぜ仕事の見つからない人がいるのか?

(1) 本章の相当部分はアカロフとジャネット・イェレンの共同研究 (Akerlof and Yellen 1990) に基づいている.
(2) この理論の初期の例としてはSolow (1979), McDonald and Solow (1981), Akerlof (1982) などがある. またYellen (1984) も参照.
(3) Pratt et al. (1979).
(4) Ibid., pp.206-7.
(5) Juhn et al. (1993).
(6) こうした数字は幅をかなり過大に表現しているかもしれない. これらは計測誤差を考慮していないからである. CPSの補遺であるMarch Current Population Survey (CPS) をデータ源として使い, 年間報告所得を年間報告勤労時間で割ったものを賃金とすると, かなりの計測誤差が出る (Lemieux 2006を参照).
(7) Groshen (1991).
(8) これは職業調整のない平均の変動で説明できたものである (Groshen 1991, p.874を参照).
(9) Dickens and Katz (1987) およびKrueger and Summers (1988). (サマーズは後に財務長官を経てハーバード大学学長となり, いまやオバマ大統領の有力顧問である. この研究はかれの経済学者としての優秀さを実証するものだ). こうした研究は, 労働組合がかなり弱かった時代のアメリカを扱っていることに注意. だから組合はこうした賃金格差の根底にある大きな要因とは考えにくい. これに対しDunlopの賃金格差は, もっぱら組合の力の差からきているかもしれない. 1930年代大恐慌の間の, 賃金設定における組合の力の役割はCole and Ohanian (2004) で論じられている.
(10) 辞職の周期に反するデータとしてはAkerlof et al. (1988) を参照.
(11) Ibid., p.532.
(12) Shapiro and Stiglitz (1984), さらにStoft (1982), Foster and Wan (1984), およびBowles (1985).
(13) Lazear and Moore (1984).
(14) Akerlof and Kranton (2005, p.22).
(15) 労使間の感情的な関係の複雑性を記述した論文としてはKatz (1986), Blinder and Choi (1990), Uchitelle (2006) などがある. 互恵性の重要性は多くの実験で裏付けられ

ている．McCabe et al.（2003）では，信頼ゲームの実験で，人々は見知らぬ匿名の人物に何かを喜んであげて，その相手が賢い互恵的な選択をしてくれるものと期待することを発見した．Blinder and Choiは，高賃金を支払う理由として士気（モラール）を考慮していることを強く示唆する証拠を得たが，効率賃金を労働者の規律維持の装置と考えることについては，証拠ははっきりしなかった．Bewley（1999）は，賃金カットをしない重要な理由は士気であると結論付けている．Campbell and Kamlani（1997）は，企業が名目賃金カットをしない大きな理由は士気であるとともに，最高の労働者がやめてしまうことを恐れるためだと報告している．Fang and Moscarini（2002）は，企業の士気についての懸念は無差別方針を奨励し，実績と給与が相関しないような賃金圧縮政策を採用しやすくするとしている．

(16) Akerlof and Yellen（1990）およびLevine（1991）．

(17) すでに雇われている労働者の役割を強調する失業理論は，インサイダー・アウトサイダー理論と呼ばれる．最初にインサイダー・アウトサイダー理論を開発したのはAssar Lindbeck and Dennis Snower（1988）で，継続的に高いヨーロッパの失業にこの理論を適用したのはOlivier Blanchard and Lawrence Summers（1987）である．

●第9章　なぜインフレと失業はトレードオフ関係にあるのか？

(1) 本章の大部分は，アカロフとウィリアム・ディケンズおよびジョージ・ペリーとの共同研究に基づいている（Akerlof et al. 1996, 2000; Akerlof and Dickens 2007）．またSchultze（1959），Tobin（1972），Palley（1994）も参照．

(2) Samuelson（1997［1948］）．

(3) Card and Hyslop（1997）およびKahn（1997）．

(4) Fortin（1995, 1996）．

(5) Bewley（1999）．Bewleyは334件のインタビューを行っている．そのうちいくつかは複数の相手にインタビューを実施している．

(6) Ibid., pp.535–54.

(7) 企業はしばしば賃金を平準化し，同じ肩書きの人物には，明らかに生産性の差があっても，同じ賃金を支払う．これは経済の論理に反するかのようだ．なぜ生産性の高い従業員に報いないのか？　だが多くの企業は平準賃金政策を採用している．生産性の高い労働者に高い賃金を出さないのは，それが不公平だという印象だけでなく，そこに「士気ハザード」があると思われているからだ．つまり，賃金の低い労働者が不安になり，かれらの自尊心を傷つけ，雇い主への献身ぶりが下がることを恐れているわけだ（Fang and Moscarini 2002）．

(8) Akerlof et al.（1996, p.31）．

(9) こうした賃金端数切り捨てがゼロから2％で起こるというのは，Card and Hyslop（1997）による，賃金変化の非対称性で見られる賃金端数切り捨ての計算とおおむね一致してい

る．かれらの切り捨て値はもっと低いが，でもかれらのインフレが高いので切り捨て率がずっと低くなるのは予想どおりだ．

(10) この議論は，Akerlof et al.（1996，2000）およびAkerlof and Dickens（2007）で，根底にある数式とともに，もっと厳密に展開されている．

(11) この数字はオークンの法則で求めている．この法則は，失業が1パーセントポイント上昇するたびに生産が2％下がると述べる．

(12) Shiller（1997a）．

(13) この効果の定式化モデルについてはShafir et al.（1997）を参照．

(14) 人々がインフレ期待を形成する単純で自然な方法は過去のインフレの加重平均（もっと正式には分散ラグ）を求めることだ．この場合，フィリップス曲線推計の過去のインフレにつけたウエイトの和を見れば，自然失業率理論がどこまで成り立つかを示す．もし係数の和が1になるなら，期待インフレが上がれば賃金がまったく同じだけ上がる．ウエイトが1より低ければ，賃金上昇は期待インフレより低い．この議論の例外についてはSargent（1971）を参照．

(15) フィリップス曲線を，アメリカでの高インフレ期と低インフレ期について別々に推計してみると，過去のインフレに対する加重の合計は，インフレが低いときにはゼロになる．インフレが高いと，その和は1に近くなる．期待インフレが近年のインフレの加重平均なら，期待インフレが完全に賃金に上乗せされるのであれば，加重の合計は1になると考えられる．上乗せがなければこれはゼロになるだろう（Akerlof et al. 2000; Brainard and Perry 2000）．高インフレ時と低インフレ時の推計値のちがいは，計量経済学的な理由から起こる可能性もある．

(16) したがってデータは，インフレが低いときより高いときのほうが，過去のインフレに依存する比率が高いと示すようだ．だが，フィリップス曲線の推計は難しいと警告しておこう．なぜこうした推計値がまちがっているか，系統的な理由があるかもしれない．だがそうした誤差の理由は，証明がむずかしいか，不可能かもしれない．たとえば過去のインフレは，高インフレより低インフレのほうが，インフレ期待の代替指標としてノイズが多いのかもしれない．

(17) Fortin（1996）．

(18) Ibid., p.761.

(19) Ip（1994）．

(20) Fortin（1996，p.765）．

(21) Ip（1994）．

●第10章　なぜ未来のための貯蓄はこれほどいい加減なのか？

(1) Venti and Wise（2000）．

(2) F.H. Buckley and Margaret Brinig（1998）は，個人の破産申請が1980年から1992年に

かけて3倍近くになったが，これは破産法がよりゆるくなった時期とは対応しないと指摘している．破産申請の増加は，社会的保守性，約束破りを嫌う，個人の恥の感覚など，社会規範の変化に起因するという証拠をかれらは出している．

(3) Shefrin and Thaler (1988). Consumer Expenditure Surveyから得た個人アメリカ世帯のデータによる証拠では，世帯がキャピタルゲインよりも配当のほうから多く消費することが裏付けられている (Baker et al. 2006).

(4) Thaler and Benartzi (2004). 貯蓄率は4.4%から8.8%に上がった (p.S174). この行動はまた，Kahneman and Tversky (1979) のプロスペクト理論でも説明できる．プロスペクト理論によれば，意思決定の枠組みが重要であり，人々は損失を被るのに抵抗する．Thaler and Benartziの研究でいえば，従業員たちは自分の消費で損失を被りたくないのだ．

(5) Gale et al. (2005).

(6) Madrian and Shea (2001).

(7) Lusardi and Mitchell (2005, p.11).

(8) Ibid., p. 12.

(9) 多くの貯蓄アノマリーがShiller (1982), Grossman et al. (1987), Campbell and Deaton (1989), およびDeaton (1992) にまとめられている．Hall and Mishkin (1982) は個人を借り入れ制約のある消費者と，そんな制約のない消費者とに区分けすることで，アノマリーの一部を説明している．Shea (1995b) は，借り入れ制約も「近視眼」も，消費の予測可能性を完全には説明できないという証拠を示している．かれは損失回避に関わる選好が，消費の予測可能性を説明するのに一役買っているはずだと提案している．Shefrin and Thalerはいくつかアノマリーの証拠を集め，Ando and Modigliani (1963) のライフサイクルモデルの最高の特徴を取り入れて，人間行動に関する既知の事実をもとにそれを補正し，行動ライフサイクルモデルを作った (Thaler 1994). こうした問題のもっと広範な議論にはThaler (1994) を参照．

(10) Keynes (1973 [1936], p.96).

(11) Hall (1978) は，この最大化モデルを支持する強い証拠と思えるものを見つけた．アメリカの総消費の時系列データはほとんどランダムウォークになっていることを示したのだ．だがその後の検証で他の解釈が出てきた (Blinder et al. 1985; Hall 1988). Carroll and Summers (1991) は，個人の消費が予想可能な所得のライフサイクル変化を追いかけるという点で，ランダムウォーク仮説への反証を見つけた．ただしCarroll (2001) はこの結論を少し弱めている．Shea (1995a) は個人消費の変化が，労働組合契約で暗示されている未来の所得データを使うと予測できるという証拠を示した．

(12) Modigliani and Brumberg (1954) およびFriedman (1957).

(13) Angeletos et al. (2001, p.47) の中で，Bernheim (1995) およびFarkas and Johnson (1997) を引用して示されている．

(14) Engen et al.（1999, p.97）は反対の結論に達している．かれらは家計の実際の富を，補正最適化モデルから得られた数字と比べた．かれらの補正は，時間選好率3%を使う．アメリカのHealth and Retirement Surveyからのデータおよびホームエクイティすべてを含む広い富の定義を使って，かれらは世帯の60.5%が，補正モデルでのメジアン最適富以上の富を持っていることを指摘した．だがわれわれなら，かれらのシミュレーションの別の結果に注目する．消費可能な金融資本からホームエクイティを除外し，期間をまたがる時間割引をゼロと想定すれば，引退前年齢または60歳か61歳に達するときに最適メジアン富を持っている人は，29.9%しかいない（Table 5, p.99）．論文著者たちと同様，経験的にもアプリオリな理由からも，割引率ゼロのほうが正しいと考える．これはゼロ金利のときに消費がだんだん減らないほうを選ぶという選好表明にも一致するし，これは年齢ごとの効用を1対1で加重する．ホームエクイティ資金を除外するという選択は，引退者が金銭的な理由で家を出たりしなくてもいいはずだというのと，歳をとるにつれて家をリバースモーゲージにかけなくてもいいはずだという判断からくる．

(15) Gary Burtlessより入手，表題は“Fraction of Non-Earnings Income by Source, by Income Quintile for Population 65 and Older.”

(16) Aaron and Reischauer（1999, p.174）．

(17) 購買力平価を調整しない場合，ルクセンブルグの1人当たりGDPは，ブルンジの897倍である（Central Intelligence Agency 2008）．

(18) 実はすでに昔から知られていることだが，国の貯蓄率と国の成長率との間には強い歴史的な相関がある（たとえばModigliani 1970とCarroll and Weil 1994を参照）．

(19) http://ask-us.cpf.gov.sg/?prof=memを参照．

(20) Peebles（2002）．

(21) 標準的な成長会計では，貯蓄がGDPに貢献するのは「資本比率」（通常は1/4から1/3）と，資本ストック成長率を通じてである．資本生産率が3で，純貯蓄比率が1/3なら，資本ストックは1/9の率で増える．貯蓄がGDP成長にもたらす貢献は1/36から1/27となる．

(22) 以下の情報はAndy Di Wuの個人インタビューから得た．

(23) Feinberg（1986, p.355）．

(24) Prelec and Simester（2001）．

(25) Laibson et al.（2000, p.38）は，人々が自分の貯蓄について「2種類の考え方を並行して持つ」ようだと論じている．人々は，老後向け貯蓄（流動性の高い資産で保有）とクレジットカード負債について，別々の心理口座を持っている．これは，老後の貯蓄につく金利をはるかに上回る利息のクレジットカード負債を抱えるという広い習慣を説明してくれるものだ．

(26) Barenstein（2002）．

●第11章　なぜ金融価格と企業投資はこんなに変動が激しいのか？

(1) 本章の一部はシラーとジョン・Y・キャンベルとの共同研究，たとえばCampbell and Shiller (1987, 1988) などに基づく．

(2) この計算はS&P総合株価指数を，米労働統計局が算出した都市部を対象とした消費者物価指数 (Consumer Price Index for All Urban Consumers) で割ったものである．http://www.robertshiller.comを参照．

(3) ポール・A・サミュエルソンは，株式市場はミクロでは効率的，マクロでは非効率だと述べた．われわれはこの発言にある程度の真実が含まれているのを発見した (Jung and Shiller 2005)．

(4) Shiller (2000, 2005)．

(5) Shiller (1981) およびCampbell and Shiller (1987)．

(6) Terry A. MarshとRobert C. Mertonは，LeRoy and Porter (1981) とShiller (1981) 論文にコメントして，株価が本当に最適予測された配当の現在価値であることを示す「すばらしい証拠」を示そうとした (Marsh and Merton 1986)．実際にはそんなことはできなかった (Shiller 1986)．市場のどんな非効率も賢明なお金によって「裁定取引で消える」という発想の理由として挙げられるものは，どれもいろいろ制約がある (Shleifer and Vishny 1997; Barberis and Thaler 2003)．

(7) こうした広告はMullainathan and Shleifer (2005) に掲載されて論じられている．

(8) Allen et al. (2002)．

(9) Higgins (2005)．

(10) Shiller (1984, 2002, 2005, pp.56-81)．

(11) Campbell (2006)．

(12) Geanakoplos (2003) およびFostel and Geanakoplos (2008)．

(13) Greenlaw et al. (2008) およびMorris and Shin (2008)．

(14) Shleifer and Vishny (1992)．

(15) 似たようなフィードバックは世帯レベルでも起こりうる．ちょうど銀行のバランスシートを通じて機能するように，世帯のバランスシートを通じて機能するのだ (Mishkin 2007)．

(16) Borio (2003) およびBernanke (2008b)．

(17) Cusumano (1985)．

(18) Fukuzawa (1969 [1876])．

(19) "Kaiser Argentine Plant Hit by Faulty Parts, Strikes, Delays."

(20) Moffitt (1963)．

(21) Ikegami (2005)．

(22) Cusumano (1985)．

(23) 1920年には八幡製鉄所で大規模ストがあり，1933年にはシンガーミシンで労働争議が

あり，1937年には組合主導による芸者たちのストがあったが，アルゼンチンで見られたような深刻な大騒動はなかった．

(24) Alexander (2003).

(25) "Kaiser Argentine Car Plant Hit by Faulty Parts, Strikes, Delays."

(26) 計量経済モデルは，計測可能なデータだけを使うフィードバックモデルとしてうまく表現されており，計測不可能なものは，誤差と言われるものに押し込められる．こうしたモデルが有用なことも多いとは思うが，定量化できない心理変数を含む重要な構造を無視しているのはまちがいない．

(27) http://research.stlouisfed.org/fred2/series/OILPRICE

(28) 1973年に経済諮問委員会で働いたアカロフの個人的な知識．

(29) Meadows et al. (1972, p.125).

(30) De Long and Summers (1992) は世界各国を比較して，投資水準，特に設備投資水準が高い国は，1人当たり所得の成長が大きいことを示した．Hsieh and Klenow (2003, p.1) はまた，「実証的な成長についての論文で確立された最も強い相関は，物理資本への投資率と，労働者1人当たりの生産水準との相関である」と述べている．

(31) Welch and Byrne (2001, pp.93, 94, 107, and 171).

(32) Truman Bewley (2002) は，人々が不確実性をいやがるというDaniel Ellsbergの実験を根拠に，人々の不確実性への反応は惰性によると，つまり人々は単に現状のままを好むのだと述べている．一部のマクロ経済モデルは，Gilboa and Schmeidler (1989) が開発した不確実性理論を使い，人々が最大損失を最小化するかたちで意思決定をして不確実性に対応するようなかたちで人をモデル化している．Sims (2001) はこうしたマクロ経済学文献をレビューしているが，こうしたモデルは通常は不確実性を狭くモデル化しすぎて，ごくわずかな木だけを気にして不確実性の森全体を見失っていると論じている．Caballero and Krishnamurthy (2006) は，根本的な不確実性は経済全体の特定されない崩壊の可能性に関する，管理困難な恐れを作り出すと論じており，そうした恐怖がこんどは事業家たちに，過剰な安全要求で反応するように仕向け，金融危機を作り出すと述べる．

(33) Welch and Byrne (2001, p.172).

(34) Brainard and Tobin (1968).

(35) 資産価値はまた企業の破産確率に影響する．破産に近い企業は融資を受けにくいか受けるのが不可能となり，したがって資産価値変化がバランスシートに影響した場合に，収益性の高い投資機会を見逃すはめになることが多い．

(36) Morck et al. (1990) は企業レベルのデータを使ってトービンのqを検討し，Blanchard et al. (1993) は90年分のアメリカの集計データで検討した．どちらもqと投資には弱い相関を見つけた．一方，Baker et al. (2002) はもっと好意的な結果を見つけている．好意的というのは，企業の一部についてはqの予測力が高いという意味だ．かれらは，もし企業が市場で自社株に与えられている価値評価を尊重しなくても，一部の企業——「資本制

約」があり，投資資金を手当てするために株式発行に頼らざるをえない企業――は自社の株価に対応した投資行動で対応するという．そしてこうした企業については，トービンのqが投資に影響する強い証拠を見つけた．かれらの結果は，トービンのqと株式市場とに観察される弱い相関が因果関係を持つという発想を裏付けるものであり，純粋に投機で生じた株式市場の変動が，確かにマクロ経済変動の一部だということを示唆している．

(37) Blanchard et al. (1993) は，投資を説明するため，期待将来利益に基づくqと，株価による伝統的なqとで競争させてみた．株価によるものが明らかに負けた―― Bond and Cummins (2000) は株価によるqとアナリストによる将来収益予測からのqとを対戦させたが，こちらも株価が負けた．

●第12章　なぜ不動産価格には周期性があるのか？

(1) 本章の相当部分は，シラーとカール・ケースの共同研究に基づいている．たとえばCase and Shiller (1988, 2003) など．ケース・シラー住宅価格指数の開発を主導したアラン・ワイスも，議論の構築に重要な影響をもたらした．

(2) Case (2008, p.4).

(3) Kelly and Tuccillo (2004, p.vii).

(4) 誤答した人々は，この問題の各種変種についても一貫して誤答した．つまりかれらは，おそらく運動する物体のふるまいについて，まちがったモデルを持っているのだ．

(5) McCloskey et al. (1980).

(6) "Not a Boom but Growth."

(7) Brown (1952). 不動産投資についての過去の見方に関するほかの証拠はShiller (2008a) を参照．

(8) 六大都市市街地価格指数（日本不動産研究所http://www.reinet.or.jp）を，全国消費者物価指数（生鮮食品除く，コアCPI）でデフレートしたもの．

(9) Brunnermeier and Julliard (2006).

(10) 値の算出には1900年から2000年の1世紀にわたるU.S. Department of Agriculture Average Farm Real Estate Value時系列データ（直近の不動産ブーム直前で終了）を使い，この時系列データを消費者物価指数の平均値でデフレートした．

(11) Shiller (2005). アメリカ住宅価格の更新データ (Shiller 2008b) はhttp://www.robertshiller.com.

(12) King (1999).

(13) Barrett (2008).

(14) サブプライム融資産業の成長に関する見事な歴史がGramlich (2007) にある．またZandi (2008) も参照．

(15) Standard & Poor's/Case-Shiller Tiered Home Price Indices, http://www.metroarea.standardandpoors.com を参照．

●第13章　なぜ黒人には特殊な貧困があるのか？

(1) 本章のもとになったのはアカロフとレイチェル・クラントンの共同研究である（Akerlof and Kranton 2000, 2008）．またAkerlof（2008）も参考にした．

(2) ヒスパニックも似たような差別の歴史を持つがこれほど強くはない．

(3) こうした問題の雄弁な記述がWilson（1987）に見られる．

(4) これは2000年アメリカ国勢調査をもとにしたCivil Rights Watchの推計である．http://www.hrw.org/legacy/backgrounder/usa/race/pdf/table3. pdfを参照．

(5) http://www.hrw.org/reports/2000/usa/Table3.pdf

(6) これは1993年の収監率に基づく推計．

(7) U.S. Department of Justice（2008, Table 13, p.9）．

(8) Wentura（2005, p.217）．

(9) Geisel（1984）．

(10) 社会経済集団への帰属感の強さ，その集団との関係の永続性に関する認識は，人間の幸福にとって重要な要素であるらしい（Alesina et al. 2001）．

(11) Lamont（2000）．

(12) Friedman and Friedman（1980）．

(13) Liebow（1967）．

(14) アカロフとクラントンが提案した，アイデンティティに基づく差別理論は，かなりの証拠と一貫性を持つ．たとえば，これはFrazier（1957），Clark（1965），Du Bois（1965），Hannerz（1969），Rainwater（1970），Wilson（1987, 1996），Anderson（1990）などの研究の中心的な結論と一貫性を持つ．Benabou and Tirole（2000）は，業績から便益を得る人々が他人の自信を操るインセンティブを持つことを論じている．労働者はこの操作に気がついて別のアイデンティティを採用したり，卑下したりして期待を引き下げるかもしれない．Glaeser（2002）は，少数派集団がときどき経験する憎しみは，おおむねそうした憎しみから利益を得る要素からの意図的な讒言であることが多いことを指摘し，そうした憎悪の供給が経済条件と相関することを示している．複雑な社会的相互作用の均衡を考えるための枠組みはBrock and Durlauf（2003）に提示されている．

(15) Holzer et al.（2004, Figure 2, p.4）．これらの数字は，収監されていない人口を対象にしている．収監人口を含めるとこの数字はもっと高くなる．

(16) Thernstrom and Thernstrom（1997）．

(17) Shipler（1997）．

(18) Glenn Loury（1995）は，アファーマティブアクションが正反対の効果を持つと示唆している．それは黒人の排除感を強め，実際によい成績をあげても別扱いされていると感じさせるかもしれないという．

(19) Ferguson（2000）．

(20) 学級規模の影響についてはKrueger and Whitmore（1999）．教師の質については

Ferguson（1998）を参照.

(21) たとえば，ニューヨークのCentral Park East Secondary School（CPESS）を例にとろう．この学校の近隣では，大学進学者より牢屋に行く人のほうが多い．だがCPESSでは脱落者はほとんどいない．卒業生の9割は大学に進み，そのさらに9割が大学を卒業する（Fliegel 1993）．大学の成功は，もっぱらその生徒たちの間にグループとしてのアイデンティティを育もうとする努力の結果である．CPESSと，教育の経済学におけるアイデンティティの重要性について詳しくはAkerlof and Kranton（2008）を参照.

(22) Delpit（1995）.

(23) 2004年に連邦文民職員の17％は黒人で（U.S. Census 2008, Table 486），低次連邦職（俸給1-6号; U.S. Office of Personnel Management 2004, Table 2参照）の25％が黒人だった．アメリカの総雇用における黒人比率は10.7％だった（*Economic Report of the President* 2008, Table B-37, p.271）.

(24) Levitt（1996）は収監による短期の利益を実証した.

●第14章　結論

(1) *Economic Report of the President*（2002, Chart 1-1, p.24）.

(2) この法案は2001年経済成長および減税調整法（略称EGTRRA，発音はエッグ・テラ）と呼ばれる．その後さらに景気刺激減税が行われた．その法案は2003年雇用と経済成長のための減税調整法（JGTRRA）という．連邦議会予算事務局の推計では，JGTRRAが連邦歳入に10年間（2001-11）で与える影響は，法制時の想定と同じ1.3兆ドルだと計算しており，妥当な廃棄や代替的最低税率改定を考慮した調整をおこなうと1.7兆ドルとなる（Gale and Potter 2002, Table 2）.

(3) Federal Reserve Bank of New York, "Historical Changes of the Target Federal Funds and Discount Rates, 1971 to Present" http://www.newyorkfed.org/markets/statistics/dlyrates/fedrate.html これらの率がことさら低いのは，かつてのこの数字の定義のせいだということは指摘しておこう．報告される時系列データは，2003年1月に変わった．その後，公定歩合とフェデラル・ファンド・レートは「プライマリー・クレジット・レートとセカンダリー・クレジット・レートを追う」ように改訂された．改訂時点では，これはかなり高かった.

(4) GDP成長率は，2001年に0.7％の底だったのが，2004年には3.6％になった（*Economic Report of the President* 2008, Table B-2, p.226より計算）.

(5) 1991年から2000年にかけて，総民間国内投資は，8291億ドルから始まって102.5％の増加を見せた．その一部である設備とソフトウェアは，3459億ドルで始まったが，もっと目覚ましい165.6％の伸びを見せた．これに対し，同期間中のGDPは38.3％増えただけだった（*Economic Report of the President* 2008, Table B-2, p.226; 水準の数字は2000年連鎖ドル）.

(6) 水準でいうと，住宅向け固定投資は4485億ドルから始まっている（これも*Economic Report of the President* 2008，Table B-2，p.226，やはり2000年連鎖ドル）．

(7) S&Pケース・シラー住宅価格指数，http://www.metroarea.standardandpoors.com を参照．CPIデフレータは*Economic Report of the President*（2008，Table B-7，p.234）より．

(8) ロサンゼルスで価格は173%上昇した．マイアミでは181%（Case 2008，Table 2）．

(9) ヘッジファンドの規模については2つの推計がある．Andrew Lo（2008）は，1兆ドル以上の資本を持っていると主張する．他のものは，その資本は最高2.68兆ドルとしている．議論と参考文献についてはhttp://en.wikipedia.org/wiki/Hedge_fundを参照．もちろんこうした数字はきちんと定義されたものではない．ヘッジファンドという項目に何を含めるかがちがうからだ．だが重要なのは，ヘッジファンドの資本が大きく，しかもレバレッジをきかせているので，大量の資産を持っているということだ．実はこの不正確な物言いのほうが，具体的な数字よりもヘッジファンドの地位をずっと正確にあらわしている．

(10) 考えられる例外としては，戦争や平和からくる高騰や暴落がある．

(11) この論争はHowe（2007）で見事にカバーされている．Howeは明らかにホイッグ党に肩入れしてジャクソン派には反対している．